Class action

Dalla comparazione giuridica
alla formazione del giurista:
un caleidoscopio per nuove prospettive

In copertina:

Paul Klee, *Macchina cinguettante* (1922), Museum of Modern Art, New York.

IUSTITIAM COLIMUS

Gianluca Scarchillo

Class action

Dalla comparazione giuridica alla formazione del giurista: un caleidoscopio per nuove prospettive

SECONDA EDIZIONE

Giappichelli

VIA PO, 21 - TEL. 011-81.53.111 - FAX 011-81.25.100
http://www.giappichelli.it

ISBN/EAN 978-88-921-2223-9

G. Giappichelli Editore

MARCHIO STORICO

Stampa: Stampatre s.r.l. - Torino

Ai miei genitori

INDICE

pag.

III

LA *CLASS ACTION* E I SISTEMI DI *COMMON LAW*

IV

LA *CLASS ACTION* E LE TRADIZIONI GIURIDICHE "LONTANE"

V

LA *CLASS ACTION* E LE ESPERIENZE DELL'EUROPA CONTINENTALE

VI

LA *CLASS ACTION* E L'ITALIA

VII

ITINERARI PROSPETTICI E GLOBALI: *CLASS ACTION* E ...

RINGRAZIAMENTI

Mi sia consentito ringraziare chi mi ha onorato e gratificato del loro prezioso ed insostituibile sostegno.

Grazie al mio Maestro Diego Corapi per aver sempre accolto affettuosamente ogni mia iniziativa e richiesta di confronto e, soprattutto, per aver illuminato un sentiero con insegnamenti che vanno ben oltre la scienza.

Un Grazie doveroso e speciale al Dott. Lorenzo Serafinelli per avermi supportato e sopportato in questo viaggio, per aver risposto ai miei dubbi e alle mie sollecitazioni critiche dando vita a dialoghi sempre edificanti con la tenacia, l'acume e la dedizione che solo un allievo vocato all'accademia può avere e serbare.

Grazie a tutti i miei collaboratori per le loro presenze e le loro assenze, tutte comunque fonte inesauribile di stimoli durante il lungo e faticoso cammino. In particolare, all'Avv. Marco Cosentino per l'interesse dimostrato nei confronti di questo tema, al Dott. Giovanni Romano e al Dott. Francesco Zarrilli per la cura nella correzione delle bozze.

Grazie al Dott. Giuliano Giappichelli per aver accettato subito con entusiasmo di pubblicare questo lavoro monografico e per i suoi continui e premurosi solleciti, chiara testimonianza della professionalità e disponibilità della casa editrice tutta.

Grazie alla mia famiglia per aver pazientemente condiviso questo percorso con amore e gioia, incoraggiandomi sempre così: "*non rinunciare mai ad un sogno solo perché pensi ci vorrà troppo tempo per realizzarlo … il tempo passerà comunque*".

Grazie a tutti i veri amici che considero *socìetas* per essere sempre un investimento ed un approdo sicuro e le cui impronte sono scolpite nel mio cuore.

Grazie a tutti gli ostacoli e alle difficoltà incontrate perché non tutte le tempeste arrivano per distruggerti la vita. Alcune arrivano per pulire il tuo cammino.

E infine un Grazie a tutti i giovani e studenti che non conoscono ancora appieno le meraviglie della formazione, dello studio e della ricerca ma che non pongono mai confini alla loro curiosità: questo libro è per voi. *Per aspera ad astra!*

«Il mondo
è grande ed è bello,
ma è molto offeso.
Ognuno soffre
per sé stesso,
ma nessuno
soffre per il mondo
che è offeso, e così,
il mondo continua
ad essere offeso».

Elio Vittorini

PREMESSA DELL'AUTORE

«C'era una volta un uomo proprietario di un asino e di un cavallo. Un giorno – mentre viaggiavano per la strada – l'asino, rivolgendosi al cavallo, disse: "*Prendi un po' del mio carico se non vuoi che io muoia*". L'altro, tuttavia, non volle saperne. Quindi, l'asino – sfinito dagli stenti – stramazzo e morì. A quel punto il padrone trasferì sul dorso del cavallo tutto il carico e in più la pelle dell'asino. Questi, gravato da tutto questo peso, esclamò piangendo: "*Ahimè disgraziato! Che cosa mi è mai successo, povero infelice! Per aver rifiutato una parte di quel peso, ora sono costretto a doverlo sostenere tutto, e con esso pure la pelle dell'asino!*"»[1].

Il nostro tempo – non può farsene un mistero – è ancora caratterizzato da un forte individualismo egoistico, il quale innerva tutti i gangli del sistema-diritto, e – quindi – anche i comportamenti degli operatori giuridici: «*l'aiuola che ci fa tanto feroci*»[2], per citare uno straordinario verso dantesco che evoca in sé quest'idea.

Gli schemi giuridici, entro i quali si è sviluppata la tradizione giuridica occidentale dalla rivoluzione liberale in poi, hanno individuato quale fulcro lo schema proprietario, che – per definizione – contempla la titolarità di un diritto in capo al singolo soggetto di diritto.

Va da sé che anche l'esperienza dell'attuazione in sede processuale del diritto ha ripreso questi tratti peculiari, attribuendo al "giudizio" il ruolo di garantire al singolo l'accesso alla giustizia per far valere pretese di natura eminentemente individuale: "io contro di te", a mo' di antico duello!

Da qui due corollari, tra loro intimamente collegati: l'espresso divieto di far valere diritti altrui e la previsione di ipotesi del tutto eccezionali, ove ciò fosse possibile.

Ecco allora che, per un verso, siamo un po' come la "macchina cinguettante" di Paul Klee, ospitata in copertina, ove un gruppo di uccelli sembrano corpi umani in un fragile equilibrio. Dritti nella loro posizione per contrappeso, pigo-

[1] Cfr. ESOPO FRIGIO, *Favole*, trad. it. G. LANDI, Venezia, 1545, 112.

[2] D. ALIGHIERI, *Divina commedia*, Paradiso XXII, 151.

lano tutti insieme. Lamentano gli stessi bisogni, avvertono dei pericoli e difendono ciò che a loro appartiene. Il più imponente – quasi a rappresentare tutti gli altri – rivolge il suo pigolio verso l'alto. È un'attitudine anche umana, quella di guardare verso l'alto quando abbiamo bisogno di gridare più forte, quando abbiamo bisogno di rivolgerci a chi è più in alto di noi. A chi può. Come un giudice o un legislatore che si china per ascoltare le esigenze di una categoria di soggetti che lamentano un pregiudizio su di un filo comune volto verso un'unica direzione, ossia verso la soluzione di questioni comuni di fatto e di diritto: la tutela aggregata di interessi. Per un altro verso, parafrasando Esopo, siamo stati – invece – più cavalli che asini, ignari delle benefiche potenzialità insite nella cooperazione e nella collaborazione.

Non si è per nulla convinti, tuttavia, che tale visione del mondo sia ancora idonea a perseguire gli scopi che i contemporanei sistemi costituzionali si prefiggono di raggiungere. E l'illusione di un diritto concepito esclusivamente per il singolo non è più predicabile, perché faro guida per tutti noi deve essere sempre l'adagio per cui «*nella vita grandi e piccoli devono far causa comune se vogliono salvarsi gli uni dagli altri*».

PREMESSA ALLA SECONDA EDIZIONE

Sebbene il periodo di tempo trascorso dalla prima edizione non sia particolarmente lungo, la necessità di adattare la monografia alle trasformazioni del panorama sociale e culturale, oltre che legislativo, mi ha suggerito in primo luogo una valutazione della sua tenuta rispetto ai nuovi scenari, oltre che, di conseguenza, una revisione del lavoro ed un suo aggiornamento, anche bibliografico.

Come si sa, il terreno sul quale si misura la distanza che la "storia" deve mantenere rispetto al proprio oggetto mette in gioco la posizione assunta da chi la descrive, l'angolazione da cui osservare gli eventi, o se si preferisce, il "punto di vista" che di essi stabilisce di volta in volta la scala dei valori e delle priorità, così evitando il rischio dell'eccessiva semplificazione.

Esiste, infatti, «il pericolo di un'unica storia», ci ricorda Chimamanda Ngozi Adichie (nella sua opera omonima). È il pericolo di un appiattimento culturale, di una visione identitaria che cancella culture e punti di vista alternativi. Raccontare un'unica storia crea stereotipi. E il problema degli stereotipi non è tanto che sono falsi, ma che sono incompleti. Trasformano una storia in un'unica storia.

Ho sempre ritenuto impossibile dedicarsi come si deve ad un luogo, ad una persona, ad un istituto giuridico, senza dedicarsi anche alle molte storie di quel luogo, di quella persona, di quell'istituto, accentuandone le differenze, piuttosto che le somiglianze, per valorizzarle.

Negli ultimi anni sono apparse altre "storie" della tutela aggregata di interessi superindividuali omogenei, in molti casi limitate a panorami nazionali, nelle quali il tema è stato affrontato vuoi dalla prospettiva dell'oggetto vuoi del progetto ovvero delle filosofie progettuali. Nonostante ciò, a queste storie va comunque riconosciuta una propria utilità e legittimità.

Ciò da cui ci si dovrebbe guardare, evidentemente, è la tentazione di isolare la *class action* rispetto al ben più ampio terreno nel quale essa nasce e vive, di rinchiuderla all'interno dei suoi confini disciplinari e professionali, peraltro incerti, costringendola così a fare i conti unicamente con sé stessa e a dimenticare le sue motivazioni più profonde e lontane.

Si dirà che ogni storia deve ritagliare accuratamente il proprio campo di intervento, se non vuole allontanarsi dall'argomento principale, il che è vero.

Ma nel caso della *class action* non bisognerebbe mai dimenticare – ne sono fortemente convinto – che stiamo parlando di progettazione culturale (dello strumento giuridico), definizione nella quale il criterio della forma e dell'efficacia non solo fissa la natura intima del fenomeno da studiare, ma lo lega altresì, in un complicato intreccio, alla più vasta realtà della nostra esperienza quotidiana. In ciò restano esempi privilegiati, per un verso, il dibattito tuttora in corso intorno alle origini storico-culturali (e antropologiche) dell'istituto, e, per un altro, la maggiore attenzione ed il livello di approfondimento che gli studiosi della disciplina hanno dedicato e continuano a dedicare alle problematiche insite nelle proprie ricerche.

Per il comparatista, in particolare, la *class action* rappresenta anche un ponte culturale e giuridico tra i mondi di *common law* e di *civil law*, capace di unire tra loro le differenti individualità, sia nel loro rapporto con la collettività sia nella loro dimensione autonoma di singoli avulsi dal contesto sociale in cui, però, debbono necessariamente operare.

Tenuto conto di ciò, l'idea che fu alla base di questo lavoro, vale a dire di assumere la multiformità del fenomeno come fondamento di una narrazione impegnata fin dove possibile ad illustrarla nelle sue intricate articolazioni, può essere considerata un buon avvio per la messa a punto di un modello metodologico e culturale sufficientemente solido, e comunque tale da sopportare le inevitabili scelte e le esclusioni che esso comporta.

Alla dignità e alla solidarietà come punti di riferimento pertinenti e plausibili, oltre che indelebili, va riconosciuta la polivalenza che le mette al riparo da una frettolosa riduzione a semplici concetti astratti. In realtà, nel vivo dell'indagine, si sono dimostrate preziose chiavi per comprendere gli aspetti più sostanziali della tematica, anche quando si rischiava di perderne le tracce nel labirinto delle opinioni, delle ideologie e dei convincimenti degli interpreti.

Premesse queste osservazioni generali, la nuova edizione del libro non ha richiesto interventi particolarmente radicali.

Del resto, anche laddove sarebbe stato possibile modificare in profondità lo scritto o aggiungervi considerazioni forse più attuali, ho ritenuto preferibile lasciare al testo la sua impronta originaria e affidare la sua evoluzione a ricerche ulteriori.

La revisione si è così limitata a poche correzioni formali, intese a rendere più agevole la lettura. Quanto all'aggiornamento scientifico, esso ha riguardato, oltre che la bibliografia e le evoluzioni giurisprudenziali, il singolare caso del sistema irlandese e i mutamenti nazionali ed unionali, ove la "storia" ha dovuto farsi carico tanto delle conoscenze necessarie alla realizzazione di una sempre maggiore integrazione tra giurisdizioni quanto delle più recenti novità nello spazio giuridico europeo.

Tuttavia, poiché gli itinerari prospettici costituiscono una turbolenta zona di confine tra un passato prossimo che non assicura fino in fondo giudizi ragionevolmente fondati e un presente sull'orlo di cambiamenti di cui è possibile solo ipotizzare gli eventuali sviluppi, l'analisi si è voluta concentrare sulla registrazione delle tendenze in atto sulla base della loro fisionomia generale, senza garantirne con fattispecie concrete una stabilità ancora tutta da dimostrare.

Rebus sic stantibus, però, confermo l'importanza e l'urgenza di una nuova identità del giurista. Si assiste, invero, ad un superamento dei confini che interessa più settori della realtà sociale e ciò produce, inevitabilmente, degli effetti anche sul piano giuridico. In tale contesto globale, il giurista è chiamato a svolgere un ruolo sempre più attivo, a guidare il diritto di modo che possa divenire pienamente uno strumento capace di trovare risposte ai nuovi bisogni di una società in continua trasformazione.

Il diritto ha, diversamente da ogni altro settore delle scienze sociali, un carattere spiccatamente nazionale, connaturato alla sua vigenza territorialmente circoscritta. Si impongono, pertanto, esigenze di rinnovamento della cultura giuridica. La figura del giurista europeo, lungi dal dar vita ad un'ennesima forma di specializzazione settoriale o curriculare, deve costituire una modalità culturale, un'inclinazione mentale, una propensione al dialogo, una forma di sensibilità, un'esigenza di ricerca.

Ma non basta, e occorre andare oltre, perché l'edificazione dell'ordine europeo, da un lato, e la globalizzazione dei mercati, dall'altro, lasciano intravedere un nuovo rischio, di straordinaria attualità, quale «la strumentalizzazione della dimensione giuridica al soddisfacimento di interessi economici», su cui ci ammonisce Paolo Grossi. Queste sono le vere sfide che il diritto ed i giuristi si trovano oggi ad affrontare e che debbono essere raccolte se non si vuole essere estromessi dal gioco mondiale.

Auspico allora una formazione ed una affermazione di un giurista che nel domani possa essere privo di etichette (come quella europea potrebbe alla fine far pensare) e senza limitazioni culturali e territoriali, né attributi e aggettivi, che si ponga in definitiva come giurista ... *senza frontiere*, destinato a vedere orizzonti dove altri tracciano confini. Un giurista dunque che deve sapere, saper fare, saper essere e, soprattutto, saper evolvere perché consapevole una volta per tutte che il confine è dove non si può più andare avanti, mentre l'orizzonte è da dove non si vorrebbe più tornare indietro.

Gennaio 2022

GIANLUCA SCARCHILLO

INTRODUZIONE E PIANO DELL'INDAGINE

«[...] *Mai prima di oggi, nella storia dell'umanità, un numero così elevato di individui è stato in grado di conoscere prodotti, idee e vite di tante altre persone*» [1].

È con queste parole che vedo l'attuale scenario in cui si calano relazioni, scambi e consumo.

Il diritto dell'economia si innesta nelle tradizioni giuridiche e ne stravolge i contenuti. La figura del diritto soggettivo e del suo titolare (gestore dei propri interessi) è stata gradualmente adombrata dalla figura del consumatore [2], nata dalla perdita di individualità del soggetto di diritto a fronte delle esigenze del mercato e degli invisibili interlocutori che ne fanno parte. Si palesano, dunque, le istanze di giustizia sociale [3] principalmente nel diritto contrattuale tra privati [4]. Si assiste, cioè, alla costituzionalizzazione del diritto privato, in particolare sotto l'egida degli organi dell'Unione europea [5], impegnati ad unificare un sistema connotato da accentuate conflittualità.

---

[1] T.L. FRIEDMAN, *Le radici del futuro. La sfida fra Lexus e l'ulivo: che cos'è la globalizzazione e quanto conta la tradizione*, Milano, Mondadori, 2000, 78.

[2] Il passaggio da una regolazione concreta ai più generali principi ha reso certamente possibile una protezione del consumatore più orientata ad ideali di giustizia sociale.

[3] «*La giustizia nel diritto dei privati non coincide con le istanze sociali che esigono un atto politico di bilanciamento fra valori diversi. Ha invece una funzione distributiva perché la diversa configurazione degli elementi strutturali e delle tutele distribuisce in modo diverso i rischi derivanti dall'esercizio dell'autonomia dei privati. Tale accezione indica solo l'esigenza che anche nel diritto dei privati si debba riflettere e fissare, con ragionevole precisione, le regole e i rimedi adeguati ai tempi e alle materie trattate, coniugando eguaglianza e singolarità con uno sforzo di aggiustamento e un rischio di inesattezza che è connaturale ad ogni idea sana di giustizia che esige solo di spingersi sempre alla ricerca di "ancora di più e di ancora oltre" nell'attribuire a ciascuno quanto è dovuto tenendo conto del valore assoluto e irripetibile di ogni individualità*», così G. VETTORI (a cura di), "*Recensione del Libro di H.W. Micklitz (Ed.), The Many Concepts of Social Justice in European Private Law*", E. Elgar, Cheltenham, UK, Northampton, MA, USA, 2011, in *Persona e Mercato*, 2013, fasc. 2, 147 ss.

[4] H. COLLINS, "*La giustizia contrattuale in Europa*", in *Riv. crit. dir. priv.*, 2003, fasc. 4, 659 ss.

[5] La costituzionalizzazione del diritto privato, nel senso di un allineamento del diritto privato ai diritti fondamentali e ai principi, ha alcune potenzialità per fornire una rotta («*to provide a route*») alla giustizia sociale nel diritto privato europeo; allineamento da realizzarsi attraverso non già

Naturalmente, sono ben consapevole che non basta il contratto ad attuare finalità ed obiettivi di giustizia sociale, più efficacemente perseguibili e realizzabili mediante programmi di *welfare* nazionali e sovranazionali.

Tuttavia, oggi, l'ordinamento interno ha permeato il concetto di giustizia nel diritto dei privati sia nella sua fase genetico-fisiologica che patologica grazie all'impulso legislativo dell'Unione e ad una dottrina più attenta [6].

Nello spazio europeo, ciò è stato realizzato principalmente nel settore della tutela del consumatore.

In particolare, la disciplina ritagliata dai moderni legislatori fornisce tutela contro le asimmetrie [7] attraverso l'attribuzione di particolare rilevanza a clausole generali per la valutazione dei comportamenti delle parti, con l'obiettivo di garantire diritti più solidi e doveri fondamentali, che assurgono a controlimite della libertà economica e negoziale spesso caratterizzata dalla maggiore libertà di cui si avvale il soggetto più forte.

Gli atti e i comportamenti dei privati sono, quindi, conformati da princìpi e regole attinenti alla sfera dei diritti fondamentali, ampliando la visuale ben oltre la posizione del consumatore o dell'impresa debole [8], pur mantenendo questi la propria autonomia concettuale nel locus giuridico dove tali istituti e idee sono nate.

La nascita del grande villaggio globale, invero, facilitata dal flusso continuo di nuovi ritrovati nel settore delle comunicazioni, ha condotto all'abbattimento di qualsiasi barriera, riducendo i tempi e semplificando le modalità di azione sul mercato dei soggetti che ne fanno parte, divenuti così soggetti attivi della contrattazione in ogni sua fase e titolari in prima persona dei diritti e dei doveri che conseguono. Ciò è tanto più vero ove si consideri come, nelle moderne economie di mercato, gli operatori economici hanno ricercato ed escogitato strategie

---

l'effetto diretto orizzontale, ma con una versione abbastanza forte dell'effetto indiretto orizzontale («*a fairly strong version of indirect horizontal effect*»). A tal proposito, si veda il saggio di H. COLLINS, "*The constitutionalization of European private law as path to social justice?*", in H.W. MICKLITZ (a cura di), *The Many Concepts of Social Justice in European Private Law*, Cheltenham, Edward Elgar Publishing, 2011, 133 ss.

[6] Si veda, *ex multis*, il Manifesto intitolato "*Giustizia sociale nel diritto contrattuale europeo: un manifesto*", pubblicato in G. VETTORI (cura di), *Contratto e costituzione in Europa*, Padova, Cedam, 2005, e in *Riv. crit. dir. priv.*, 2005, fasc. 1, 99 ss. e, da ultimo, V. SCALISI, *Il contratto in trasformazione. Invalidità e inefficacia nella transizione al diritto europeo*, Milano, Giuffrè, 2011, 337 ss.

[7] La mano visibile del legislatore corregge la logica pura della libertà di contratto almeno con due scelte forti: il diritto antidiscriminatorio, che interessa ogni aspetto delle relazioni fra privati, e il diritto di accesso al mercato, che consente ad ogni persona una opportunità concreta e realistica di accedere ai servizi d'interesse economico generale.

[8] G. VETTORI, "*Contract without Numbers and without Adjectives. Beyond the Consumer and the Weak Enterprise*", in *Eur. Rev. Contr. L.*, 2013, fasc. 3, 221 ss.

per stimolare i bisogni, talvolta creandone di nuovi, in tal modo accrescendo fortemente la propria posizione.

Ciò ha costretto ad un ripensamento della sistematica sviluppatasi sulla teoria generale dei contratti ed elaborata su di un modello sostanzialmente paritario ... e non più corrispondente alla realtà. Difatti, sovente la libertà dei singoli è limitata alla sola scelta di aderire o meno ad un rapporto preconfenzionato dalla controparte; più drammatico, poi, appare il quadro ove si prenda in considerazione il fatto che spesso il consumatore accede al mercato di beni e servizi per soddisfare esigenze di primaria importanza e necessità, quali trasporti, energia elettrica, acqua e così discorrendo.

La rapidità delle relazioni economiche, unitamente alla standardizzazione dei modelli contrattuali, ha imposto al consumatore una conseguente e naturale posizione di debolezza strutturale nei confronti delle grandi aziende, sempre più in grado di imporre esigenze e comportamenti che trovano soddisfazione unicamente previa la tacita accettazione di modelli dalle stesse predisposti.

In questo scenario, le attività economiche hanno spesso arrecato pregiudizio ai diritti e agli interessi dei soggetti, ispirando così la propria attività alla massimizzazione del profitto, e non anche a criteri di correttezza professionale. Così si preferisce sacrificare sull'altare del guadagno aspetti di natura reputazionale o etica.

Pratiche commerciali scorrette, prodotti difettosi o nocivi, oneri contrattuali ingiustificati hanno avuto ricadute sul benessere del consumatore che rimaneva, il più delle volte, privo di strumenti di difesa o enormemente indebolito dai costi e dai tempi di un giusto processo cui avrebbe diritto. Il lungo contenzioso giudiziario relativo al "caso Dieselgate" ed il suo recentissimo epilogo, anche in Italia ed Europa, come si vedrà, è testimonianza diretta sia del contesto appena descritto sia della necessità e dell'efficacia dei mezzi di tutela giurisdizionale collettiva.

Ecco, allora, che questo tipo di sviluppo, fondato sui consumi, ha avuto bisogno di un nuovo quadro giuridico in cui fiorire senza limitare la crescita economica, ma indirizzandola nel senso della sostenibilità e non della contrarietà ai princìpi sociali fondamentali.

I fenomeni del consumismo e del consumerismo hanno così assunto una dimensione tanto importante da far emergere con veemenza la necessità di concentrare l'attenzione attorno al soggetto-oggetto delle relazioni commerciali: il consumatore, la parte debole del contratto. Se ne sono studiati i comportamenti e le attitudini psicologiche, non solo al fine di predisporre per esso una vasta gamma di scelta di beni e servizi, ma anche per individuare le strategie volte a stimolarne la domanda.

Si è dovuto constatare l'inadeguatezza dei meccanismi di tutela precedentemente elaborati, proponendosi di cercare nuovi equilibri della differente forza contrattuale, caratterizzante i rapporti fra il professionista e i consumatori, tanto nella fase genetica quanto in quella patologico/estintiva, e, pertanto, quasi fatalmente, processuale.

Uno strumento che ha, storicamente, rappresentato uno dei modi per realizzare tale riequilibrio delle posizioni sostanziali è, senza dubbio, la tutela in forma aggregata degli interessi superindividuali omogenei.

Il presente lavoro si propone l'obiettivo di studiare proprio le varie declinazioni che la tutela superindividuale aggregata ha assunto nelle varie esperienze europee, in particolar modo soffermandosi su quella italiana, mediante uno studio comparatistico, tanto sincronico, quanto diacronico di quel fenomeno globale che viene fatto coincidere impropriamente con il termine *class action*.

Da qui il titolo del presente lavoro, «*Class Action*», da dove tutto ha avuto origine.

Sono necessarie sin da ora alcune precisazioni terminologiche affinché il campo d'analisi sia sgombro da equivoci. Con l'endiadi "*class action*", ci si riferirà esclusivamente alla tutela degli interessi superindividuali omogenei così come elaborata e sviluppatasi nel sistema nordamericano. La scelta terminologica in questo senso è tributaria delle forti peculiarità – talvolta vere e proprie unicità – che connotano tale strumento (in virtù del quale uno o più individui possono iniziare un'azione legale per conto proprio e, nel contempo, chiedere che la causa sia condotta *on behalf* di tutti i membri, quali soggetti danneggiati in un medesimo diritto dal comportamento di un terzo).

Al contrario, il sintagma "*tutela aggregata di interessi*" rappresenta una macrocategoria, all'interno della quale sono presenti sottocategorie tra loro anche molto eterogenee, accomunate però – ed evidentemente – dalla superindividualità degli interessi: la "*group action*", meccanismo processuale applicato in Inghilterra che consente al giudice di trattare congiuntamente controversie che presentino la medesimezza di questioni di fatto e di diritto, così da realizzare una concentrazione delle domande, rispondente a esigenze anche di economia processuale; le "*azioni collettive*", ossia azioni promosse da associazioni rappresentative di consumatori o utenti (cc.dd. enti esponenziali), che agiscono quali "centri di imputazione", etc.

Al fine di rispettare i tratti distintivi di ogni singola elaborazione statale, si tenterà il più possibile di limitare la traduzione dei termini legislativi di volta in volta scelti per riferirsi agli strumenti di tutela aggregata di interessi.

Un elemento di complicazione terminologica, sul quale è bene soffermarsi subito, concerne – poi – l'elaborazione in materia di tutela aggregata a livello dell'Unione: i suoi organi dicono "*ricorsi collettivi*" per riferirsi a ciò che noi qui indichiamo con "*tutela aggregata di interessi*", e non anche nel senso tecnico dell'aggettivo collettivo (che, come si è fatto notare, sta ad individuare azioni promosse dai cc.dd. enti esponenziali).

Tali premesse generali saranno poi specificate nei singoli capitoli e nei singoli paragrafi del presente lavoro.

Resta inteso, nonostante l'importanza della forma linguistica, che un lavoro dal forte taglio comparatistico, quale questo pretende di essere, rivolgerà particolare attenzione a fattori ed elementi contingenti e specifici del contesto giuridico, economico e sociale di ogni ordinamento. Si pensi, ad esempio, all'eventuale impatto che la creazione di artificiali incentivi alla litigiosità nei confronti di imprese ed intermediari finanziari potrebbe avere sulla comunità [9] ovvero ai riflessi che la maggiore o minore flessibilità degli ordinamenti in termini di allocazione e quantificazione dei costi e di pattuizioni in materia di esito della controversia possono avere sul ricorso a tali strumenti processuali. E ciò, in considerazione della pluralità di elementi che devono essere analizzati, nel raffronto di questi diversi modelli processuali, al fine di meglio comprendere e misurare non solo le divergenze e convergenze degli ultimi, ma anche l'adattabilità ad altre esperienze e realtà nazionali.

* * *

La struttura del lavoro rispetterà l'ordine cronologico di evoluzione dei fenomeni di tutela aggregata.

Verranno analizzate per prime le *representative suits* [10] – istituto nato nella *common law* inglese – che rappresentano una prima forma aggregata di tutela nell'àmbito di un rapporto sinallagmatico. Analizzando le origini storiche inglesi e l'evoluzione di tale istituto nel sistema di *common law* statunitense, cercherò di evidenziare come l'ideale dell'azione rappresentativa contenga già in sé i tratti distintivi essenziali di quella che diventerà la tutela aggregata nei moderni sistemi giuridici [11]: la pluralità dei soggetti coinvolti e la presenza di un fattore di

[9] Non a caso nella letteratura statunitense si parla di *blackmail settlements*, *legalized blackmail*, *judicial blackmail*, ossia di "*ricatto legalizzato*".

[10] È indubbio che le origini della *class action* sono da ricercare all'interno della *representative suit* inglese e, in particolare, come risultato del passaggio dalle corti feudali locali (*manorial court*) alle corti di *equity* (*Chancery Court*). Decisiva fu, infatti, la realizzazione del nuovo sistema giudiziario-processuale compiuta in età Vittoriana, che portò alla fusione delle corti di *common law* e di *equity*. Fonte principale resta la *Rule 12 delle Rules of the Supreme Court Ord. 15*, secondo la quale è possibile rappresentare quanti abbiano lo stesso interesse.

[11] La trattazione dell'istituto della *class action* implica necessariamente la conoscenza della sua genesi attraverso un'indagine che prende spunto dal passato per individuare, a grandi linee, quale potrà essere il suo sviluppo all'interno dei sistemi di *civil law* ancor prima che nell'ordinamento italiano, in ragione dell'uniformazione ed unificazione della legislazione della normativa civilistica di tutela del consumatore svolta, da sempre, nell'ottica di uno Stato che impara a confrontarsi con gli altri Paesi d'Europa ove, con molta difficoltà e rallentamenti dettati dalla contingenza politica

coesione interno alla classe, operante sia a livello sociale che giuridico, a dimostrazione dell'appartenenza di ogni singola parte ad un gruppo che si può definire omogeneo.

Si passerà, quindi, ad analizzare l'evoluzione delle *representative suits* in quella forma di tutela che prende il nome di *class action* e che si è sviluppata negli Stati Uniti d'America. Già da subito, si avrà modo di far constatare al lettore come essa sia originata *transsubstantive*, generalizzata, e non relegata – com'è stato per molto tempo nelle esperienze europee – al solo settore consumeristico.

Conclusa l'analisi dell'esperienza madre di *class action*, verrà indagata la circolazione di questo strumento nei vari sistemi giuridici.

Si esamineranno, in primo luogo, alcuni sistemi di *common law* che hanno variamente tratto ispirazione dal modello statunitense (talvolta accogliendone integralmente gli stilemi) per predisporre forme di tutela aggregata: il Regno Unito, l'Australia, il Canada e in particolar modo Israele, la cui esperienza costituisce un *unicum* nel panorama mondiale, tanto che potrebbe qui ben parlarsi di vera e propria sperimentazione di *class action*. In tale contesto, spicca il sistema giuridico dell'Irlanda, uno dei pochissimi Stati membri in cui continua ad essere prevalente una netta posizione di chiusura nei confronti dello strumento collettivo. Analizzare a fondo le ragioni di tale persistente atteggiamento refrattario aiuterà, da un lato, a meglio comprendere le cause esogene allo stretto diritto

---

ed economica dell'ultimo decennio, si è dovuto spesso assistere alla decelerazione di ogni processo inizialmente messo in atto nell'intento di uniformarsi a principi comuni. Saranno questi ultimi, una volta individuati, i punti di forza di un futuro ordinamento che si porrà come fine una forte e stretta collaborazione tra i singoli Stati. Attraverso questo lavoro vorrò offrire, altresì, una visione di massima di un istituto, che vede sì affondare le proprie radici nel tempo, ma che attualmente è oggetto di studio ed applicazione da parte dei principali paesi industrializzati proprio perché la mancanza di una sua adeguata disciplina potrebbe provocare catastrofiche conseguenze, sotto molteplici punti di vista, tali da minare la tenuta economica di un paese: si pensi, ad esempio, all'ambiente ed ai suoi cambiamenti climatici (tematica questa sempre più delicata al giorno d'oggi) e, ovviamente, alla tutela del consumatore. La rapidità con cui si è diffuso tale istituto è l'effetto del verificarsi di problematiche del tutto simili a quelle già esistenti negli Stati Uniti, cui non è possibile negare il ruolo di pioniere così come quello di primario "*influencer*" tanto per il maggior interesse che i consumatori hanno dimostrato nei confronti di questa forma di tutela quanto per la struttura stessa dell'economia del paese in grado di influenzare anche l'aspetto giuridico sotteso all'azione di classe. La curiosità nei confronti dell'istituto della *class action*, e la conseguente necessità di mettere a fuoco questa nuova realtà, è stata in poco tempo alimentata da stampa e *mass media*, che hanno spinto e convogliato l'opinione pubblica nel ritenere fondamentale questa tutela, abbagliando ed allettando una moltitudine di persone con la possibilità di ottenere risarcimenti e di essere parte di processi che però, in Europa, non si possono realizzare. La celere propagazione di questa necessità, a livello globale, ha portato ad avere sistemi di tutela collettiva differenti e paralleli a quello ben più noto della azione di classe. La *class action* è stata così "plasmata su misura", tutto ciò per le necessità di adattare tale istituto ad esigenze tra loro similari, inserite in contesti giuridici talvolta molto differenti tra loro.

che hanno condotto taluni Paesi ad avversare la tutela aggregata come efficace strumento di gestione del contenzioso di massa e, dall'altro lato, a meglio spiegare le iniziative legislative unionali finalizzate ad originare una disciplina armonizzata relativamente alla tutela risarcitoria collettiva degli interessi dei consumatori. Insomma, lo si può affermare senza particolari remore: l'Irlanda, come premesso, è un caso di studio imprescindibile per rafforzare le conoscenze necessarie alla realizzazione di una sempre maggiore integrazione tra giurisdizioni nello spazio giuridico europeo.

Lo sguardo sarà poi rivolto a tradizioni giuridiche geograficamente molto lontane da noi – il Brasile, l'Argentina e Taiwan – per poi tornare verso lidi più conosciuti. Saranno presi in considerazione numerosi sistemi dell'Europa continentale: Spagna, Francia, Svezia, Germania, Austria e Ungheria. E, infine, l'Italia.

Dall'analisi di queste ultime – e come si è già avuto modo di accennare – potrà essere notato, con una certa facilità, come forme di tutela aggregata siano state sviluppate eminentemente per realizzare obiettivi di protezione del consumatore, continuando tale assetto di cose ad esercitare una certa influenza ancora ad oggi, nonostante da tempo – anche nello spazio europeo – sia maturata la consapevolezza di come quegli strumenti variamente assimilabili alla *class action* statunitense possano dare buona prova anche al di là del settore strettamente consumeristico.

D'altro canto, non è un mistero come la tradizione giuridica occidentale [12] si sia mostrata sempre molto resistente nei confronti di strumenti che andassero a minare la bilateralità del processo, guardandoli con sospetto e considerandoli ipotesi eccezionali. Questo ha avuto l'effetto, però, di costringere le esperienze europee ad una posizione di retroguardia nell'adeguamento ai fenomeni e alle evoluzioni della società civile.

Peraltro, dalla ricostruzione in chiave storica, emerge come tale ritrosia abbia in sé i germi del paradosso: difatti, il problema di garantire una tutela ad una massa più o meno determinata aveva trovato parzialmente risposta nell'antico diritto romano con la c.d. *actio popularis* [13], concessa *civis et populo* in difesa tanto delle *res sacrae* quanto delle *res publicae*. Non può sfuggire come tale azione costituisse una prima embrionale forma di coordinamento della promozione di valori superindividuali con l'iniziativa processuale privata. Spostando il proprio sguardo sulla *class action*, ci si rende subito conto di come l'obiettivo non sia molto dissimile: attraverso la proposizione di questa, un individuo, oltre ad agire per interessi propri, promuove un'azione legale anche nell'interesse di tutti coloro che si trovano nella medesima situazione, dalla quale scaturisce la pretesa

[12] J.M. KELLY, *A short history of Western legal theory*, Oxford, Clarendon Press, 1992, *passim*.

[13] D. 47, 23, 1: «*Eam popularem actionem dicimus quae suum ius populi tuetur*».

risarcitoria. In tal modo il singolo reagisce, seppure solo in situazioni patologiche, alla propria debolezza.

Un'eccezione alle incertezze europee non è, peraltro, costituita neppure dall'Italia, dove il vivace dibattito dottrinale, iniziato sin dai primi anni '70 del secolo scorso[14], non è riuscito ad imporsi con concrete iniziative legislative. Le prime delle quali, in realtà, sono più il frutto delle spinte unionali, che non del ruolo svolto dalla dottrina.

La parte conclusiva del lavoro sarà dedicata invece ad alcuni itinerari globali funzionali alle analisi svolte, anche in termini prospettici e propositivi. Si darà anche conto della recentissima novella legislativa dell'Unione europea, che ha inteso introdurre una "azione collettiva risarcitoria consumeristica" per il cittadino europeo, affidandone la disciplina alla Direttiva 2020/1828/UE, le cui criticità ed i cui meriti saranno oggetto di riflessioni *de iure condendo*.

Quest'ultimo rilievo ci consente di poter concludere come la nostra sia un'era che – quanto meno nei progetti – si propone di ricollocare la persona[15] al

---

[14] Non risulta copiosa la bibliografia in tema di valutazione comparata dell'istituto, che continua ad essere considerato come un trapianto forse controproducente per il nostro ordinamento. A tal riguardo, per un inquadramento della base del pensiero giuridico italiano sullo strumento in discussione, si vedano: M. TARUFFO, "*I limiti soggettivi del giudicato e* le 'class actions'", in *Riv. dir. proc.*, 1969, 609 ss.; S. PATTI, "*L'esperienza delle* class actions *in due libri recenti*", in *Riv. trim. dir. proc. civ.*, 1979, 1559 ss.; A. DONDI, "*Funzione remedial delle injunctive class action*", in *Riv. trim. dir. proc. civ.*, 1988, 245 ss.; A. GIUSSANI, "*Le mass tort class actions negli Stati Uniti*", in *Riv. crit. dir. priv.* 1988, 331 ss.; ID., "*Un libro sulla storia della class action*", *ivi*, 1989, 171 ss.; ID., "*La prova statistica nelle class actions*", in *Riv. dir. proc.*, 1989, 1029 ss.; C. CONSOLO, "*Class Action fuori dagli USA? (Un'indagine preliminare sul versante della tutela dei crediti di massa: funzione sostanziale e struttura processuale)*", in *Riv. dir. civ.*, 1993, fasc. 3, 609 ss. Per un'analisi comparatistica più estesa, e non limitata ai soli Stati Uniti d'America, cfr. G. PUGLIESE, "*Giudicato Civile*", in *Enc. dir.*, XVIII, Milano, Giuffrè, 1969, 887 ss.; F. CARPI, "*L'efficacia* ultra partes *della sentenza civile*", Milano, Giuffrè, 1974, 121 ss.; M. CAPPELLETTI, "*Formazioni Sociali e interessi di gruppo davanti alla giustizia civile*", in *Riv. dir. proc.*, 1975, fasc. 3, 387 ss.; G. ALPA, *Responsabilità dell'impresa e tutela del consumatore*, Milano, Giuffrè, 1976, 477 ss.; G. MONTELEONE, *I limiti soggettivi del giudicato civile*", Padova, Cedam, 1978, 171 ss.; V. VIGORITI, "*Interessi collettivi e processo: la legittimazione ad agire*, Milano, Giuffrè, 1979, 251 ss.; S. PATTI, *La tutela civile dell'ambiente*, Padova, Cedam, 1979, 98 ss.; G. COSTANTINO, *Contributo allo studio del litisconsorzio necessario*, Napoli, Jovene, 1979, 14 ss.; L.P. COMOGLIO, *Il principio di economia processuale*, II, Padova, Cedam, 1982, 310 ss.; V. DENTI, *Un progetto di giustizia civile*, Bologna, Il Mulino, 1982, 224 ss.; M. TARUFFO, "*Diritto processuale civile, nei paesi anglosassoni*", in *Dig. disc. priv., sez. civ.*, VI, Torino, Utet, 1990, 168 ss.; U. MATTEI, "*Common Law*", Torino, Giappichelli, 1992, 349 ss.; G.C. HAZARD-M. TARUFFO, *La giustizia civile negli Stati Uniti*, Bologna, Il Mulino, 1993, 187 ss.

[15] Sul punto è sempre attuale l'insegnamento magistrale di S. RODOTÀ, il quale, in *Dal soggetto alla persona*, Napoli, Editoriale Scientifica, 2007, 72 ss., osserva: «*Diremo che la forza delle cose, più che quella dell'argomentazione, impone di concludere che l'originario schema del soggetto astratto non è più in grado di comprendere una realtà che, insieme, evoca intensamente e mette continuamente in discussione il diverso e realistico riferimento alla persona? Il realismo è l'op-*

centro dell'orizzonte giuridico[16], essendo oramai dimostrata l'infondatezza dell'incondizionata fiducia riposta nel forsennato sviluppo del mercato e dei guadagni.

Per tutto quanto fin qui detto, ci si sente di poter dire come questo non sia solo un libro sulla *class action*.

È, prima di tutto, anche un libro di diritto comparato, che si propone di avvicinarsi – stabilirà il lettore se con successo – alla più alta forma di comparazione, quella cioè non limitata al solo studio delle legislazioni straniere bensì capace di offrire un approccio didattico (alla comparazione) che si spinga al di là e, talvolta financhе prescinda, da una esposizione dettagliata di istituti e regole.

Da qui l'esigenza di accompagnare il titolo «Class Action» con il sottotitolo «*Dalla comparazione giuridica alla formazione del giurista: un caleidoscopio per nuove prospettive*».

Come nell'immagine prodotta da un caleidoscopio lo spazio perde la sua unitarietà ed identità, si sdoppia all'infinito nella combinazione di varie forme offrendo all'osservatore nuove percezioni e prospettive dove più sensi vengono coinvolti, così nel dialogo tra culture l'occhio del comparatista cerca di intravedere e valorizzare le peculiarità delle diversità insite in ciascun ordinamento in

posto della fissità, e per ciò la persona è continuamente sfidata da questo suo modo d'essere, dall'intima sua attitudine a farsi tramite della complessità dell'esistenza e dei criteri di valutazione che a questa si riferiscono».

[16] Il punto da cui ci si muove è il seguente: la Carta di Nizza, la CEDU, la Dichiarazione Universale dei Diritti dell'Uomo, le Costituzioni dei singoli Stati, tutte, mettono al centro il rispetto per la dignità umana quale fonte inalienabile di diritti, che deve essere protetta da regole specifiche (*rule of law*) e governi democratici. Parlare di *constitutional justice* implica, in primo luogo, attribuire un significato al termine giustizia e, in seconda battuta, verificare come si declini quando è accompagnata dall'aggettivo "costituzionale". Nonostante le origini dell'UE si fondino su basi economiche, la creazione di un'idea di giustizia è sempre stata considerata prioritaria. Si pensi al rispetto per la libertà e l'indipendenza delle persone, l'obbligo di osservare i trattati e le leggi, l'uguaglianza tra le persone, il rispetto dei diritti umani: tutti fanno parte dei diffusi *principles of justice* teorizzati da Rawls per un *international laws of people* e, al contempo, sono parte integrante del diritto dell'Unione. L'idea rawlsiana per cui la soddisfazione dei bisogni di base può essere inquadrata tra gli «*equal basic rights and liberties of citizenship*» coincide, nella società odierna, con quei diritti inalienabili ed indivisibili che debbono essere rispettati dagli ordinamenti nazionali ed internazionali. Tali diritti discendono dalla dignità e presuppongono, a loro volta, che vengano tutelati per rispondere ad esigenze umane fondamentali di una vita decorosa e di un lavoro dignitoso. Peraltro, i medesimi diritti e libertà, come tutelati dalle Carte costituzionali ed internazionali, sono allo stesso tempo i limiti al potere legislativo, esecutivo e giudiziario di ogni ordinamento. Per una riflessione più approfondita, si rinvia al saggio di E.U. PETERSMANN, "*Constitutional Justice and the Perennial Task of 'Constitutionalizing' Law and Sosciety through 'Participatory Justice'*", in H. MICKLITZ (a cura di), *The many concepts of social justice*, cit., 115 ss.

modo da trasformare le differenze in scarti[17]. Difatti, parafrasando il filosofo francese François Jullien, si può dire che lo scarto culturale del comparatista fa uscire la cultura dal solco della tradizione, il pensiero dalla comodità del dogmatismo. Il concetto di scarto permette di pensare l'origine così com'è, ossia di affrontarla non in modo fisso ma evolutivo. È proprio da ciò che il rapporto tra culture può trarre vantaggio, anziché vederle ingabbiate in mere divergenze. Il concetto e la rivendicazione di una identità culturale porta, invero, a pensare alla cultura come qualcosa di statico, determinato, immobile e di tal guisa destinato all'omologazione e all'uniformazione. Invece, proprio della cultura è la dinamicità, il confronto, la permeabilità. Soltanto se si promuove un "comune" condiviso, che non sia una riduzione al conformismo, il comune dei vari sistemi sarà vivifico, capace di creare e sviluppare nuove prospettive ed effettive opportunità di condivisione. Ciò presuppone ed impone una cultura (giuridica) in continua trasformazione, sempre pronta a perdere la sua unitarietà e la sua identità in nome di un terreno comune ove tracciare i futuri sentieri della comparazione (giuridica).

La creazione del diritto, pertanto, non può essere ricondotta ad una mera attività di astrazione, poiché il vero sforzo non è pensare a realtà ipotetiche, ma riadattare formule generali alle fattispecie concrete. La sussunzione, secondo il valore paradigmatico della norma, è necessaria ma non sufficiente. Oggi, infatti, abbiamo bisogno di un'interpretazione che sappia bilanciare più i principi di natura costituzionale o sovranazionale piuttosto che normativi.

I problemi giuridici non possono essere anch'essi risolti sulla base di un semplice sillogismo, ma dalla commistione di una molteplicità di fattori quali dogmi, ideologie, principi, strutture sociali propri della tradizione giuridica dell'interprete – c.d. *path dependence* – che condizionano le soluzioni a seconda del momento storico o contesto sociale nel quale viene assunta la decisione.

---

[17] Differenza/Scarto: entrambi segnano una separazione, ma la differenza opera nell'ambito della distinzione, mentre lo scarto in quello della distanza. La differenza è, quindi, classificatrice dal momento che l'analisi avviene per somiglianza e differenza. Lo scarto, invece, si rivela come una figura non di identificazione ma di esplorazione, che fa emergere un altro possibile. Lo scarto non classifica, non ordina, ma deborda dalle tipologie stesse. Non produce un ordine ma un disordine. La differenza ha per scopo la descrizione, procede per determinazione, lo scarto comporta invece una prospezione: scruta, sonda fino a che punto sia possibile aprire nuove strade. È una figura – per così dire – avventurosa. Nella differenza, una volta fatta la distinzione, ognuno dei due termini dimentica l'altro, ognuno se ne sta per conto suo. Nello scarto, invece, i due termini separati restano l'uno di fronte all'altro, per questo lo scarto è così prezioso. Lo scarto, pertanto, ci porta ad uscire dalla prospettiva identitaria: fa emergere non un'identità, ma una fecondità, una risorsa. Lo scarto è fecondo proprio in questo: non dà luogo alla conoscenza tramite classificazione, ma suscita la riflessione perché mette in tensione. Così F. JULLIEN, *Il n'y pas d'identité culturelle mais nous défendons les ressources d'une culture*, Paris, Éditions de L'Herne, 2017, *passim*.

E, allora, possiamo immaginare come sia ancor più complesso il lavoro del comparatista che deve conoscere e mettere a confronto più sistemi o gruppi di sistemi. Sì, perché in questo caso neanche la conoscenza esaustiva di un sistema straniero può aiutare il comparatista se non decide di annullare sé stesso per impersonare l'autoctono e ricercare nuove prospettive.

Solo in questo modo, e ne sono profondamente convinto, può essere realizzato quell'«uso alternativo del diritto» – evocando la formula coniata da Barcellona [18] – degli strumenti di tutela aggregata, nell'ottica di un aumento del benessere delle collettività. Questo, oltre che auspicabile, è anche necessario per la piena attuazione di quei doveri solidaristici richiamati dalla Carta costituzionale – in particolare, dall'art. 3, secondo comma – per realizzare il superamento di «*vecchi paradigmi di un diritto privato di segno proprietario, liberandolo dall'etichetta di essere semplice riflesso dell'egoismo e di un gretto individualismo*» [19].

Stretto è, infatti, il legame tra *multi-party litigation*, «*class action*», tutela aggregata di interessi e solidarietà, perché laddove si perseguirà l'interesse generale (della «classe»), quest'ultimo prevarrà o tenderà a prevalere sempre di più – naturalmente – su quello particolare («*uti singulus*»), che non verrà oscurato ma brillerà di nuova luce.

* * *

Il giurista guarda con gli occhiali, il comparatista ha altri occhi e vede attraverso un caleidoscopio!

Lo sguardo con *altri occhi*, tuttavia, non può esistere a meno di dare la giusta importanza alla formazione di un giurista … senza frontiere: un vero cambio di rotta non può che essere realizzato a partire dalle Università, poiché è nelle studentesse e negli studenti il motore pulsante di qualsiasi cambiamento, nella loro capacità di osare e di intravedere nuovi orizzonti dove le precedenti generazioni hanno tracciato confini.

... che il viaggio abbia inizio!

[18] L'espressione è stata creata da Pietro Barcellona per un convegno organizzato a Catania nel 1972 sul tema. I relativi atti sono stati pubblicati in P. BARCELLONA (a cura di), *L'uso alternativo del diritto*, I, *Scienza giuridica e analisi marxista*; II, *Ortodossia giuridica e pratica politica*, Roma-Bari, Laterza, 1973. Da ultimo il tema è stato ripreso da N. LIPARI, "*L'uso alternativo del diritto, oggi*", in *Giust. civ.*, 2018, fasc. 1, 75 ss.

[19] N. LIPARI, *op. cit.*

I

ALLE ORIGINI DELLA *CLASS ACTION*

SOMMARIO: 1. Le origini della tutela aggregata in Inghilterra: le *representative suits* e il loro superamento. – 2. Alle origini della tutela di classe negli U.S.A. – 3. La c.d. *Moore Rule*.

1. *Le origini della tutela aggregata in Inghilterra: le* representative suits *e il loro superamento*

La tutela aggregata di interessi, nelle sue diverse accezioni e declinazioni, racchiude in sé lo sviluppo di fenomeni – benché di radice comune – sostanzialmente eterogenei, i quali hanno portato all'emersione, talvolta, di istituti di difficile applicazione e, pertanto, ben presto caduti in desuetudine, talaltra, in fattispecie di assoluta novità [1].

La figura antesignana della *class action* statunitense è rinvenibile nella c.d. *representative suit* inglese e – più specificamente – nel momento storico del passaggio dalle corti feudali locali (le cc.dd. *manorial courts*) a un sistema di giustizia di *equity* (*Chancery Court*) [2].

---

[1] Cfr. A. GIUSSANI, *Studi sulle "class actions"*, Padova, Cedam, 1996, *passim*.

[2] Tradizionalmente, si ritiene che l'istituto della *representative suit* trovi la propria origine nella giurisdizione di *equity*, in particolare con la pronuncia *Brown v. Vermuden* di cui si parlerà più approfonditamente *infra*. Ciononostante, alcuni studi più recenti hanno posto in rilievo come vi sia traccia di azioni rappresentative promosse dinanzi alle corti manoriali già a partire dal XII-XIII secolo: cfr. S.C. YEAZELL, *From Medieval Group Litigation to the Modern Class Action*, New Haven, Yale University Press, 1987, 38 ss., nonché A. GIUSSANI, "*Un libro sulla storia della «class action»*", in *Riv. crit. dir. priv.*, 1989, fasc. 1, 171 ss.; G. SORICELLI, *Contributo allo studio della class action nel sistema amministrativo italiano*, Milano, Giuffrè, 2012, 23. Tutto ciò premesso, comunque, la dottrina è unanime nel ritenere che le «class actions *appartengano più al sistema di* equity *che a quello di* common law»: così A. GIUSSANI, *Studi sulle "class actions"*, cit., 4. Più in generale, sul tema dell'origine storica della *class action* cfr. R.B. MARCIN, *"Searching for the Origin of Class Action"*, in *Cath. U. L. Rev.*, 1974, fasc. 3, 515 ss.; G.C. HAZARD-J.L. GEDID-S. SOWLE, "*An Historical Analysis of the Binding Effect of Class Suits*", in *U. Pa. L. Rev.*, 1998, fasc. 6, 1849

L'autodistruzione della classe baronale inglese, avvenuta nel corso della guerra delle Due Rose, infatti, consentì alla dinastia Tudor di accentrare su di sé i poteri assoluti, anche mediante la generalizzazione della giurisdizione regia, a scapito di quella locale, con l'istituzione appunto della giustizia di *equity*.

Scopo di quest'ultima – e, quindi, della *Chancery Court* – era proprio quello di supplire alle corti locali, le quali si erano dimostrate poco inclini ad ospitare processi con pluralità di parti (le cc.dd. *multiparty litigations*)[3].

A tali carenze pose ben presto rimedio proprio la *Chancery Court*, dimostratasi più aperta ai fenomeni di litisconsorzio necessario.

In principio, le "azioni rappresentative" – endiadi con la quale può tradursi il termine *representative suits* – venivano impiegate per convenire in giudizio i soggetti più facoltosi di una determinata comunità contadina, al fine di ottenere il pagamento delle tasse sulla produzione per tutti gli appartenenti alla classe – assenti – nei confronti dei quali si estendevano gli effetti del giudicato tra i primi, ossia l'accertamento della debenza ivi contenuto[4].

L'instaurazione di un'azione in litisconsorzio era il titolo fondante la giurisdizione di *equity*.

Al creditore era riconosciuta la facoltà di agire unicamente nei confronti di alcuni soggetti gravati dall'imposta – i più facoltosi in quanto dotati di patrimonio capiente, evidentemente – per l'intera somma dovuta dalla "classe". In tal modo, i creditori potevano essere soddisfatti per l'intero più agevolmente, salvo

ss.; R.G. BONE, "*Personal and Impersonal Litigative Forms: Reconceiving the History of Adjudicative Representation*", in *B. U. L. Rev.*, 1990, fasc. 2, 213 ss.

[3] Sia permesso di rinviare al mio contributo G. SCARCHILLO, "*La* Class Action*: Profili di diritto comparato*", in G. ALPA-G. CAPILLI, *Lezioni di diritto privato europeo*, Padova, Cedam, 2007, 999 ss., spec. 1002.

[4] Paradossalmente, quindi, le originarie forme di azione collettiva erano configurate come *defendant class action*. Ad oggi, al contrario, tale impiego è di ridotta e scarsa applicazione nella prassi. Per una disamina sul tema, cfr. A. GIUSSANI, "*Azione Collettiva*", in *Enc. dir. – Annali*, I, Milano, Giuffrè, 2007, 132 ss., spec. 134, nota 8. Senza pretese di completezza e a titolo di esempio, si dà conto – in ottica comparatistica – di alcune ipotesi di *defendant class actions*: negli Stati Uniti d'America, è il caso dell'azione promossa contro un gruppo di funzionari pubblici preposti a una certa funzione o fattispecie simili (si veda J.M. ROGERS, "*Personal Jurisdiction and Rule 23 Defendant Class Actions*", in *Ind. L. J.*, 1978, fasc. 4, 841 ss.; S.M. MILLER, "*Certification of Defendant Classes under Rule 23(b)(2)*", in *Colum. L. R.*, 1984, fasc. 5, 1371 ss.; R.R. SIMPSON-C.L. PERRA, "*Defendant Class Actions*", in *Conn. L. Rev.*, 2000, fascc. 4-5, 1319 ss.; M.K.K. SUMIDA, "*Defendant Class Action and Patent Infringement Litigation*", in *UCLA L. Rev.*, 2011, fasc. 3, 843 ss.); in Sudamerica, invece, tale strumento viene impiegato nella cause in materia di lavoro, essendo consentito di convenire in giudizio il sindacato dei lavoratori come sostituto processuale degli iscritti (al proposito, cfr. R. BERIZONCE-A. PELLEGRINI GRINOVER-A. LANDONI SOSA, "*Codice modello di processi collettivi per Iberoamerica*", in *Riv. dir. proc.*, 2005, fasc. 2, 561 ss.). Da ultimo, per una riflessione circa l'eventuale trascurata utilità di tali particolari forme di azioni, si veda FRANCIS X. SHEN, "*The Overlooked Utility of the Defendant Class Action*", in *88 Denv. U. L. Rev. 73* (2010).

il diritto dei convenuti/condannati al diritto di regresso verso gli altri membri del gruppo; in altri termini, i convenuti erano considerati responsabili in solido con gli altri componenti della classe, anche laddove questi ultimi non fossero evocati in giudizio.

Così configurata tale azione, non era richiesta la presenza fisica in giudizio di tutti i soggetti appartenenti alla "classe", poiché comunque la pronuncia era ritenuta idonea a produrre effetti sul loro patrimonio.

Tuttavia, ciò non sta a significare che non fosse tenuta in debito conto la necessità del contraddittorio, ma che – al contrario – i giudici tendevano a rigettare le eccezioni di improcedibilità della domanda per incompletezza del contraddittorio allorquando le parti assenti dovevano considerarsi adeguatamente rappresentate dai soggetti presenti nel processo.

La storiografia in materia di *class actions* ritiene che la prima pronuncia sull'estensione dei limiti soggettivi del giudicato, anche sfavorevole, ai membri assenti, ma adeguatamente rappresentati, sia *Brown v. Vermuden*[5] del 1676.

In Inghilterra, durante la seconda metà del XVII secolo – periodo icasticamente definito «*a shadow time, with echoes of a dimmer and murkier age*»[6] – il

[5] *Brown v. Verdmuden*, 22 Eng. Rep. 796 (Ch 1676). Che si tratti del primo effettivo caso di *class action* è ritenuto da J. STORY, *Commentaries on Equity Pleadings, and the Incidents thereof: According to the Practice of the Courts of Equity, of England and America*, Boston, Little & J. Brown, 1844, 122 ss.; C.C. WHEATON, "*Representative Suits Involving Numerous Litigants*", in *Cornell L. Q.*, 1933, fasc. 3, 399 ss.; J. POMEROY, *A Treatise on Equity Jurisprudence*, San Francisco, Bancroft Whitney and Lawyers Cooperative, 1941, 467 s.; Z. CHAFEE, *Some Problems of Equity*, Ann Arbor, University of Michigan Press, 1950, 164, 201; J.J. SIMEONE, "*Class Suits Under the Codes*", in *W. Res. L. Rev.*, 1955, fasc. 1, 7 ss., spec. 9; G.G. HAZARD, "*Indispensable Party: The Historical Origin of a Procedural Phantom*", in *Colum. L. R.*, 1961, fasc. 7, 1254 ss., spec. 1260; R.B. MARCIN, *Searching for the Origin*, cit., spec. 516; G.C. HAZARD-J.L. GEDID-S. SOWLE, *An Historical Analysis of the Binding Effect*, cit., spec. 1863. *Contra*, F. CALVERT, *A Treatise Upon the Law Respecting Parties to Suits in Equity*, Philadelphia, J.S. Little, 1837, 10, il quale menziona *Cranborne v. Crispe*, 23 Eng. Rep. 57 (Ch. 1673). Tuttavia, come correttamente replicato da R.B. MARCIN, *Searching for the Origin*, cit., 516, nota 4, la portata del precedente testé menzionato va ridimensionata, avendo questo, infatti, introdotto più semplicemente un'eccezione alla regola della necessaria compresenza di tutte le parti in giudizio, lasciando impregiudicati i crediti non dedotti in giudizio. Cfr. *Cranborne v. Crispe*, punto 57: «*For the Reason why all the Obligors, their Heirs, Executors or Administrators are to be made Parties in Equity was, and is only a Rule of Conscience, and to save those who are severally charged, the Trouble of a new suit for Contribution against those who were not charged; but this is not of absolute Necessity, and therefore may be dispensed withall, especially in this Case where the Parties are so many, and the Delays so multiplied and continued*».

[6] Così R.B. MARCIN, *Searching for the Origin*, cit., spec. 515. Il passo richiamato – per descrivere la temperie dell'epoca – continua così: «(t)*he English Isle itself was reeling from catastrophes, both natural and political. The Great Plague and the Great Fire of London, with scarcely a year's breathing space between them, had left the city's population decimated and her homes and churches in ruin. The*

Reverendo Carrier, Vicario del *Worselworth*, aveva incontrato problemi nella riscossione delle decime con una comunità di minatori di una zona del proprio vicariato, il *Derbyshire*. Dal momento che le attività estrattive erano copiose e la produzione andava più che bene, il mancato pagamento appariva al Reverendo uno sfruttamento del caotico momento politico-religioso, più che dettato da concrete esigenze. Conseguentemente, agì in giudizio contro la comunità dello *shire* di *Derby* – sia nei confronti degli *owners*, che nei confronti dei lavoratori – richiedendo il pagamento delle decime. La comunità convenuta nominò quattro rappresentanti per resistere in giudizio, il cui esito, tuttavia, non fu favorevole: la corte diede ragione al Reverendo, condannando così la comunità.

La sentenza doveva aver scosso particolarmente la popolazione locale, tanto che uno dei componenti – tale *Mr. Vermuden* – pensò bene di intervenire e di sostenere la propria estraneità al giudizio, ritenendo di non essere vincolato dalla *res judicata*.

Le doglianze di *Mr. Vermuden* vennero portate, quindi, dinanzi alla *Chancery Court*. Nel frattempo, il Reverendo Carrier era trapassato, e vicario del *Worselworth* era divenuto il Reverendo Brown, da cui *Brown v. Vermuden*.

Probabilmente il caso *Brown v. Vermuden* sarebbe finito nel dimenticatoio, se non fosse stato per la *ratio decidendi* adottata dalla *Chancery Court* nel respingere le doglianze attrici. Nello stabilire la vincolatività della sentenza anche nei confronti di *Vermuden*, il *Lord Chancellor* scrisse che:

> «(i)*f the Defendant should not be bound, Suits of this Nature, an in case of Inclosures, Suits against the Inhabitants for Suit to a Mill, and the like, would be infinite, and impossible to be ended*»[7].

Da quanto fin qui riportato, appare sufficientemente chiaro come l'istituto dell'azione rappresentativa avesse in sé i germi della *class action*, costituendone un prototipo, un modello embrionale.

L'origine della *class action* è intimamente collegata ai problemi pratici derivanti dall'applicazione della *Necessary Party Rule* da parte della *Chancery Court*[8].

---

nation itself was hesitantly regrouping from the shuddering excesses of the Cromwellian interregnum. Witches and demons peopled the consciousness of even serious-minded folk».

[7] *Brown v. Vermuden*, punto 797; sul punto, cfr. R.B. MARCIN, *Searching for the Origin*, cit., spec. 516.

[8] In materia, cfr. G.C. HAZARD, *Indispensable Party*, cit., spec. 1257 ss., in cui l'A. ripercorre la prassi della giustizia di *equity* in materia di *Necessary Party Rule*. È interessante notare come, al fondo della questione, vi fossero due tesi diametralmente opposte: l'una, la più rigorosa e risalente, era riconducibile alla figura di *Lord Nottingham*, che escludeva la vincolatività del giudicato alla parte assente; l'altra, incarnata da *Lord Eldon* e sviluppatasi nel XIX secolo, invece si atteggiava in modo maggiormente flessibile, più ben disposta verso la *multiparty litigation*.

In base alla regola da ultimo menzionata, si richiedeva che ogni persona interessata all'oggetto di una determinata controversia dovesse essere presente in giudizio [9]. Si capisce bene come, specie in quei casi caratterizzati da un elevato numero di soggetti coinvolti, un'applicazione rigida della *Necessary Party Rule* comportava – inevitabilmente – lungaggini processuali, nonché veri e propri stalli. Ben presto, conseguentemente, la prassi della *Chancery Court* sviluppò le cc.dd. *impossibility exceptions*, mediante le quali – accertata l'impossibilità di convenire in giudizio tutti gli interessati – si giungeva a una sentenza vincolante anche per gli assenti, purché adeguatamente rappresentati. Da questa prassi scaturirono alcuni filoni, nei quali è maturata la giurisprudenza della *Chancery Court* in materia di *representative suits*.

Un primo filone giurisprudenziale è quello relativo ai *bills of peace*, ovverosia lo strumento di *equity* che consisteva nella concentrazione di una molteplicità di domande – già proposte o da proporre – in un unico giudizio, deciso – una volta e per tutte – con un'unica pronuncia [10]. E all'origine del *bill of peace* v'erano, evidentemente, ragioni di economia processuale. L'effetto di questo strumento, come indica il nome stesso, era quello di portare pace e di prevenire una molteplicità di controversie concernenti il medesimo oggetto.

Il secondo filone è quello relativo alle controversie instaurate da e contro le società prive di personalità giuridica (cc.dd. *unincorporated associations*). Un primo caso in materia, risalente al 1701, vide contrapposta la città di Londra a una società concessionaria dei servizi idrici. Nella decisione *City of London v. Richmond* [11], l'amministrazione cittadina aveva convenuto in giudizio, facendo valere un inadempimento contrattuale, solo alcuni dei soci della società *Richmond*. Ciononostante, la Corte non applicò la *Necessary Party Rule*, ritenendo che – stante l'elevata numerosità dei soggetti coinvolti – un integrale contraddittorio sarebbe stato impossibile da instaurare [12].

L'azione rappresentativa in materia di società prive di personalità giuridica

[9] Sul punto, *ex multis*, e per quel che qui maggiormente interessa, cfr. G.C. HAZARD-J.L. GEDID-S. SOWLE, *An Historical Analysis of the Binding Effect*, cit., spec. 1858-61.

[10] La definizione ripresa nel testo, pur essendo di un A. americano, ben si presta a rappresentare il fenomeno dei *bills of peace* nelle Corti inglesi a cavallo tra il XVII e XVIII secolo: cfr. Z. CHAFEE, "*Bills of Peace with Multiple Parties*", in *Harv. L. Rev.*, 1932, fasc. 8, 1297 ss., spec. 1297: «*In matters of justice, however, the benefactor is he who makes one lawsuit grow where two grew before. A potent device for this purpose is the bill of peace in equity. Questions of law or fact which would otherwise be tried over and over can by this means be determined once for all in a single proceeding. This avoidance of multiplicity of suits saves the parties from needless expense and vexation, economizes the time of judges and jurymen, and frees the dockets for the affairs of other litigants*».

[11] *City of London v. Richmond*, 23 Eng. Rep. 870 (Ch. 1701).

[12] Per un commento, cfr. G.C. HAZARD-J.L. GEDID-S. SOWLE, *An Historical Analysis of the Binding Effect*, cit., spec. 1874 ss.

ha però conosciuto il proprio culmine nel XVIII secolo. Se, da un lato, tale periodo fu caratterizzato – almeno in Inghilterra – dalla crescita delle attività mercantili e aziendali, con conseguente ricorso alla raccolta del capitale presso il pubblico di mezzi finanziari necessari all'esercizio dell'attività di impresa, dall'altro, fu, però, segnato da spregiudicate speculazioni poste in essere da alcune compagnie. Nel 1720, tuttavia, con l'approvazione da parte del Parlamento inglese del *Bubble Act*, si tentò di porre fine a tali condotte, anche allo scopo di prevenire bolle speculative [13].

Uno degli effetti collaterali del *Bubble Act* fu quello di incrementare il numero delle controversie con pluralità di parti, nelle quali l'applicazione della *Necessary Party Rule* avrebbe imposto l'instaurazione del contraddittorio contro un'infinità di soggetti.

Al fine di rimediare a tale inconveniente, la giurisprudenza fece via via maggiore ricorso all'azione rappresentativa. In altri termini, il *Bubble Act* fece registrare un aumento delle *multiparty litigations*, con la conseguenza pratica di un'espansione dell'operatività dell'azione rappresentativa, impiegata dalle corti per evitare inutili dichiarazioni di improcedibilità della domanda e lungaggini processuali snervanti [14].

Il terzo filone, infine, ha riguardato i *creditor's bills*, i *legatee bills* e i *vessel's cases* [15].

Nell'evoluzione delle azioni collettive, decisiva fu la razionalizzazione del sistema processuale compiuta con le grandi riforme dell'età vittoriana che con-

---

[13] Trattasi della Legge 6 Geo. I., c. 18, approvata il 9 giugno 1720, rimasta in vigore per 105 anni (abrogata nel 1825). Più che la *ratio* ispiratrice della norma, invero, il porre freno alle bolle finanziarie ne costituì un effetto collaterale: difatti, la teoria più accreditata sulla genesi del *Bubble Act* sostiene come questa legislazione fosse stata fortemente voluta dalla *South Sea Co.* Questa, esercitando notevoli pressioni sul Parlamento, aveva ottenuto una disciplina che subordinava la costituzione delle società per azioni a una previa autorizzazione parlamentare, di fatto introducendo una discrezionalità politica nel riconoscimento della personalità giuridica delle società. L'intento di fondo era, in altre parole, quello di eliminare dal mercato gli altri concorrenti, così da attrarre su di sé la maggior parte degli investimenti privati. Cfr. W.E. McColloch, "*A Shackled Revolution? The Bubble Act and Financial Regulation in Eighteenth-Century England*", in *Review of Keynesian Economics*, 2013, fasc. 3, 300 ss., spec. 306; già del medesimo avviso, R. Harris, "*The Bubble Act: Its Passage and its Effects on Business Organization*", in *The Journal of Economic History*, 1994, fasc. 3, 610 ss.

[14] G.C. Hazard-J.L. Gedid-S. Sowle, *An Historical Analysis of the Binding Effect*, cit., spec. 1874, in cui vengono riportati una serie di casi a partire dal 1722: *Chancey v. May*, 24 Eng. Rep. 265 (Ch. 1722); *Adair v. New River Co.*, 32 Eng. Rep. 1153 (Ch. 1805); *Cockburn v. Thompson*, 33 Eng. Rep. 1005 (Ch. 1809).

[15] Per una disamina dettagliata sul punto si rinvia ad G.C. Hazard-J.L. Gedid-S. Sowle, *op. cit.*, spec. 1866 ss.; sia permesso inoltre di rinviare a G. Scarchillo, *La* Class Action*: Profili di diritto comparato*, cit., 1002.

dussero, tra l'altro, all'amministrazione congiunta di *common law* e *equity*[16], e con le quali si realizzò un vero e proprio stravolgimento nell'impiego delle azioni rappresentative. Difatti, da quel momento in poi la giurisprudenza inglese si orientò nel senso di comprimere il significato di *common interest* a quello di contitolarità del *petitum mediato* e medesimezza del *petitum immediato*, onde l'esclusione dalla *multiparty litigation* dei *bills of peace* e dei *creditor's bills*, dove difettavano tanto l'uno quanto l'altro requisito.

A determinare, in modo irreversibile, il declino delle *representative suits* fu, però, nel 1910, la pronuncia dell'Alta Corte di Giustizia inglese nel caso *Markt & Co. Ltd. V. Knight Steamship Co. Ltd.*, ove venne affermata l'improcedibilità delle domande risarcitorie in forma rappresentativa «*in quanto ontologicamente carenti del requisito della contitolarità della situazione soggettiva azionata*»[17]. Con ciò si sanciva l'inadeguatezza del modello della *representative suit* a provvedere ad un'efficace tutela degli interessi aggregati, comprendendosene, dunque, l'abbandono.

Ecco quindi che il testimone passò alla *common law* statunitense.

2. *Alle origini della tutela di classe negli U.S.A.*

Quando gli Stati Uniti d'America altro non erano che colonie della madre patria inglese, il sistema giurisdizionale seguiva la bipartizione *equity/at law*, in guisa che le azioni rappresentative – così come conosciute oltreoceano – si acclimatarono ben presto nell'ambiente americano. Si trattava, per vero, di una prima embrionale forma di *class action*, e lo strumento processuale per promuoverla era il *bill of peace*, di cui si è già detto più sopra[18]. E, d'altro canto, ciò è ragionevole, il carattere rurale della società americana dell'epoca non rendeva necessarie strumentazioni giuridiche particolarmente raffinate per la risoluzione delle controversie[19]. Scenario questo destinato a mutare ben presto con l'avvento dell'evoluzione industriale e tecnologica della società americana.

---

[16] Si tratta dei cc.dd. *Judicature Acts* del 1873-5 sui quali, *ex plurimis*, cfr. K. ZWEIGERT-H. KÖTZ, *Introduzione al diritto comparato*, Milano, Giuffrè, 1998, 241-3; V. VARANO-V. BARSOTTI, *La traduzione giuridica occidentale*, I, Torino, Giappichelli, 2018, 272 ss.

[17] *Markt & Co. Limited. V. Knight Steamship Co. Limited* [1910] 2 KB 1021(CA).

[18] Sul punto cfr. A.R. MILLER, "*The American Class Action: From Birth to Maturity*", in *Theroretical Inquiries in Law*, 2018, fasc. 1, 1 ss., spec. 2; cfr., inoltre, il già citato S.C. YEAZELL, *From Medieval Group Litigation to the Modern Class Action*. Peraltro, anche le pronunce più recenti tendono a riconoscere l'origine della *class action* nella giurisdizione di *equity*: *Ortiz v. Fibreboard* Corp., 527 U.S. 815, 832 (1999). Si v. inoltre S. N. SUBRIN, "*How Equity Conquered Common Law: The Federal Rules of Civil Procedure in Historical Perspective*", in *U. Pa. L. Rev.*, 1987, fasc. 4, 909 ss.

[19] Per tali e altri rilievi, cfr. S.M. MILLER, *op. loc. ult. cit.*

Il primo documento che si è soliti citare quando si parla di *class action* statunitense è l'opera del giudice della Corte Suprema Story, "*Commentaries on Equity Pleadings*" [20]. Trattasi di un'opera fondamentale per la materia che qui ci interessa, non solo perché ha indirettamente creato la *class action* statunitense, ma anche perché le idee e le elaborazioni ivi contenute sono rifluite nell'assetto della *class action* tanto nell'intervento legislativo del 1938 (la c.d. *Moore Rule*, di cui si parlerà nel prossimo paragrafo) [21], quanto nella successiva emenda del 1966 [22].

Nell'impostazione del giudice Story, la *representative suit* costituiva un'eccezione alla regola generale della *Necessary Party Rule*: questo emerge in maniera chiara dalla lettura delle pagine del commentario dedicate alle "*Proper Parties to Bills*" [23]. Nel paragrafo da ultimo menzionato, l'A. rilevava la necessità che tutte le persone materialmente interessate all'oggetto di una controversia dovessero prendervi parte, salvo il caso che le parti fossero state così numerose da rendere l'instaurazione del litisconsorzio impraticabile e foriero di interminabili ritardi, nonché di inconvenienti per l'ordinato svolgimento del giudizio. L'A. specificava, altresì, che in tale ultimo caso – ossia quando l'instaurazione del litisconsorzio fosse risultata impossibile – la Corte avrebbe potuto dispensare le parti presenti, purché ciò non si fosse tradotto in una lesione delle posizioni soggettive degli assenti. Tale ultimo inciso (che in lingua inglese assumeva la seguente formulazione: «*if it can be done without injury to the persons not actually before the Court*») lasciava aperta la questione della vincolatività della sentenza pronunciata in un giudizio riguardante le posizioni soggettive di individui assenti [24]. Come si vedrà nel prosieguo, tale lacuna condurrà successivamente la giurisprudenza ed il legislatore statunitense a conclusioni diametralmente opposte.

Secondo Story, in particolare, le eccezioni alla regola della *Necessary Party Rule* potevano essere suddivise in tre categorie: le controversie nelle quali era

---

[20] Cfr. J. STORY, *Commentaries on Equity Pleadings*, cit. Per una ricostruzione storica sul punto, si rinvia al contributo di G.C. HAZARD-J.L. GEDID-S. SOWLE, *An Historical Analysis of Binding Effects of Class Suits*, cit., 1878.

[21] A testimonianza di ciò si riportano le parole di J.W. MOORE-M. COHN, "*Federal Class Actions*", in *Ill. L. Rev.*, 1937, 307 ss., spec. 307, 308, 310 ss.: «(a)*nd in large measure Story's analysis has been the basis for the federal rule*»; J.W. MOORE, "*Federal Rules of Civil Procedure: Some Problems Raised by the Preliminary Draft*", in *Geo. L.J.*, 1937, 551 ss., 570-6. Sul punto v. S.M. MILLER, *op. cit.*, 1878.

[22] Cfr. B. KAPLAN, "*Continuing Work of the Civil Committee: 1966 Amendments of the Federal Rules of Civil Procedure (I)*", in *Harv. L. Rev.*, 1967, fasc. 2, 356 ss., spec. 376-95, 377 nota 72 (ove l'A. ricollega la visione di Moore a quella di Story). Cfr. S.M. MILLER, *op. loc. ult. cit.*

[23] Cfr. J. STORY, *Commentaries on Equity Pleadings*, cit., § 72 ss., spec. § 74.

[24] *Ivi*, § 94 ss.

presente un interesse di natura comune o generale[25]; quelle dove era coinvolta un'*association*[26]; infine – a mo' di clausola generale – tutte le volte in cui l'eccessivo numero delle parti coinvolte rendeva impossibile il litisconsorzio[27].

Al netto delle questioni procedurali, occorre rilevare come la configurazione di tali eccezioni, nonché – più compiutamente – la previsione di azioni in forma aggregata, rispondessero a esigenze di giustizia sostanziale. Difatti, le *representative suits* si proponevano di fornire dei rimedi utili ad alcuni conflitti sociali, quali le controversie in materia di eredità, tra debitori e creditori, in materia di associazionismo, e – non da ultimo – nei casi riguardanti la legittimità dei provvedimenti delle autorità amministrative locali. Conflitti la cui composizione non poteva essere conseguita con l'impiego dei consueti schemi della giustizia individuale, data la presenza di tre o più parti[28].

La temperie culturale descritta condusse all'introduzione nelle *Equity Rules* del 1842 di due disposizioni, le quali costituivano il precipitato dell'impostazione di Story:

---

[25] Tra di queste vi rientravano i *creditor's bills*, i *legatee bills* e i *prize cases*. Cfr. *ivi*, §§ 98-106, ove l'A. esplicita le ragioni addotte dalla giurisprudenza per escludere il litisconsorzio necessario in queste fattispecie.

[26] Trattasi delle cause in cui è coinvolta una *voluntary associations*. Sul punto, l'A. in questione si esprimeva nel senso che: «(t)*hose, who sue or defend, may fairly be presumed to represent the rights and interests of the whole* [...]. (T)*he persons interested are commonly numerous* [...]. (A)*s there is a privity of interest, the Court will allow a Bill to be brought by some of the parties on behalf of themselves and all the others*». Tuttavia, escludeva che tale meccanismo potesse operare nei casi in cui la controversia avesse riguardato lo scioglimento dell'*association* ovvero delle ipotesi che avessero celato conflitti di interessi. Cfr. *ivi*, §§ 107, 108-119, 130-134.

[27] Per giustificare tale categoria, l'A. richiama i *manorial cases* e i casi sulle decime, tra cui rientra anche il già menzionato *Brown v. Vermuden*. Cfr. *ivi*, § 120 ss.

[28] Provocano notevoli suggestioni le parole impiegate da G.C. HAZARD-J.L. GEDID-S. SOWLE, *An Historical Analysis of Binding Effects of Class Suits*, cit., 1882: «*It is appropriate to step back from procedural doctrine and to take note of the substance of the social conflicts that these re suits were trying to address. These included disputes over inheritance (the legatees' bills), between debtor and creditor and among creditors unsatisfied in their just debts (the creditors' bills), the governance of private business and eleemosynary associations (the "association" cases), and the legitimacy of measures taken by local government (the tithe and manorial cases). These social conflicts are, in human affairs, perennial and fundamental conflicts made more complicated because they involve not two sides, but three or more sides. The ex-ante question is whether all members of a group should be regarded as participating in litigation. The ex-post question is whether all members will subsequently be required to hold their peace. Yet, any member of any group would have to wonder what he was getting into ex-ante. A member would also wonder why he should later be precluded from asserting his rights for simply having remained a passive bystander to another's litigation. He would wonder, in short, why it was not right to have stayed out of litigation over inheritance, bad debts, mismanagements of enterprises, and squabbles in local government, and to pursue his rights by litigation only if it later seemed worthwhile to do so*».

1. la *Rule 47*[29], che tentava di dare soluzione agli ostacoli provenienti dall'applicazione della *Necessary Party Rule*;
2. la *Rule 48*[30], che trattava, invece, dei casi di eccessiva numerosità delle parti coinvolte.

Entrambe tali disposizioni stabilivano che la sentenza pronunciata all'esito di un giudizio condotto nell'assenza di parti interessate non avrebbe dovuto arrecare pregiudizio alcuno ai diritti e alle pretese di queste ultime.

Se lo studio del diritto comparato si limitasse all'osservazione delle legislazioni straniere, dovremmo concludere nel senso che, a metà ottocento, negli Stati Uniti d'America, le sentenze rese all'esito di un'azione rappresentativa non vincolavano gli assenti.

Tuttavia, il diritto comparato – nella configurazione che mi sento di accogliere, e che più si confà alla mia impostazione – è composta da scarti: tra sistemi giuridici; ma anche di scarti in seno al medesimo sistema giuridico, tra ciò che è la *law in the books* e ciò che rappresenta la *law in action*.

Non sorprenderà, quindi, come la prima pronuncia – nel 1853 – della Corte Suprema statunitense in materia, potremmo dire, di *class action* – *Smith v. Swormstedt*[31] – avesse ampiamente smentito il dato legislativo.

Le origini della controversia vanno ricercate in una delle pagine più buie della storia americana: la schiavitù. E la questione – nel caso menzionato – verteva sulla proprietà degli schiavi da parte dei ministri del culto. In seno alla *Methodist Episcopal Church* erano venute sviluppandosi posizioni totalmente opposte sul tema: da un lato, le Chiese dei territori del sud erano favorevoli alla schiavitù; dall'altro, quelle dei territori del nord si facevano portavoci delle istanze antischiaviste. La frattura ricreatasi condusse – nel 1844 – allo scisma della *Methodist Espiscopal Church* tra sud e nord.

---

[29] La *Rule 47* stabiliva che: «*In all cases where it shall appear to the Court that persons, who might otherwise be deemed necessary or proper to parties to suit, can not be made parties by reason of their being out of the jurisdiction of the court, or incapable otherwise of being made parties, or because their joinder would oust the jurisdiction of the court as to the parties before the court, the Court may, in their discretion, proceed in the cause without making such persons parties; and in such cases the decree shall be without prejudice to the right of the absent parties*». Sul punto, cfr. G.C. HAZARD-J.L. GEDID-S. SOWLE, *An Historical Analysis of Binding Effects of Class Suits*, cit., 1901, nota 232.

[30] La *Rule 48* stabiliva che: «*Where the parties on either side are very numerous, and can not, without manifest inconvenience and oppressive delays in the suit, be all brought before it, the Court in its discretion may dispense with making all of them parties, and may proceed in the suit, having sufficient parties before it to represent all the adverse interest of the plaintiffs and the defendants in the suit properly before it. But, in such cases, the decree shall be without prejudice to the rights and claims of all the absent parties*». Cfr. G.C. HAZARD-J.L. GEDID-S. SOWLE, *op. loc. ult. cit.*

[31] *Smith v. Swormstedt*, 57 U.S. 288, 16 How. 307 (1853).

A seguito di tale scisma, la Chiesa del Nord interruppe i finanziamenti ai padri pellegrini del sud. Questi – ritenendosi ingiustamente privati di un loro diritto – agirono in giudizio contro alcuni membri della Chiesa del Nord.

La controversia venne, a seguito dei vari gradi di giudizio, portata dinanzi alla Suprema Corte. I giudici di quest'ultima – ponendosi in aperto contrasto con la lettera della legge – stabilirono la vincolatività del giudicato anche nei confronti degli assenti.

Il conflitto tra dato legislativo e prassi giurisprudenziale rimase irrisolto per lungo tempo.

Neppure l'emenda delle *Equity Rules* del 1912 valse a chiarire una volta e per tutte la questione della vincolatività. Tale intervento legislativo, invero, si limitò ad espungere dal testo della *Rule 48* il riferimento al fatto che «*the decree shall be without prejudice to the rights and claims of all the absent parties*».

A complicare lo scenario intervenne un'ulteriore sentenza della Suprema Corte statunitense, in cui questa stabilì l'estensione dei limiti soggettivi del giudicato anche in caso di pronuncia sfavorevole nei confronti della classe. Tale fu – nel 1921 – la portata del caso *Ben Hur v. Cauble*[32].

3. *La c.d.* Moore Rule

In base a tali rilevanze, si avvertiva da più parti la necessità di un chiaro intervento legislativo, che tratteggiasse con tinte meno fosche la disciplina della *class action*.

La riforma del 1938, che introdusse la *Rule 23* delle *Federal Rules of Civil Procedure* – c.d. *Moore Rule* – ebbe proprio tale intento.

La *Rule 23(a)*, nella originaria formulazione[33], consentiva la proposizione di una *class suit*:

> (W)hen the character of the right sought to be enforced:
>
> (1) joint, or common, or secondary in the sense that the owner of a primary right refuses to enforce that right and a member of the class thereby becomes entitled to enforce it;
>
> (2) several, and the object of the action is the adjudication of claims which do or may affect specific property involved in the action; or

---

[32] *Supreme Tribe of Ben Hur v. Cauble*, 255 U.S. 356 (1921). Cfr. per un'ampia disamina del fatto e della *ratio decidendi* assunta dalla Suprema Corte nella controversia *de qua*, nonché per un'analisi dei richiami giurisprudenziali da questa operati, cfr. G.C. HAZARD-J.L. GEDID-S. SOWLE, *An Historical Analysis of the Binding Effects of Class Suits*, cit., 1926 ss.

[33] *Rules of Civil Procedure for the District Court of the United States*, 23(a), 1938.

(3) several, and there is a common question of law or fact affecting several rights and a common relief is sought.

La società statunitense era fortemente cambiata, non era più quella rurale delle colonie e il diritto necessitava conseguentemente di un riammodernamento che gli consentisse di stare al passo con la crescita esponenziale delle legislazioni federali, con l'industrializzazione, lo sviluppo dei trasporti, le comunicazioni e la nascita di un mercato nazionale[34]. Peraltro, il periodo in cui venne introdotta la c.d. *Moore Rule* vide la realizzazione della fusione tra *equity* e diritto federale, con la consacrazione di un'unica forma di tutela rimediale giurisdizionale, la *civil action*.

L'intervento del 1938 operò una riclassificazione dei rimedi di classe sulla base delle relazioni intercorrenti tra i vari membri della classe (c.d. *jural relationship*): *i)* "*true class actions*"; *ii)* "*hybrid class actions*"; *iii)* "*spurious class actions*"[35].

Stando alla ricostruzione di Moore, solo le prime due categorie davano luogo ad una sentenza vincolante per gli assenti[36].

L'introduzione della *class action* negli Stati Uniti sollevò accesi dibattiti in merito alla sua conciliabilità con alcuni principi cardine di un ordinamento democratico, in particolare con il diritto al *due process*.

Questa tensione ha dato luogo – nel 1940 – alla decisione da parte della Suprema Corte statunitense resa nell'àmbito della controversia *Hansberry v. Lee*[37]. I fatti alla base di tale pronuncia riguardavano episodi di discriminazioni razziali: Carl Hansberry aveva acquistato un'abitazione a Chicago e, dopo avervi vissuto per un lasso di tempo, era stato convenuto in giudizio da uno dei suoi vicini, tale James Lee. In particolare, quest'ultimo pretendeva che Hansberry lasciasse la casa sulla base di un *restrictive covenant* in forza del quale solo la popolazione bianca poteva abitare nella zona in questione. Tale accordo era stato ritenuto valido in una precedente *class action*, *Burke v. Kleiman*[38]. Sulla base

---

[34] Cfr. S.M. MILLER, *The American Class Action*, cit., 3.

[35] Per i dettagli delle singole categorie si rinvia a J.W. MOORE-M. COHN, *Federal Class Actions*, cit., 314-21; e a J.W. MOORE-J. FRIEDMAN, *Moore's Federal Practice: a treatise on the Federal rules of civil procedure*, Albany, Bender, 1938, § 23.04.

[36] La ragione per cui gli effetti della sentenza resa all'esito di una *class suits* non siano stati disciplinati dall'intervento legislativo risiede nella qualificazione della *res iudicata*. Secondo il *Committee* incaricato della redazione delle *Rules*, la questione del giudicato – attenendo al piano del diritto sostanziale – esorbitava dai compiti attribuitigli. Tali rilievi sono presenti in J.W. MOORE-J. FRIEDMAN, *op. cit.*, § 23.07.

[37] *Hansberry v. Lee*, 5 311 U.S. 32 (1940). Cfr. inoltre G.C. HAZARD-J.L. GEDID-S. SOWLE, *An Historical Analysis of Binding Effects of Class Suits*, cit., 1942 ss.; A.R. KAMP, "*The history behind Hansberry v. Lee*", in *U.C. Dav. L. Rev.*, 1987, fasc. 3, 481 ss.

[38] *Burke v. Kleiman*, 277 Ill. App. 519 (1934).

dell'eccezione della *res judicata*, le corti inferiori avevano ritenuto inammissibile l'eccezione sollevata dall'Hansberry relativa alla incostituzionalità della clausola in questione. Al contrario, la Suprema Corte statunitense, rifacendosi al XIV emendamento, precisò come una precedente pronuncia resa nell'assenza di una parte coinvolta non potesse avere l'effetto di privare il destinatario della sentenza di rimettere in discussione, in un successivo giudizio, l'adeguatezza della rappresentanza.

* * *

Da tutto questo crogiolo di eventi nacque la *class action*, almeno quella che si studia osservando l'esperienza giuridica statunitense. Occorrerà aspettare qualche decennio per vederne i frutti. Ma andiamo con ordine.

II

L'ESPERIENZA MADRE DI *CLASS ACTION*: GLI STATI UNITI

SOMMARIO: 1. Dalla *Moore Rule* alla riforma del 1966. – 2. La *Rule 23* del 1966. – 3. Alcune valutazioni intermedie sulla pioneristica esperienza statunitense. – 4. L'analisi della *class action à la* americana: un approccio multifattoriale.

1. *Dalla* Moore Rule *alla riforma del 1966*

Il primo tentativo di predisporre una disciplina onnicomprensiva sulla *class action* è stato realizzato, come anticipato, con l'introduzione della *Moore Rule* nel 1938.

Ci si sarebbe aspettati – nel periodo immediatamente successivo – un impiego massiccio della neonata azione di classe, ma così non fu [1]. E ciò nonostante vi fossero tutti i presupposti per un ampio ricorso alla tutela rimediale in forma aggregata: da un lato, l'industrializzazione della società aveva comportato l'acuirsi della complessità delle controversie civili; dall'altro, la stessa formulazione della *Rule 23* risultava essere *class action friendly* [2].

Le ragioni del mancato decollo vanno ricercate in fattori sia endogeni che esogeni alla normativa.

Un primo elemento, di carattere endogeno, è costituito dalla formulazione della *Moore Rule*. Va posto in rilievo, infatti, come la categorizzazione della *class action* operata dalla disposizione del '38 fosse ritenuta dagli operatori giuridici come oltremodo confusionaria [3]. Ad accrescere la sfiducia nello strumento con-

---

[1] Così A.R. MILLER, *The American Class Action*, cit., 3.

[2] Cfr. *ibidem*.

[3] *Ibidem*. Sui dettagli concernenti la categorizzazione della *class action* operata dal legislatore statunitense, si rinvia a J.W. MOORE-M. COHN, *Federal Class Actions*, cit., 314-21; e a J.W. MOORE-J. FRIEDMAN, *Moore's Federal Practice: a treatise on the Federal rules of civil procedure*,

tribuirono anche i giudici, i quali – anziché fornire soluzioni univoche – diedero prova di scarsa uniformità applicativa, specialmente sulla nozione di classe e sulle questioni attinenti alla notifica agli assenti della pendenza di un giudizio. Tutto ciò diminuiva l'*appeal* della neonata *class action*, provocando una certa refrattarietà degli operatori giuridici ad acquisirne familiarità.

Un ulteriore fattore, di carattere esogeno, è costituito dalle tradizioni culturali proprie dei sistemi occidentali (c.d. *path dependence*) in materia processuale. Non va trascurato come i sistemi giuridici occidentali avessero da sempre conosciuto dinamiche processuali nelle quali era il soggetto *uti singulo* ad esercitare il controllo della controversia che l'avesse riguardato: com'è stato efficacemente rimarcato, «*there has been a commitment to a citizen's right to a literal, rather than a representative, day in court*»[4].

Fu avvertita, quindi, quasi contemporaneamente all'introduzione della *Moore Rule*, la necessità di ridisegnare la *class action*.

All'uopo, sull'inizio degli anni '60 venne istituito dal *Chief Justice* della Corte suprema statunitense, in forza del *rule making power* riconosciuto a quest'organo dal Congresso, l'*Advisory Committee on Civil Rules*[5].

I membri del Comitato convennero – quasi immediatamente dopo la sua istituzione – sulla necessità di rivedere, razionalizzare ed espandere il quadro normativo esistente in materia di litisconsorzio e di concentrazione delle domande in un solo giudizio[6].

cit., § 23.04. Ai fini di una maggiore comprensione delle ragioni della suddivisione delle *class action* in vere, spurie e ibride, si veda quanto dichiarato da Charles Clark, *reporter* della commissione, in AMERICAN BAR ASSOCIATION, *Rules of civil procedure for the District courts of the United States, with notes as prepared under the direction of the Advisory committee and Proceedings of the Institute on Federal rules, Cleveland, Ohio, July 21, 22, 23, 1938*, Chicago, 1938, 254. Sulle problematiche concernenti la formulazione – poco chiara e comprensibile – della disposizione del 1938, cfr. Z. CHAFEE, *Some problems of equity*, cit., 199-295; inoltre, si veda G.C. HAZARD-J.L. GEDID-S. SOWLE, *The Binding Effect of Class Suits*, cit., 1940 ss.

[4] A.R. MILLER, *op. loc. ult. cit.*

[5] Cfr. 28 U.S.C., § 2072 (la cui lett. a), in dettaglio, stabilisce che «*(t)he Supreme Court shall have the power to prescribe general rules of practice and procedure and rules of evidence for cases in the United States district courts (including proceedings before magistrate judges thereof) and courts of appeals*» e § 2073 (il quale predispone le modalità operative per l'esercizio del potere di che trattasi). Le attività del comitato sono state descritte da A.B. MARIS, "*Federal Procedural Rule-Making: The Program of the Judicial Conference*", in *Am. Bar Ass'n J.*, 1961, fasc. 8, 772 ss. Risulta opportuno richiamare, altresì, D. MARCUS, "*The History of the Modern Class Action, Part. I: Sturm und Drang*", in *Wash. U. L. Rev.*, 2013, fasc. 3, 587 ss. Per uno sguardo più generale circa la complessità della produzione normativa federale, cui partecipa una molteplicità di soggetti, si veda S.B. BURBANK, "*The Rules Enabling Act of 1934*", in *U. Pa. L. Rev.*, 1982, fasc. 5, 1015 ss.; D.L. SHAPIRO, "*Federal Rule 16: A Look at the Theory and Practice of Rulemaking*", in *U. Pa. L. Rev.*, 1969, fasc. 6, 1969 ss. Per tali e altri rilievi, cfr. – ad ogni buon conto – A.R. MILLER, *op. cit.*, 4.

[6] L'*Advisory Committee* si proponeva di rispettare il carattere *trans-substantive* del diritto

L'incedere dei lavori della commissione mise in luce l'esizialità della modifica della *Rule 23* per il conseguimento degli obiettivi prefissati.

Dall'esame delle attività emerge come, benché fosse unanime il consenso sulla necessità di rendere lo strumento più appetibile per gli utilizzatori, residuavano differenze sostanziali di vedute tra i membri, in particolar modo circa l'ampiezza delle controversie risolvibili mediante il ricorso alla tutela di classe.

Ad ogni modo, una cospicua parte dell'*Advisory Committee* si diceva d'accordo sulla necessità di sfrangiare le complessità del dato testuale della *Moore Rule*, così da evitare le confusioni e le incertezze applicative venutesi a ricreare nella vigenza di quest'ultima.

Parimenti, furono scorte le potenzialità della *class action* nell'àmbito della promozione e della tutela dei nascenti diritti civili e politici. Tale convinzione, in particolare, maturò e si rafforzò in seguito alle difficoltà riscontrate nell'appli-

---

processuale civile americano. La *trans-substantivity* (che letteralmente sta a significare "al di là/oltre la sostanza") è descritta da S.N. SUBRIN, "*The Limitations of Transsubstantive Procedure: An Essay on adjusting "One Size Fits All" Assumption*", in *Denv. U. L. Rev.*, 2010, fasc. 2, 377 ss., spec. 378 come «*the notion that the same procedural rules should be available for all civil law suits* [...] *regardless of the substantive law underlying the claims*» e «*regardless of the size of the litigation or the stakes involved*». D'altro canto, 28 U.S.C., § 2072, lett. b), si premura di specificare come le regole procedurali debbano lasciare impregiudicato il diritto sostanziale. Tale principio ha trovato, storicamente, la propria giustificazione nella volontà di tener separate le regole processuali dalle scelte politiche: sul punto, cfr. S.N. SUBRIN, *The Limitations of Transsubstantive Procedure: An Essay on adjusting*, cit., 379. Tale impostazione, nei tempi più recenti, è stata oggetto di un acceso dibattito in seno alla dottrina processualcivilistica statunitense. Ad esempio, S.R. BURBANK, "*The Transformation of American Civil Procedure: The Example Rule 11*", in *U. Pa. L. Rev.*, 1989, fasc. 6, 1925 ss., spec. 1940, ritiene che «*uniformity and trans-substantivity [...] are a sham*»; ID., "*Pleading and the Dilemmas of "General Rules"*", in *Wis. L. Rev.*, 2009, fasc. 2, 535 ss., spec. 536; A.R. MILLER, "*Simplified Pleading, Meaningful Days in Court, and Trial on the Merits: Reflections on Deformation of Federal Procedure*", in *N.Y.U. L. Rev.*, 2013, fasc. 1, 286 ss., spec. 370: «(f)*or example, consideration should be given to abandoning the trans-substantive principle requiring that the Federal Rules be 'general' and applicable to all cases – a notion the supposedly is embedded in the Rules Enabling Act*». Sul tema della *trans-substantivity* si vedano, in generale, P.D. CARRINGTON, "*Making Rules to Dispose of Manifestly Unfounded Assertions: An Exorcism of the Body of Non-Trans-Substantive Rules of Civil Procedure*", in *U. Pa. L. Rev.*, 1989, fasc. 6, 2067 ss., spec. 2067-69; R.G. BONE, "*Making Effective Rules: The Need for Procedural Theory*", in *Okla. L. Rev.*, 2008, fasc. 2, 319 ss., spec. 324, 333-34; D. MARCUS, "*The Past, Present, and Future of Trans-Substantivity in Federal Procedure*", in *DePaul L. Rev.*, 2010, fasc. 2, 371 ss., spec. 375; A.R. MILLER, *The American Class Action*, cit., 4, 44. Per quanto attiene l'osservazione del fenomeno *de quo* in dottrina italiana, cfr. A. FABBI, "*Appunti sugli accordi processuali nel diritto federale statunitense*", in A. BRIGUGLIO-R. MARTINO-A. PANZAROLA-B. SASSANI, *Scritti in onore di Nicola Picardi*, II, Padova, Cedam, 2016, 1003 ss., spec. 1011 ss.

cazione del *dictum* della Corte suprema statunitense nel caso *Brown v. Board of Education*[7].

La controversia – che ha condotto alla pronuncia da ultimo richiamata – scaturiva da note vicende di segregazione razziale nelle scuole pubbliche statunitensi, la cui legittimità si fondava sulla dottrina *separate but equal*, in virtù della quale la pratica segregazionista risultava costituzionalmente conforme, a condizione che fossero garantiti agli individui di colore i medesimi diritti riconosciuti ai bianchi.

Sebbene la vicenda non riguardasse un caso di *class action*, di questo istituto presentava tutti i tratti peculiari: si trattava di una riunione di controversie – incardinate in cinque giurisdizioni differenti – proposte da studenti afroamericani, i quali erano stati rifiutati da alcune istituzioni scolastiche sulla base di normative che – come testé accennato – consentivano la segregazione razziale nelle scuole pubbliche. A sostegno delle proprie pretese, gli studenti lamentavano la non conformità costituzionale del comportamento degli istituti scolastici, invocando il XIV emendamento della Costituzione americana[8].

In un primo momento, le corti inferiori opposero la già ricordata dottrina del *separate but equal* e le domande vennero reiette.

Il caso giunse, quindi, dinanzi alla Corte suprema statunitense, la quale all'unanimità accolse le doglianze degli studenti, dichiarando la contrarietà della *separate but equal theory* al dettato costituzionale americano per violazione proprio dell'invocato XIV emendamento.

All'indomani della pronuncia della Corte in *Brown v. Board of Education*, alcuni giudici – evidentemente pro-segregazione – investiti della questione razzia-

---

[7] *Brown v. Bd. of Educ. of Topeka, Kan.*, 347 U.S. 483, 873 (1954). La letteratura in materia di contenzioso sulla segregazione razziale statunitense risulta essere sterminata; tuttavia, ai fini che qui interessano più da vicino, è sufficiente rinviare ad A.R. MILLER, *The American Class Action*, cit., 5 ss.; nonché a D. MARCUS, "*Flawed but Noble: Desegregation Litigation and its Implications for the Modern Class Action*", in *Fla. L. Rev.*, 2011, fasc. 3, 657 ss., spec. 679 ss. Si vedano pure alcuni contributi più risalenti nel tempo: R.A. LEFLAR, "*Segregation in the Public Schools: 1953*", in *Harv. L. Rev.*, 1954, fasc. 3, 377 ss.; R.L. CARTER, "*The Federal Rules of Civil Procedure as a Vindicator of Civil Rights*", in *U. Pa. L. Rev.*, 1989, fasc. 6, 2179 ss.; M.V. TUSHNET, "*Some Legacies of Brown v. Board of Education*", in *Va. L. Rev.*, 2004, fasc. 6, 1693 ss.

[8] Il cui par. 1 stabilisce quanto segue: «*All persons born or naturalized in the United States, and subject to the jurisdiction thereof, are citizens of the United States and of the state wherein they reside. No state shall make or enforce any law which shall abridge the privileges or immunities of citizens of the United States; nor shall any state deprive any person of life, liberty, or property, without due process of law; nor deny to any person within its jurisdiction the equal protection of the laws*» (14th Emendment to the U.S. Constitution, § 1).

le nelle scuole, stabilirono come l'illegittimità del provvedimento potesse essere riconosciuta, ma i benefici derivanti dalla statuizione non potevano essere estesi ad altri soggetti, pur lesi dal medesimo provvedimento, che non avessero fatto ricorso alla tutela giurisdizionale. E appare chiaro come l'approccio *student-by-student* depotenziasse enormemente la portata innovativa di *Brown v. Board of Education*[9].

Da tali eventi l'*Advisory Committee* trasse ispirazione e vigore per redigere l'emenda della *Moore Rule*, intuendo le opportunità di impiego dell'azione di classe oltre le controversie in materia di segregazione razziale e comprendendo – ben prima dell'introduzione del *Civil Rights Act*[10] – l'utilità di una tutela collettiva per altre forme di discriminazione.

Parimenti, alcuni membri della commissione sostenevano che un'azione di classe risarcitoria avrebbe potuto dare buona prova di sé in materia *antitrust*, e, più in generale, negli altri diritti riconosciuti dalla legislazione federale, nonché nelle controversie di modico valore, le cc.dd. *negative value claims*.

Il *favor* riscontrabile nell'approccio dei *conditores* combacia perfettamente con la temperie culturale dell'epoca, essendo il precipitato giuridico delle spinte egalitarie e liberali che individuavano nell'accesso alla giustizia un elemento imprescindibile per il progresso della società civile.

Tutto ciò faceva il paio con la fiducia riposta, ma anche con il potere assegnato, ai giudici nei sistemi di *common law*[11].

Con ciò non si vuole certamente giungere a teorizzare l'assenza totale di perplessità tra i membri della Commissione, alcuni dei quali, in effetti, lamentavano l'inappropriatezza di ampliamenti dell'operatività della *class action*. A tal riguardo, adducevano una serie di ragioni: si attribuiva rilievo all'inopportunità di unire persone prive di alcun nesso comune, finanche neppure territoriale; ci si doleva delle criticità sollevate dall'estensione degli effetti della *res judicata* agli assenti; venne paventato, altresì, il rischio che gli avvocati avrebbero potuto anteporre i propri interessi a quelli della classe, nonché le preoccupazioni di un uso strumentale e pretestuoso della *class action*, volto – se non unicamente, quanto meno principalmente – a bersagliare operatori economici ovvero scelte

[9] *Ex plurimis, Holland v. Bd. of Pub. Instruction of Palm Beach Cnty., Fla.*, 258 F. 2d 730, 733 (5th Cir. 1958); *Bailey v. Patterson*, 323 F.2d 201, 210 (5th Cir. 1963). Cfr. S.C. ANDERSON, "*Negro is Warned in Clemson Case: Judge Says Suit for Entry May Not Set a Rule*", in *N.Y. Times*, 19 novembre 1962, 26.

[10] Il *Civil Rights Act* risale, infatti, al 1964 (*Civil Rights Act of 1964*, Publ. L. No. 88-352, 78 Stat. 241 – codificato come 42 U.S.C. §§ 2000 ss.).

[11] Per tali e altri rilievi si rinvia ad A.R. MILLER, *The Modern Class Action*, cit., 5 e riferimenti *ivi* citati.

politiche. In particolare, ad essere avversata era la possibile introduzione di una *damages class action* [12].

2. *La* Rule 23 *del 1966*

Si è tentato di sopire le tensioni ricreatesi attraverso una soluzione di compromesso confluita nell'emenda della *Rule 23* nel 1966.

Più specificamente, è stata limitata l'operatività dell'azione di classe di cui alla lett. *b)3* della *Rule 23* mediante l'imposizione di alcuni limiti di natura procedurale, che rispondono a un'eterogeneità di scopi, tra cui: esigenze di economia processuale, regolarità del processo, *sub specie* uniformità delle soluzioni offerte, la promozione del *due process*, la protezione dei membri assenti e la necessità di dare dignità alla previsione dell'estensione della cosa giudicata.

Per raggiungere i fini dianzi menzionati, la legislazione statunitense, come modificata nel 1966, impone la predominanza delle questioni comuni su quelle individuali, l'assenza di un mezzo di tutela più efficace, nonché l'obbligo di notiziare individualmente i membri della classe circa la pendenza del giudizio collettivo, così da consentire loro di esercitare l'*opt-out*.

Nessuna di queste limitazioni e garanzie, invece, è presente negli altri due tipi di *class action*: né nella c.d. *anti-prejudice* (di cui alla lett. *b)1*); né nella *injunctive* (di cui alla lett. *b)2*). Si riteneva, infatti, che queste dovessero essere considerate azioni di classe naturali – ovvero tradizionali – e quindi non necessitanti di specifici crismi a tutela degli assenti ovvero di formule per la proposizione individuale di autonome domande.

Solo alla luce della ricostruzione in chiave storica, dunque, può comprendersi il tenore testuale della *Rule 23* delle *Federal Rules of Civil Procedure*.

Giusta la disposizione da ultimo richiamata, uno o più membri di una classe possono citare (*plaintiff class actions*) o essere citati (*defendant class actions*) in giudizio come parti rappresentative di un gruppo, dovendo sussistere, però, tutti i prerequisiti di cui alla lett. a) della medesima disposizione, unitamente ad almeno uno dei requisiti di cui ai tre numeri della lett. b).

I primi sono requisiti di natura essenziale e ne è richiesta la congiunta presenza; i secondi, al contrario, sono alternativi e finalizzati a inquadrare la *class action* in una delle tre categorie *sub b)* (avendo tale sussunzione ripercussioni

[12] Se ne dà opportunamente conto *ivi*, 6.

notevoli, come si è accennato, ai fini della diversità di disciplina applicabile in materia di *notice* e di *opt-out*).

Per quanto attiene ai singoli requisiti *sub a)*, essi sono: la *numerosity* (in tanto può instaurarsi un'azione di classe in quanto si è in presenza di un certo numero di persone)[13], la *commonalty*[14], la *tipicality*[15], la *fair and adequately representation*[16].

In presenza di questi quattro requisiti, il giudice rilascerà la *certification* e determinerà la tipologia della classe in base alle tre categorie elencate *sub b)*.

Una *class action* rientrerà nella categoria *b)1 – anti-prejudice class actions* – allorquando dalla proposizione di separati giudizi, da parte o contro membri della classe, possano derivare giudicati contrastanti, tali da imporre alla controparte della classe l'assunzione di comportamenti tra loro inconciliabili; oppure nel caso in cui i singoli giudicati potrebbero essere dispositivi delle pretese degli altri membri oppure pregiudicare la capacità di tutelare i propri interessi. Sono inquadrabili nella categoria *b)1* i classici casi in cui vi sia il rischio che il creditore divenga insolvente[17] (c.d. *limited fund class action*[18]).

---

[13] *Fed. R. Civ. P.* 23.a.1: «*One or more members of a class may sue or be sued as representative parties on behalf of all members only if [...] the class is so numerous that joinder of all members is impracticable*». Il concetto di numerosità si presenta come piuttosto vago, poiché non prevede un numero preciso al raggiungimento del quale si possa parlare di classe. Ci si limita a stabilire come – per la formazione della classe – il gruppo di persone deve essere così numeroso da rendere impraticabile un litisconsorzio.

[14] *Fed. R. Civ. P.* 23.a.2: «*One or more members of a class may sue or be sued as representative parties on behalf of all members only if* [...] *there are questions of law or fact common to the class*». Il requisito *de quo* implica che la controversia abbia come oggetto la risoluzione di questioni di fatto o di diritto comuni a tutti i membri della classe. Si pensi – ad esempio – ad un gruppo di persone che abbiano acquistato da un medesimo produttore un certo modello di automobile, i cui *airbag* siano risultati essere difettosi.

[15] *Fed. R. Civ. P.* 23.a.3: «*One or more members of a class may sue or be sued as representative parties on behalf of all members only if* [...] *the claims or defenses of the representative parties are typical of the claims or defenses of the class*». In altri termini, è necessario che le pretese dell'attore in giudizio siano "tipicamente" quelle degli altri membri della classe. Qualora l'attore lamentasse un danno diverso, tale requisito difetterebbe.

[16] *Fed. R. Civ. P.* 23.a.4: «*One or more members of a class may sue or be sued as representative parties on behalf of all members only if* [...] *the representative parties will fairly and adequately protect the interests of the class*». Un criterio per stabilire l'adeguatezza della rappresentanza è stato sovente individuato nella disponibilità delle risorse economiche per la gestione della controversia da parte del *representative*: *ex multis*, v. *Weber v. Goodman*, *9 F. Supp. 2d* 163, spec. 173. Tale impostazione, tuttavia, non ha riscosso unanimi riscontri in dottrina: per una critica, cfr. R.A. NAGAREDA, "*Administering Adequacy in Class Representation*", in *Tex. L. Rev.*, 2003, fasc. 2, 287 ss.

[17] A tal riguardo C. CONSOLO, *op. cit.*, 609 ss., spec. 626 parla di *inscindibilità*.

[18] In *Ortiz v. Fibreboard Corp.*, 572 U.S. 815 (1999) la Corte Suprema degli Stati Uniti ha individuato le caratteristiche che individuano le *limited fund class actions*: *i)* il patrimonio disponibile per soddisfare tutte le domande è insufficiente; *ii)* tutto il fondo del convenuto è destinato al risarcimento dei danneggiati; *iii)* si applicano criteri equitativi nella ripartizione del fondo fra i danneggiati.

La certificazione *sub b)2* si avrà in presenza di una condotta commissiva ovvero omissiva, che si riverberi negativamente su un gruppo di individui (la classe), posta in essere da un determinato soggetto. Si tratta di azioni rappresentative – definite *injunctive class actions* – volte all'ottenimento di provvedimenti dichiarativi (c.d. *declaratory relief*) oppure ingiuntivi (c.d. *final injunctive relief*). La genesi di tale categoria sembra doversi ricercare nelle controversie in materia di diritti civili [19].

La terza categoria – *sub b)3* – riguarda le c.d. *damages class actions*, ossia quelle azioni di natura risarcitoria volte a ottenere una riparazione derivante da *mass torts* [20]. In questi casi, per l'ottenimento della certificazione, occorrerà, inoltre, che: *i)* le questioni comuni, di fatto o di diritto, prevalgano su quelle individuali (requisito della prevalenza); *ii)* la *class action* vada preferita ad ogni altro strumento disponibile per una corretta ed efficiente composizione della controversia (requisito della superiorità).

I giudici hanno sempre valutato con grande attenzione la sussistenza in concreto dei summenzionati requisiti, stabilendone sovente la ricorrenza nei danni causati da disastri ambientali o derivanti da incidenti aerei [21], ma meno frequentemente nei casi di danni da prodotto [22].

Più nel dettaglio, la normativa processuale federale consente di classificare le *class action* in due macro-categorie, caratterizzate dalla diversità di disciplina in materia di *opt-out* (dalla cui diversità derivano importanti differenze anche in

[19] Così A. GIUSSANI, *Studi sulle class actions*, cit., 65.

[20] A tal riguardo si veda: A. GIUSSANI, "*Le* mass tort class actions", cit., 331 ss.; S. WILLIAMS, "*Mass Tort class action: going, going, gone?*", in *Judges Journal*, 1983, fasc. 2, 8 ss.

[21] *Ex plurimis*, può richiamarsi il caso *In re: "Agent Orange" Product Liability Litigation*, 1984 riguardante i danni provocati da un diserbante contenente diossina – l'*Agent Orange*, per l'appunto – utilizzato come arma in Vietnam dall'esercito militare americano. Alcuni veterani – asseritamente ammalatisi in seguito all'esposizione all'anzidetto diserbante – agirono in giudizio, ricorrendo allo strumento dell'azione di classe risarcitoria. L'adita Corte ritenne integrato il requisito della prevalenza in quanto, benché l'esistenza di circostanze individuali – quali lo stile di vita, il grado di esposizione al diserbante, etc. – avrebbero potuto impedire la formazione di una vera e propria classe, ha ritenuto prevalente la comune questione giuridica del *military contractor defense*.

[22] A titolo di esempio, può essere richiamato il caso *Castano v. American Tabacco Company* (1966) – concernente un'azione risarcitoria promossa in forma collettiva per i danni provocati dall'uso di tabacco – in cui non è stato ritenuto sussistente né il requisito della prevalenza – dal momento che l'entità del danno avrebbe dovuto essere stabilita in base alla verifica dei singoli nessi causali – né quello della superiorità – potendo essere instaurate azioni individuali con maggiore successo. In materia di esposizione a prodotti asbestosi possono richiamarsi i casi *Cimino v. Reymark Industries Inc.* (1998) e *Windsor v. Anchem Products Inc.* (1996), in cui la prevalenza è stata esclusa in ragione della eccessiva eterogeneità delle singole questioni individuali. Più diffusamente al riguardo sia consentito di rinviare a G. SCARCHILLO, *La* class action*: profili di diritto comparato*, cit., 1002 ss.

materia di *notice*[23]): una prima – ricomprendente le ipotesi *sub b)1* e *b)2* – in cui non è consentito ai singoli membri della classe di autoescludersi dal giudizio tramite una manifestazione di volontà all'uopo (in pratica, esercitando l'*opt-out*) – cc.dd. *mandatory class actions*; una seconda (*sub b)3*) in cui tale opzione è concessa[24] – cc.dd. *non-mandatory class actions*.

Nella prassi si era inizialmente posto un problema concernente la simultanea compresenza di richieste risarcitorie e inibitorie. Come si è tratteggiato poc'anzi, la disciplina delle *mandatory class actions* risulta essere più stringente, ed evidentemente meno garantista per i membri della classe, i quali non possono sottrarsi alla vincolatività del giudicato esercitando l'*opt-out*. Conseguentemente, la Corte Suprema degli Stati Uniti ha stabilito come, allorché l'obiettivo primario sia la richiesta di un risarcimento danni, la *class action* vada qualificata come *non mandatory*[25], con tutto ciò che ne consegue.

---

[23] Se non è concesso di autoescludersi dall'azione di classe, infatti, non assume particolare rilievo la modalità mediante cui viene portata all'attenzione dei membri della classe la pendenza di un giudizio che li riguarda. Al contrario, per quanto attiene alle *non-mandatory class actions*, la disciplina federale richiede che alla classe sia dato il miglior avviso possibile (*best notice praticable*) mediante sia pubblici proclami, sia individualmente. La *ratio* di tale previsione si spiega in ragione delle rilevanti conseguenze derivanti dal mancato esercizio di *opt-out*, *in primis* l'automatica estensione della vincolatività del giudicato.

[24] Al netto della distinzione operata dalla norma, come correttamente ha rilevato A. GIUSSANI, "*Azione collettiva*", cit., 142, «*l'esame della prassi applicativa suggerisce di formulare una tassonomia assai più articolata*»; e ancora ID., *Studi sulle "class actions"*, cit., 239 ss.: «*vi sarebbero classi* olistiche *(comprendenti soggetti che non potrebbero ricevere tutela delle loro pretese se non attraverso l'azione rappresentativa, c.d.* individually unrecoverable claims*) contrapposte a classi discrete (tutte le altre); classi* fluide *(definite in modo che la loro composizione soggettiva possa mutare nel corso o anche dopo il giudizio. Nelle* damages actions *la particolare tecnica di distribuzione del risarcimento invalsa nella prassi giurisprudenziale, c.d.* fluid class recovery, *comporta che, con la parte di risarcimento non tempestivamente reclamata dai singoli* class members *si costituisca un* trust fund, *da utilizzarsi a beneficio della classe fluida sotto il controllo del giudice, che può modificare in ogni tempo le modalità di impiego del patrimonio (a favore di coloro le cui pretese siano sorte prima che il* trust *divenisse attivo) contrapposte a classi stabili (tutte le altre), classi virtuali (che comprendono soggetti non individuabili con certezza* a priori, *non per l'apertura cronologica del periodo di riferimento, ma per la mancanza di elementi di conoscenza rilevanti in ordine ai fatti: nel caso di esposizione a fattori lesivi determinanti un aumento del rischio di contrarre malattia soggette a prolungati periodi di latenza, ove non si posseggono le conoscenze necessarie per determinare quali tra i soggetti esposti contrarranno effettivamente i disturbi in futuro, si potrebbero utilizzare regole di approssimazione statistica per stabilire ragionevolmente i possibili soggetti danneggiati ed equitativamente l'ammontare complessivo dei danni. Sfidando l'eventualità di risarcire il mero rischio o, all'opposto, di compensare meno di quanto effettivamente danneggiato, si ricorre alla tecnica del fondo, cui i danneggiati futuri potranno rivolgere le proprie richieste) contrapposte a classi attuali (tutte le altre)*». La classificazione delle *class actions* interessa la normativa processuale federale statunitense da lungo tempo: già la *Rule 23* del 1938 conteneva un elenco di diverse categorie. Al riguardo, cfr. R. BONE, *Personal and Impersonal Litigative Forms*, cit., 287 ss.; R.B. YEAZELL, *From Medieval Group Litigation*, cit., 229 ss.

[25] *Allison v. Citgo Petroleum Corp.*, 151 F.3d 402 (5th Cir. 1998); ed anche *Molski v. Gleich*, 318 F.3d 937, 947-48 (9th Cir. 2003).

Ai fini di una migliore comprensione del fenomeno, va approfondita la differenza intercorrente tra le *injunctive class actions* e le *damages class actions*. Con l'introduzione della categoria *sub b)2*, il legislatore statunitense, nel 1966, ha introdotto uno strumento particolarmente utile per la violazione di interessi superindividuali, il cui ristoro possa essere efficacemente realizzato solo a condizione della cessazione di alcune condotte, omissive o commissive. Originariamente, lo scopo dell'introduzione della categoria da ultimo menzionata è stato quello di fornire adeguata tutela alle lesioni dei *civil rights*, risultando il "braccio armato" del *Civil Rights Act* del 1964. Non sorprende, quindi, come la stragrande maggioranza dei casi, quanto meno inizialmente, abbia riguardato le discriminazioni razziali sui posti di lavoro e nelle scuole. Gradualmente, tuttavia, le *injunctive class actions* hanno trovato terreno fertile in altre e diverse fattispecie: basti qui menzionare la tutela dell'ambiente.

Le *injunctive class actions* si caratterizzano, pertanto, per il valore che assume la violazione del diritto in sé più che per la lesione di un diritto riconducibile a ciascuno dei *class members*; appare dunque legittima l'affermazione tesa ad individuare le differenze fondamentali tra le *damages class action* e le *injunctive class actions* nel tipo, oltre che nella modalità, di tutela contro la lesione dei diritti della classe.

Le *damages class actions* prevedono una tutela di tipo risarcitorio non riscontrabile nelle *injunctive class actions*, ove la protezione accordata ha natura per lo più inibitoria. *L'injunction*, pertanto, è lo strumento adatto a fornire un adeguato *relief* per le situazioni previste dalla *subsection b)2*. Il riferimento è, soprattutto, alla possibilità di comminare *damages* in caso di mancata ottemperanza all'*injunctive order*, creando un ulteriore incentivo all'ottemperamento di ogni obbligo a carico della parte.

Ottenuta la *certification*[26], effettuate le *notices* e scaduto il termine per l'esercizio del diritto di *opt-out* ove ciò sia previsto (ossia nelle fattispecie *sub b)3*), i provvedimenti del giudice, atti a descrivere la classe per identificarne gli appartenenti, possono acquistare efficacia di giudicato nei confronti di tutti i membri della classe, circoscrivendo definitivamente i primi elementi dell'azione di classe.

[26] A seguito della novella del 2003, il giudice si limita a concedere o a negare la *certification*. Precedentemente, invece, i poteri erano assai più estesi, potendo il giudice investito della controversia finanche subordinare il rilascio della certificazione all'avveramento di una condizione futura. Cfr., per tali e altri rilievi, D. VANNI, "*La* class action *e la funzione di deterrenza degli illeciti civili in prospettiva comparatistica*", in *Il diritto amministrativo*, 2010, 1 ss., reperibile su *http://www.ildirittoamministrativo.it/archivio/allegati/la%20class%20action%20e%20la%20funzione%20di%20deterrenza%20degli%20illeciti%20civili%20in%20prospettiva%20comparatistica%20a%20cura%20di%20Domitilla%20Vanni.pdf*.

3. *Alcune valutazioni intermedie sulla pioneristica esperienza statunitense*

Volendo tracciare delle valutazioni intermedie sulla *class action*, può rilevarsi come lo spirito generale della legislazione sia quello di facilitare l'accesso alla giustizia, con un duplice scopo: in primo luogo, agevolare la trattazione di controversie le quali, ove proposte individualmente, sarebbero di scarsa rilevanza economica; in secondo luogo, ottenere l'estensione massima possibile del giudicato contenuto nelle statuizioni giudiziarie rese all'esito di un'azione di classe. Il tutto salvaguardando, però, l'economia processuale, il contenimento delle spese processuali e l'uniformità delle decisioni.

A presidio del raggiungimento di tali fini, sono stati posti alcuni requisiti di carattere procedurale, sufficientemente flessibili da poter essere "piegati" alle esigenze di politica del diritto di volta in volta avvertite come cruciali: trattasi della *prevalenza* e della *superiorità*.

Il primo requisito attiene alle questioni di diritto o di fatto comuni, che devono essere prevalenti su quelle individuali: si ritiene presente tutte le volte in cui, senza un'azione di classe, si presenterebbe il rischio di una moltitudine di controversie individuali di scarsa rilevanza economica, con conseguente polverizzazione dell'attività giurisdizionale.

Relativamente al secondo requisito, la tutela collettiva deve risultare superiore a quella individuale in termini di giustizia ed efficacia della sentenza; l'elemento della superiorità tende ad evitare lo svolgimento di un'azione di classe nei casi in cui essa incontra difficoltà ritenute eccessive ovvero nelle fattispecie in cui i vantaggi conseguibili appaiono scarsi rispetto alle difficoltà stesse.

I parametri della prevalenza e della superiorità costituiscono, dunque, lo strumento guida nell'operazione di esercizio della *discretion* di cui gode l'organo giudicante.

Quest'ultimo, inoltre, ricopre un ruolo decisivo sotto un ulteriore e differente aspetto: si ritiene, comunemente, che i giudici siano divenuti "*mediators, negotiators, and planners – as well as adjudicators*", a ciò riferendosi con il sintagma "*managerial judging*". Si tratta di un ruolo attivo esercitato dal potere giurisdizionale – codificato nella *Rule 16(2)* – che autorizza il giudice ad adottare procedimenti speciali per gestire azioni potenzialmente gravose sia sotto il profilo della complessità delle questioni, che in ragione della pluralità delle parti, nonché per ciò che attiene al reperimento del materiale probatorio.

Nelle azioni di classe, il ruolo manageriale del giudice è percepibile tanto nelle fasi precedenti alla certificazione della classe, quanto in quelle successive.

Un ulteriore aspetto della *class action* che va segnalato, e che – in parte – si ricollega al *managerial judging*, riguarda i cc.dd. *class settlements*, che risultano essere l'esito più comune delle azioni di classe: infatti, solo una percentuale minima dei procedimenti termina con una pronuncia giudiziale, la maggior parte dei quali arrestandosi in fase precontenziosa in ragione dell'intervento di un accordo transattivo.

Stando a quanto riportato dal *National Report*, le transazioni avvengono – a seconda del settore interessato – dal 62% al 100% dei casi per quelli in attesa di certificazione. Un *range* che va dal 20% al 30% delle controversie si è chiuso con transazioni individuali. Il loro valore medio è stimato aggirarsi intorno ai 35,4 e i 100 milioni di dollari[27].

Attualmente, la giurisprudenza sta cercando di esercitare maggior controllo sulle transazioni (anche in forza del *Class Action Fairness Act*, di cui si dirà *infra* nel paragrafo seguente) per evitare che posizioni diverse vengano trattate allo stesso modo e siano ignorate le distinzioni fra i singoli membri.

La popolarità della *class action* negli Usa è anche legata al sistema di remunerazione degli avvocati, in base al quale la vittima versa al professionista un'elevata percentuale dei risarcimenti in caso di vittoria, ma non paga nulla in caso di sconfitta.

Tanto ciò è vero che il c.d. *contingency fee*, elemento caratteristico del sistema americano, riguarda proprio la percentuale del risarcimento che spetta allo studio legale in caso di vittoria. Tale peculiarità induce le *law firms* ad investire ingenti somme nelle *class actions*, indipendentemente dalle capacità economiche del proprio assistito, qualora gli studi legali prevedano, anche grazie alla possibile concessione dei risarcimenti punitivi, di poter, con buoni margini di certezza, ripagarsi del loro investimento.

Proprio a questa tipologia di risarcimenti devono essere dedicate le ultime battute di queste brevi considerazioni, dato che essi costituiscono un tratto peculiare del sistema statunitense[28]. Essi, in aggiunta ai *compensatory damages*, consentono di punire il soggetto danneggiante per aver commesso, con malafede, un fatto grave e riprovevole, svolgendo – essenzialmente – un ruolo deterrente per comportamenti del medesimo tipo.

Ciò posto, il rapporto fra danni punitivi e *class action* negli Stati Uniti è stato recentemente descritto da un autore con le stesse parole usate da Samuel Johnson riguardo al matrimonio: «(i)*l trionfo della speranza sopra l'esperienza*»[29].

Il collegamento fra queste due figure è dovuto al fatto che entrambe trovino

---

[27] Si osserva che il guadagno degli avvocati è stato in tale ipotesi fra il 20 e il 25% del valore totale della transazione. I dati sono reperibili su *http://www.law.stanford.edu/display/images/dynamic/events_media/USA_National_Report.pdf.*

[28] In questa sede ci si limiterà a dare dei brevi cenni alla materia dei *punitive damages*, mentre una disamina più ampia sarà effettuata nel capitolo conclusivo del presente lavoro.

[29] F.E. McGovern, "*Punitive Damages and Class Actions*", in *La. L. Rev.*, 2010, fasc. 2, 435 ss.

la loro giustificazione nella medesima ragione di *policy*[30] e cioè nella necessità di incentivare il ricorso alla giustizia e di ottenere così un'effettiva deterrenza[31].

Il rischio maggiore è, però, che nella *class action*, soprattutto nell'assenza di parametri certi sui quali commensurare l'entità dei risarcimenti punitivi, essendo la loro erogazione rimessa al potere della giuria, si possano verificare fenomeni di abuso, a scapito del buon andamento della *class action* come istituto.

Allo stesso modo, la *class action* non può neppure diventare uno strumento per obbligare il convenuto ad una transazione: danni troppo elevati, non chiaramente individuati e, soprattutto, l'aggregazione di migliaia di domande per pregiudizi causati da prodotti venduti per un lungo periodo di tempo, hanno reso il procedimento così difficile da gestire. Conseguentemente l'accordo transattivo è apparso al più delle volte quasi inevitabile, sfociandosi-in una specie di ricatto legalizzato nei confronti delle imprese. Il fenomeno da ultimo richiamato ha suscitato la preoccupazione nel Senato americano, che ha tentato di porvi rimedio con l'emanazione del *Class Action Fairness Act* del 2005[32], del quale si tratterà nel paragrafo successivo.

4. *L'analisi della* class action à la *americana: un approccio multifattoriale*

Come si evince dal quadro normativo della legislazione processuale federale statunitense, la *Rule 23* è stata redatta con formule aperte (quali la *commonality*, etc.), che onerano l'interprete – *rectius*, gli organi giurisdizionali – del compito di adattarle ai casi concreti che si verifichino via via nella prassi.

La morfologia della norma corrisponde in maniera evidente al contesto giuridico entro il quale essa è calata: com'è noto – e non sarebbe neppure necessario ribadirlo, invero – risulta essere del tutto fisiologico per le esperienze di *common law* attribuire ai giudici un ruolo creatore del diritto. E la fiducia riposta è tanto più maggiore nei giudici federali americani: la circostanza della loro elezione a vita, infatti, costituirebbe un efficace anticorpo ai condizionamenti esterni, politici e non.

Peraltro, l'analisi dell'esperienza statunitense di *class action* mette in luce un

---

[30] S.B. SCHUERMANN, "*Two Worlds Collide: How the Supreme Court's Recent Punitive Damages Decision Affect Class Action*", in *Baylor L. Rev.*, 2008, fasc. 3, 880 ss.

[31] Sulla funzione dei danni punitivi, cfr. G. CALABRESI, "*The complexity of torts: the case of punitive damages*", in M. STUART MADDEN (a cura di), *Exploring Tort Law*, Cambridge, Cambridge University Press, 2005.

[32] Cfr. *Comm. on the Judiciary, 108th Cong. Class Action Fairness Act of 2003*, S. Rep. 108-123, at 26-27, (2003).

ulteriore interessante dato: è anche grazie allo sviluppo delle tutele collettive che si è resa possibile la transizione del ruolo del giudice da mero soggetto passivo ad organo incaricato della gestione del processo. E, ad oggi, – senza eccessive esagerazioni – può ritenersi che il *managerial judging* costituisca un tratto distintivo del contenzioso civile negli USA[33].

Orbene, tutto ciò premesso non sarebbe corretto concludere nel senso che il successo dell'azione di classe nei territori d'oltreoceano vada ascritto in via esclusiva alla buona fattura della norma e alle specificità proprie del processo civile *à la* americana.

Così ragionando, tradiremmo le premesse fondanti del presente lavoro, e – più in generale – la visione del diritto comparato che si ritiene essere più corretta: in tanto può comprendersi compiutamente un fenomeno giuridico, in quanto ne vengono analizzati gli aspetti endogeni in uno con gli agenti esterni che si dimostrano idonei a contribuire – finanche decisivamente – all'ascesa, o al declino, degli istituti giuridici oggetto di indagine. In altri termini, si tratta di approcciarsi alla realtà giuridica in un'ottica multifattoriale.

Ciò detto, sono tre i fattori da doversi considerare quando si parla di azione di classe negli USA, poiché essi riflettono i mutamenti radicali intervenuti in grembo alla società nordamericana: a) la creazione di nuovi *statutory rights* da parte del legislatore; b) l'alto grado di sensibilità mostrato dai giudici nei confronti di pretese collettive; e, non ultimo, c) una crescente diversità – di genere, di razza, di estrazione sociale – nelle professioni legali.

In primo luogo, va ricordato come durante il ventennio successivo al 1966 si sia potuto assistere alla creazione, da parte del legislatore statunitense, di nuovi e inediti *statutory rights*, quali, per esempio, il diritto all'ambiente, la tutela del credito, la riservatezza, le tutele rimediali derivanti dai danni inferti dai produttori e così via.

Non sfugge come ciò si sia reso necessario a seguito del verificarsi di fenomeni sociali su larga scala – quali l'evoluzione tecnologica, le operazioni di *mar-*

[33] Come si è riportato più *supra* nel corpo del testo, l'attuale formulazione della *Rule 23* conferisce ai giudici federali compiti nevralgici ai fini dello svolgimento dell'azione di classe, tra cui figurano – spiccatamente – quello di stabilire l'adeguatezza della rappresentanza della classe, la scelta del *class counsel*, la verifica che gli accordi transattivi siano «*fair, reasonable and adequate*», nonché quello di dover determinare l'adeguatezza della somma premiale da riconoscere al *class counsel*. Sull'utilità e opportunità del *managerial judging* non è riscontrabile una omogeneità di vedute da parte della dottrina statunitense: ad esempio, J. RESNIK, "*Managerial Judges*", in *Harv. L. Rev.*, 1982, fasc. 2, 374 ss., spec. 378-80, esprime perplessità, in particolar modo denunciando i rischi di abuso da parte dei giudici della discrezionalità loro conferita; *contra*, S. FLENDERS, "*Blind Umpires – a Response to Professor Resnik*", in *Hastings L. J.*, 1984, fasc. 3, 505 ss., secondo il quale i benefici provenienti dal *managerial judging* superano di gran lunga i rischi di *mala gestio*. Cfr. A.R. MILLER, *The Modern Class Action*, cit., 7.

keting che avevano come destinatario il mercato statunitense inteso come mercato federale, etc. – i quali fenomeni hanno fornito un poderoso *assist* per l'esigenza di forme collettive di tutela delle posizioni soggettive omogenee.

A quanto fin qui detto fa da *pendant* la particolare sensibilità e inclinazione di favore mostrata dai giudici a espandere l'àmbito di operatività della *class action* a territori inesplorati, anche mediante il ricorso alla manipolazione estensiva di alcune dottrine della *common law*.

Da ultimo, non può trascurarsi come l'ascesa di tale istituto sia tributaria, inoltre, del ruolo svolto dal ceto forense. In quel torno di anni, le professioni legali negli Stati Uniti stavano subendo delle trasformazioni profonde. Da un lato, si stava assistendo ad una crescente diversificazione nella compagine degli operatori giuridici: si registrava non solo un sempre maggior numero di donne, ma anche una altrettanto incrementale eterogeneità delle razze. Circostanza quest'ultima che ritengo essere intimamente collegata alla dichiarazione di illegittimità della segregazione razziale delle scuole nel precedentemente menzionato caso *Brown v. Board of Education*. Dall'altro, anche le stesse prospettive professionali stavano mutando, dal momento che l'avvocatura dell'epoca si distingueva sempre con maggior forza per un certo attivismo sociale, rivendicando un ruolo di prim'ordine nelle scelte di *policy*[34].

Insomma, una tempesta perfetta per lo sviluppo della *class action*.

Al fine di comprendere la centralità dell'istituto in esame merita di essere ricordata una vicenda giudiziaria che ha interessato dapprima solo gli Stati Uniti, dipoi ha avuto effetti su scala globale. Il caso si inserisce nel panorama della *holocaust litigation*[35] – ossia tutti quei casi in cui le vittime dell'Olocausto hanno tentato di ottenere un risarcimento per i danni subiti durante il secondo conflitto mondiale – e riguarda, in particolare, il filone del lavoro in condizioni di schiavitù durante il secondo conflitto mondiale, che ha assunto la forma di una *class action*[36].

---

[34] I tre fattori sono stati, condivisibilmente, individuati da A.R. MILLER, *The Modern Class Action*, cit., 7 s., quali "condizioni ambientali" che hanno favorito il successo della *class action*. In particolare, mette conto di rilevare come vi siano poche analisi intorno all'attivismo degli avvocati statunitensi negli anni '60. Un contributo che merita, senza dubbio, di essere menzionato è E. MAGILL, "*Standing for the Public: A Lost History*", in *Va. L. Rev.*, 2009, fasc. 5, 1131 ss.

[35] Sulla materia, si rinvia a M.J. BAZYLER, *Holocaust Justice: The Battle for Restitution in America's Courts*, New York, N.Y.U. Press, 2003. Per altri riferimenti cfr. A.R. MILLER, *op. cit.*, 10. Altresì, l'onnicomprensiva opera di D. STURMAN, *Holocaust Restitution: Perspectives on the Litigation and its Legacy*", New York, N.Y.U. Press, 2006.

[36] Non verrà qui trattato il contenzioso che ha riguardato i conti appartenenti agli ex gerarchi nazisti presso alcuni istituti di credito svizzeri. Si rinvia, a tal fine, a *ibidem*; nonché – per una panoramica di insieme – a P. VAN DER AUWERAERT, "*Holocaust Reparation Claims Fifty Years After: The Swiss Banks Litigation*", in *Act. Scand. Juris. Gent.*, 2002, fasc. 4, 557 ss. Beninteso, non in tut-

La vicenda trae origine da alcuni fatti che possono essere così riassunti: negli anni '90 alcuni studi accademici avevano dimostrato come alcune tra le più note aziende tedesche – per sopperire alla scarsità di manodopera – impiegassero i detenuti nei campi di lavoro e di concentramento nella loro catena produttiva. Stando alle ricostruzioni storiche elaborate negli studi richiamati, vi sarebbero stati degli accordi tra le SS e il comparto industriale tedesco in forza dei quali a quest'ultimo era consentito lo sfruttamento dei deportati, e – in particolar modo – delle donne per impiegarle nella produzione di equipaggiamenti militari.

Sul finire del millennio scorso, sono state incardinate alcune azioni di classe contro un numero cospicuo di industrie tedesche – tra cui Siemens, Daimler, BMW, Volkswagen, Bayer etc. – presso la Corte Federale del distretto del New Jersey. Le doglianze avanzate dai rappresentanti degli attori si fondavano sul diritto a vedersi corrisposta la retribuzione per il lavoro prestato e a pretendere il riequilibrio di quello che – di fatto – era stato un ingiusto arricchimento degli industriali tedeschi ai danni dei detenuti. In base a tali prospettazioni, le convenute in giudizio avrebbero dovuto riconoscere una somma di denaro ai detenuti impiegati nella catena produttiva (o comunque ai loro eredi): da un lato, per i danni loro inferti; dall'altro, per aver lucrato dallo sfruttamento del lavoro in condizioni di schiavitù, traendone ingenti guadagni.

Nei giudizi promossi non v'era dubbio alcuno circa l'effettivo rispetto di tutti i requisiti – illustrati più *supra* – richiesti dalla *Rule 23*. Tuttavia, non era altrettanto chiara la sussistenza dei presupposti giurisdizionali per consentire lo svolgimento dei giudizi sul territorio statunitense. Non è difficile, d'altro canto, comprendere l'unicità di queste vicende: riguardavano fatti avvenuti in un altro Stato, molti anni prima e relativi a individui – realisticamente – oramai defunti. Non sorprende neppure, quindi, come due dei giudizi si siano conclusi con una pronuncia di difetto di giurisdizione[37].

Tuttavia – e ciò dà conto di quel *social activism* dei *lawyers*, mettendone al contempo in luce, però, l'aggressività – gli avvocati hanno messo in atto il piano di riserva. Questo consisteva nella pubblicazione sulle principali testate giornalistiche americane di alcuni inserti finalizzati a screditare l'operato delle industrie tedesche: ad esempio, era apparsa una scritta che recitava «*Daimler – Design, Performance, Slave Labor*»; oppure si denunciava la vicinanza di Bayer alle sperimentazioni del dr. Mengele, apostrofandola in questo modo: «*Bayer's biggest hea-*

ti i casi relativi alla *holocaust litigation* si è instaurata un'azione di classe: per una curiosa, e recente, vicenda, cfr. C. MOYNIHAN-A. SMALE, "*Heirs Sue for Return of a Kansinsky, Saying It Was Looted by Nazis*", in *N.Y. Times*, 4 marzo 2017, in cui un'azione individuale è stata promossa dinanzi a una Corte statunitense per il recupero di un dipinto, asseritamente sottratto dai nazisti a una famiglia ebrea nel 1940 in Olanda.

[37] Trattasi di *Iwanowa v. Ford Motor Co.*, 67 F. Supp. 2d 424 (D.N.J. 1999) e *Burger-Fischer v. Dagoussa AG*, 65 F. Supp. 2d 248 (D.N.J. 1999).

dache: Human Medical Experimentation». Così facendo, veniva esercitata una notevole pressione sulle imprese coinvolte, le quali non volevano vedere compromessa – più di quanto già non lo fosse – la loro reputazione[38].

Dacché la controversia riguardava unicamente gli Stati Uniti, a seguito dell'operazione posta in essere dai legali degli attori, è sfociata in un caso diplomatico internazionale, risultandone coinvolti ben otto Stati.

La contesa venne risolta tramite un'intesa raggiunta tra il Cancelliere tedesco Schroeder e il presidente degli Stati Uniti Clinton. In virtù del compromesso raggiunto, le industrie tedesche si impegnavano a istituire un fondo di 6.7 miliardi da destinare alla "memoria", mentre gli attori rinunciavano alle azioni promosse.

Da quanto finora tratteggiato emerge come – paradossalmente – uno strumento nato quale modulazione del contenzioso sia divenuto, negli anni, anch'esso strumento di deterrenza: la sola minaccia di una *class action* ha contribuito – in alcuni casi anche meno eclatanti di quelli menzionati da ultimo – al raggiungimento della risoluzione della controversia per via transattiva.

Proprio il fattore di deterrenza evidenziato si è rivelato essere un argine allo strapotere delle imprese nei mercati a danno dei singoli consumatori, fornendo a questi ultimi un poderoso strumento idoneo a concentrare in sede contenziosa (quando non prima, *supra*) la forza e le risorse da dedicare alla tutela dei propri diritti mediante azioni legali decise e di forte impatto.

Dai *slave labor cases* può rilevarsi come il contenzioso americano abbia conosciuto un'enorme espansione della *class action* a territori inizialmente non contemplati dal legislatore del 1966, tra cui spiccano – ad esempio – i casi in materia di libertà di manifestazione del pensiero, i diritti dei detenuti nelle carceri, la tutela ambientale e finanche la legittimità della guerra in Vietnam[39].

L'uso massiccio è sicuramente da attribuirsi alla dinamicità di quella parte del ceto forense – cui vi si riferisce con l'endiadi di *American plaintiff's bar* – il quale ha ravvisato nella *class action* una sorta di panacea per tutti i mali sociali, e anche una ingente fonte di guadagno, come si dirà appresso. In particolare, l'atteggiamento propositivo degli avvocati americani ha trovato conforto in tre aspetti della disciplina processuale: la totale assenza del divieto dei patti di quota lite; la c.d. *American rule* per il riparto delle spese processuali, che esclude il principio della soccombenza a tal fine; la previsione di una somma premiale da

---

[38] Cfr. A.R. Miller, *The Modern Class Action*, cit., 12.

[39] Si vedano a tal proposito le sentenze della Corte suprema statunitense in *Brown v. Plata*, 563 U.S. 493 (2011), in materia di sovraffollamento carcerario; *Abermale Paper Co. v. Moody*, 422 U.S. 405 (1975), in materia – ancora una volta – di discriminazione; e *Dunn v. Blumstein*, 405 U.S. 330 (1972) – in materia di diritto di voto.

riconoscere all'avvocato per merito del quale la classe abbia tratto ingenti benefici.

Non sono mancate, tuttavia, critiche. Particolarmente aspre sono state quelle sollevate dalle cc.dd. parti abituali del giudizio, e più in generale dall'avvocatura e dall'accademia *defense-oriented*, le quali – oltre a riferirsi alla *class action* con l'appellativo di *Frankenstein*[40] – hanno, in maniera progressiva, iniziato a sollevare un sempre maggior numero di eccezioni finalizzate alla reiezione della richiesta del provvedimento di *class certification*.

A ciò va aggiunto come si sia tentato di dimostrare – per vero con scarsi risultati – come l'azione di classe abbia provocato effetti di sovradeterrenza e abbia favorito l'ascesa della c.d. imprenditoria forense.

Va certamente riconosciuto come, talvolta, l'istituto in esame sia stato impiegato in maniera palesemente pretestuosa.

Si pensi al caso americano in cui è stata promossa un'azione di classe (sulla base di una legge statale che consente il riconoscimento all'avvocato della somma premiale di cui si è dato conto sopra) contro una nota catena di *fast food*, in cui la doglianza si appuntava su una presunta pratica commerciale scorretta derivante dal fatto che, benché la pubblicità sostenesse che i panini fossero *footlong*, in realtà misuravano al massimo 11 pollici[41].

Non possono essere neppure trascurati, a tal riguardo, i casi di cc.dd. *settlements o settlements agreements* conclusi in assenza di un controllo giurisdizionale, dove i legali hanno ottenuto ingenti guadagni, a scapito dei membri della classe, ai quali sono stati riconosciuti benefici minimi, ad esempio, dei *coupon* mediante cui acquistare prodotti dall'impresa convenuta in giudizio (si tratta dei cc.dd. *coupon settlements*[42]).

In aggiunta, possono menzionarsi i cc.dd. *clear seiling agreements*, ossia quegli accordi intercorrenti tra i legali ed il convenuto attraverso cui quest'ultimo si

---

[40] A.R. MILLER, "*Of Frankenstein Monsters and Shining Knights: Myth, Reality, and the 'Class Action Problem'*", in *Harv. L. Rev.*, 1979, fasc. 3, 664 ss.

[41] Ne dà notizia A.R. MILLER, *The Modern Class Action*, cit., 27.

[42] Tali transazioni sono state spesso caldeggiate tanto dalle imprese quanto dai legali della classe perché portavano loro un immediato vantaggio costituito dal pagamento delle *fee* relative al giudizio e, al tempo stesso, di consentire l'acquisto di merce da un ampio numero di consumatori che altro non poteva fare se non azionare il proprio *coupon* su beni dell'impresa convenuta che, in questo modo, era parzialmente in grado di rientrare di quanto versato ai legali. Sul punto si rinvia, *ex multis*, a T.A. DICKERSON-B.V. MECHMANN, "*Consumer Class Actions And Coupon Settlements: Are Consumers Being Shortchanged?*", in *Advancing the Consumer Interest*, 2000, fasc. 2, 6 ss.; S.B. HANTLER-R.E. NORTON, "*Coupon Settlements: The Emperor's Clothes of Class Actions*", in *Geo. J. Legal Ethics*, 2005, fasc. 4, 1343 ss. Circa l'inidoneità di tali accordi a soddisfare la classe rappresentata, cfr. R.D. BLAIR-C.A. PIETTE, "*Coupon Settlements: Compensation and deterrence*", in *The Antitrust Bulletin*, 2006, fasc. 3, 661 ss.

impegna a non sollevare obiezioni sull'ammontare degli onorari proposti a favore del *class counsel.*

In altri casi ancora si è finito con l'ampliare l'oggetto della transazione fino a ricomprendervi pretese estranee alla certificazione iniziale con la quale veniva individuata e circostanziata la classe, e al solo fine di ampliare l'effetto preclusivo del *settlement* [43].

Tali fenomeni, ben sfruttati dai detrattori della *class action* per screditarla, conducendo gli stessi giudici – in particolare quelli federali – ad assumere un atteggiamento più circospetto e meno permissivo che in precedenza.

E, d'altro canto, si consideri che, come riportato da un sondaggio condotto nel 2003, il 47% della popolazione statunitense riteneva che dalle *class action* avessero beneficiato più gli avvocati che i ricorrenti [44], dimostrando così come le perplessità e i sospetti fossero oramai nutriti anche al di fuori delle aule di giustizia e universitarie.

Da tutto ciò è conseguita l'approvazione, il 3 febbraio 2005, del *Class Action Fairness Act* [45]. Tale atto – sulla cui genesi e scopi non v'è particolare unanimità nella dottrina americana [46] – ha rivestito un'importanza fondamentale ed è ai più noto come lo strumento della federalizzazione dell'azione di classe.

Con il *CAFA* si è tentato di agire sui già descritti meccanismi distorsivi, al contempo proponendosi di intervenire in maniera netta sulle condotte di *forum shopping*, al riguardo modificando i criteri che presiedono al riparto giurisdizionale tra corti federali e statali.

In primo luogo, ha stabilito la competenza delle corti federali per le controversie dal valore superiore ai 5 milioni di dollari ed in cui un appartenente alla *plaintiff class action* è cittadino di uno Stato diverso da quello in cui ha cittadinanza il convenuto.

In secondo luogo, ha previsto che le corti federali debbano declinare la propria giurisdizione in favore delle corti statali allorquando: *i*) almeno i due terzi

---

[43] Sia consentito di rinviare a G. SCARCHILLO, *La* class action*: profili di diritto comparato*, cit., 1007 ss.

[44] C. PONCIBÒ, "*La controriforma delle Class Action*", in *Danno e resp.*, 2006, fasc. 2, 124 ss.

[45] *Class Action Fairness Act of 2005*, Pub. L. No. 109-2, 119 Stat. 4 (codificato come 28 U.S.C. §§ 1332(d), 1453, 1711-1715) (2005).

[46] Cfr. A.R. MILLER, *The Modern Class Action*, cit., 26, secondo cui «[the] *enactment of the Class Action Fairness Act (CAFA) in 2005* [...] *was the product of defense interest lobbying*». La legislazione in questione è stata fatta oggetto di numerose critiche in dottrina, si vedano S.B. BURBANK, "*The Class Action Fairness Act in Historical Context: A Preliminary View*", in *U. Pa. L. Rev.*, 2008, fasc. 6, 1439 ss.; E.C. BURCH, "*CAFA's Impact on Litigation as a Public Good*", in *Cardozo L. Rev.*, 2008, fasc. 6, 2517 ss.; J. RESNIK, "*Lessons in Federalism from the 1960s Class Action Rule and the 2005 Class Action Fairness Act: The "Political Safeguards" of Aggregate Translocal Actions*", in *U. Pa. L. Rev.*, 2009, fasc. 6, 1929 ss.

dei *class-members* e i c.d. *primary defendants* siano cittadini dello stesso Stato; *ii*) più dei due terzi degli appartenenti alla classe e almeno un convenuto, a cui si richiede un cospicuo risarcimento e di cui si allega aver messo in atto una condotta lesiva idonea a legittimare l'azione, abbiano cittadinanza nello stesso Stato.

Infine, oltre alla regolamentazione delle *multi-state class* actions, l'*Act* di che trattasi ha inteso regolare le cc.dd. *settlement class actions*. Il *CAFA* richiede che sia la corte ad approvare il *coupon settlement*, verificando che questo sia giusto, adeguato e ragionevole per i *class members*.

Secondo una condivisibile impostazione, il *CAFA* sarebbe stato il frutto delle pressioni esercitate dalle parti abituali sul legislatore americano, deferendo la competenza di un gran numero di azioni di classe alle Corti federali, le quali – come detto – avevano assunto un atteggiamento meno favorevole nei confronti della *class action*, soprattutto se paragonato a quello delle Corti statali. E ciò sembrerebbe avvalorato dalla circostanza che la federalizzazione dell'azione di classe sia stata realizzata senza imporre alle Corti delle valutazioni meno stringenti ai fini del provvedimento di *certification*, e senza fornire criterio alcuno per la soluzione delle questioni relative al conflitto di norme, ovvero di quelle attinenti alla scelta della legge applicabile, nei casi in cui siano più legislazioni statali a essere coinvolte.

Questa sorta di *backlash* nei confronti della *class action*, e la conseguente relativa contrazione operativa, si evince dai casi di *class-arbitration waivers*.

A esserne riuscito ridimensionato non è stato soltanto l'accesso alla tutela collettiva, ma soprattutto l'accesso alla giustizia stessa. Ci si riferisce alle due sentenze della Corte suprema federale statunitense nei casi *AT&T Mobility LLC v. Concepcion* [47] e *American Express Co. V. Italian Colors Restaurant* [48]. Rispettivamente, è stata ritenuta valida una clausola contrattuale tramite la quale il contraente rinunciava alla *class action* in arbitrato e una mediante la quale si rinunciava alla proponibilità di azioni in forma aggregata in sede arbitrale [49].

---

[47] *AT&T Mobility LLC v. Concepcion*, 536 U.S. 333 (2011). Un analogo caso si è verificato in *DirectTV v. Imburgia*, 136 S. Ct. 463 (2015).

[48] *Am. Express Co. v. Italian Colors Restaurant*, 333 S. Ct. 2304 (2013).

[49] La letteratura statunitense in materia di *class-arbitration waivers* è copiosa. Per i contributi più recenti cfr. A.R. MONROE, "*Are We All in this Together? Enforcing Class Arbitration Waivers*", in *Missouri L. Rev.*, 2017, fasc. 3, 925 ss.; J.K. HENNESSY, "*SCOTUS to Decide Future of Class Waiver Arbitration Clauses*", in *Labor & Employment Law*, 2017, fasc. 3, 4 ss.; M.J. YELNOSKY, "*DIRECTV, Inc. v. Imburgia and the Continued Ascendance of Federal Common law: Class-Action Waivers and Mandatory Arbitration under the Federal Arbitration Act*", in *Roger Williams University Law Review*, 2017, fasc. 1, 287 ss. Si veda, inoltre, HARVARD LAW REVIEW, "*Class Actions – Class Arbitration Waivers – American Express Co. v. Italian Colors Restaurant*", in *Harv. L. Rev.*, 2013, fasc. 1, 278 ss. Per una disamina di natura empirica circa l'impiego di dette clausole nei contratti cfr. T. EISENBERG-G.P. MILLER-E. SHERWIN, "*Arbitration's Summer Soldiers: An*

Non sfugge come il combinato disposto della rinuncia alla *class action* e di un procedimento arbitrale attivabile – esclusivamente – in via individuale riduca notevolmente lo spazio per l'esercizio dei diritti. Difatti, non sono un mistero gli elevati costi degli arbitrati, costi che, evidentemente, non potranno essere sostenuti dal singolo consumatore o cliente per l'instaurazione di cause di modico valore.

Si tratta di un vero e proprio sovradimensionamento del *favor* per l'arbitrato che innerva il *Federal Arbitration Act* del 1925[50].

Il Congresso – sotto la Presidenza Obama – aveva tentato di emendare questo orientamento giurisprudenziale con alcune iniziative legislative, le quali – però – hanno avuto scarso successo e difficilmente si concretizzeranno con l'attuale maggioranza repubblicana[51].

Empirical Study of Arbitration Clauses in Consumer and Nonconsumer Contracts", in *U. Mich. J.L. Ref.*, 2008, fasc. 4, 871 ss. Con un piglio apocalittico sulla materia M. GILLES, "*The Day Doctrine Died: Private Arbitration and the End of Law*", in *U. Ill. L. Rev.*, 2016, fasc. 2, 371 ss. Sull'interrelazione tra pubblico e privato nella disciplina arbitrale, cfr. J. RESNIK, "*Diffusing Disputes: The Public in the Private of Arbitration, The Private in Courts, and the Erasure of Rights*", in *Yale L.J.*, 2015, fasc. 8, 2804 ss. Per un'analisi dell'inclusione delle *class arbitration waivers* nei contratti dei lavoratori, e sui relative effetti, v. J. STERNLIGHT, "*Disarming Employees: How American Employers Are Using Mandatory Arbitration to Deprive Workers of Legal Protection*", in *Brook. L. Rev.*, 2015, fasc. 4, 1309 ss. Ad ogni buon conto, cfr. A.R. MILLER, *The Modern Class Action*, cit., 28-34. Il fenomeno ha interessato pure la dottrina italiana: si veda la panoramica offerta da M. GABOARDI, "*Arbitrato e azione di classe*", in *Riv. dir. proc.*, 2014, fascc. 4-5, 987 ss. e la nota a sentenza del caso *Italian Colors* redatta da M.M. WINKLER, "*Il caso* Amex *e i sentieri accidentati della* class arbitration *in America*", in *Int'l Lis*, 2014, fasc. 1, 27 ss. Da ultimo, ne fa menzione A. PALMIERI, "*Consumatori, tutela collettiva, arbitrato: di miti (americani) infranti e timidi risvegli (europei)*", in C.A. D'ALESSANDRO-C. MARCHESE, *Ius Dicere in a Globalized World – A Comparative Overview*, II, Roma, Roma Tre Press, 2018, 637 ss.

[50] Come correttamente osservato da G. BORN-C. SALAS, "*The United States Supreme Court and Class Arbitration: A Tragedy of Errors*", in *Journ. Disp. Res.*, 2012, fasc. 1, 21 ss., spec. 21, si tratta di «*an almost entirely American, procedural mechanism that marries arbitration with the class action procedures*».

[51] Sul punto, A.R. MILLER, *The Modern Class Action*, cit., 31 s.: «*Although there initially was some movement in Congress to overturn the two Supreme Court decisions by legislation, that is now extremely unlikely given the outcome of the 2016 United States' presidential and congressional elections. Similarly, the young Federal Consumer Financial Protection Bureau, which was created as a watchdog agency following the mortgage crisis during the last decade and seemed so promising to consumer advocates a short time ago, has not been able to preserve its recent arbitration rule that would have effectively eliminated the application of Concepcion and Italian Colors in certain important consumer contexts. Immediately after the rule was promulgated, the business community attacked it in Congress, which has the statutory power to reject administrative agency rulemaking. Both the House of Representatives and the Senate have now done so and the rule will not go into effect. Beyond that, the very existence of that Bureau is now in doubt. Such is the tenor of the times in the United States*». Si vedano pure i riferimenti ivi citati. Ciononostante, alcuni hanno continuato ad affermare la persistente necessità di un intervento legislativo: cfr. P. NEHF, "*The Impact of*

Anzi, proprio nell'àmbito dell'attività legislativa del Congresso americano si registrano forti tendenze a complicare l'accesso alla *class action*: così sembra di potersi concludere dalla lettura del *Fairness in Class Action Litigation Act* approvato dai due rami del Parlamento statunitense nei primi mesi del 2017[52].

Peraltro, è stata posta nel nulla anche l'iniziativa intrapresa dal *Bureau of Consumer Financial Protection* per arginare il fenomeno delle *class arbitration waivers*. Dopo aver svolto un'approfondita istruttoria, quest'organo, infatti, aveva predisposto una regolamentazione molto stringente dell'arbitrato consumeristico per le controversie contrattuali relative a prodotti o servizi finanziari, che introduceva anche il divieto di impiegare clausole compromissorie per bloccare la proponibilità di azioni di classe[53]. Tuttavia, dopo poco dalla pubblicazione della proposta, l'*House of Representatives* ha bocciato l'iniziativa, con l'apprezzamento dell'Esecutivo[54].

* * *

Con tali note, e con il sapore agrodolce che esse lasciano, si giunge alla fine della disamina dell'esperienza statunitense sull'azione di classe. È il tempo di procedere oltre, e di occuparsi della circolazione di tale modello nei vari sistemi giuridici del mondo, iniziando da quelli della tradizione di *common law*.

Mandatory Arbitration on the Common Law Regulation of Standard Terms in Consumer Contracts", in *Geo. Wash. L. Rev.*, 2017, fasc. 6, 1692 ss. e J. McManus, "*A Motion to Compel Changes to Federal Arbitration Law: How to Remedy the Abuses Consumers Face When Arbitrating Disputes*", in *B.C.J.L. & Soc. Just.*, 2017, fasc. 1, 177 ss.

[52] In termini A. Palmieri, *Consumatori, tutela collettiva, arbitrato*, cit., 643.

[53] Questo era previsto dal § 1040.4(a) del *Code of Federal Regulation*, giusta il quale: «(a) *provider shall not rely in any way on a pre-dispute arbitration agreement entered into after the date set forth in § 1040.5(a) with respect to any aspect of a class action that concerns any of the consumer financial products or services covered by § 1040.3, including to seek a stay or dismissal of particular claims or the entire action, unless and until the presiding court has ruled that the case may not proceed as a class action and, if that ruling may be subject to appellate review on an interlocutory basis, the time to seek such review has elapsed or such review has been resolved such that the case cannot proceed as a class action*».

[54] La *resolution* di bocciatura – *H.J.Res.111 – 115th Congress* (2017-2018) – è stata approvata il 25 luglio 2017 (231 voti favorevoli e 190 contrari). Qui di seguito si riporta un passo del comunicato stampa della Casa Bianca – consultabile in *https://www.whitehouse.gov/sites/whitehouse.gov/files/omb/saphj111s_20171024.pdf* – ove si legge che la regolamentazione avversata «*would benefit trial lawyers by increasing frivolous class-action lawsuits; harm consumers by denying them the full benefits and efficiencies of arbitration; and hurt financial institutions by increasing litigation expenses and compliance costs (particularly for community and mid-sized institutions). In many cases, these increased costs would be borne, not by the financial institutions, but by their consumers*». In Senato, la procedura per l'analoga bocciatura si era arenata: cfr. *S.J.Res.47 – 115th Congress* (2017-2018).

III

LA *CLASS ACTION* E I SISTEMI DI *COMMON LAW*

SOMMARIO: 1. L'esperienza inglese: dalle *representative suits* ai *Group Litigation Orders*. – 1.1. Il *Consumer Rights Act* del 2015. – 2. Il peculiare *Case Study* dell'Irlanda: l'assenza di una disciplina legislativa sul contenzioso di massa ed il ruolo suppletivo della prassi giurisprudenziale. – 2.1. Le prospettive riformatrici interne e i nodi irrisolti: dal *report* della *Law Reform Commission* nel 2005 sino alla proposta di legge del 2017. – 2.2. Indagare le ragioni della *lacuna legis* nel contesto dello sviluppo sociale, economico e politico irlandese. – 2.3. L'insoddisfacente quadro dei cc.dd. ricorsi collettivi transfrontalieri nell'UE a partire dal sistema giuridico irlandese: il paradigmatico caso *Schrems v. FB Vol. II*. – 3. Le azioni rappresentative e di gruppo in Australia. – 4. Le azioni di classe *à la* canadese. – 5. L'esperienza israeliana di *class action*.

1. *L'esperienza inglese: dalle* representative suits *ai* Group Litigation Orders

Il ricorso alla *multyparty litigation* sui territori d'oltremanica ha avuto – come si è detto nel primo capitolo del presente lavoro – una storia radicalmente diversa, e di segno evidentemente contrario, rispetto a quella statunitense.

Le ragioni per cui ciò è accaduto sono molteplici, ma più di tutto ha influito la poca propensione degli inglesi alla giurisdizionalizzazione dei conflitti, determinando – di conseguenza – l'assenza di strumenti propulsivi per la tutela aggregata, quali, ad esempio, regole favorevoli in materia di riparto delle spese legali, ovvero quelli attinenti alla incentivazione della cointeressenza degli avvocati all'esito del giudizio.

A questo si aggiunga, poi, come le corti inglesi avessero, tradizionalmente, adottato un atteggiamento fortemente restrittivo, giungendo a richiedere – per la promozione di una *representative suit* – finanche la totale identità del titolo, dell'interesse e del provvedimento richiesto in capo ai componenti del gruppo, come dimostra il già citato caso *Markt & Co. Ltd. v. Knight*[1].

---

[1] *Markt & Co. Ltd. v. Knight Steamship Co. Ltd.*, 2 KB, 1910. Tale *leading case* veniva deciso

All'albeggiare, quindi, dell'epoca d'oro della *class action* negli Stati Uniti, è corrisposto – nelle terre d'oltremanica – il crepuscolo delle *representative suits*, e della tutela *multy-party litigation* in generale.

Occorrerà attendere quasi un secolo per vedere riaffiorare un timido tentativo di disciplinare questa specie di contenzioso.

Nel 1998 – per la prima volta in Europa, invero – il Regno Unito ha adottato la *Rule 19.6* delle *Civil Procedure Rules*[2], dipoi integrata dalla successiva riforma del 2000.

La prima, in vigore ancora ad oggi, benché in disuso, è nota come *Woolf Reform*[3] ed è volta a consentire a chi abbia lo stesso interesse di altri di agire per conto di questi, a meno di contraria disposizione del giudice.

Tale riforma, tuttavia, non ha riscosso molto successo, e uno dei pochi casi rinvenibili nella prassi è *Armstrong & Others v. British Coal*[4], in cui i giudici inglesi hanno riconosciuto un risarcimento milionario ad un gruppo di minatori – tutti dipendenti della convenuta – i quali avevano sofferto di alcuni disturbi fisici provocati dal lavoro in miniera.

Si è, quindi, proceduto all'elaborazione di una differente disciplina, quella della *Group Litigation*[5] – di cui alle *Rules 19.10-19.15* delle *Civil Procedure Rules*.

---

nel 1910, proprio mentre negli Stati Uniti la *class action* stava suscitando un certo interesse nella dottrina e nella prassi (tanto ciò è vero che, di lì a pochi anni, si sarebbe introdotta la *Moore Rule*).

[2] *Rule 19.6* delle *Civil Procedure Rules* (1998).

[3] Tale riforma prende il nome da *Lord* M.R. Woolf, autore di un fondamentale *report* riguardante l'accesso alla giustizia nel 1996 (LORD M.R. WOOLF, *Access to Justice: Final Report to the Lord Chancellor on the Civil Justice System in England and Wales*, London, HMSO, 1996). Secondo le prospettazioni fornite da *Lord* Woolf erano tre le finalità che la *multy-party litigation* in Gran Bretagna avrebbe dovuto realizzare: "*(a) provide access to justice where large numbers of people have been affected by another's conduct, but individual loss is so small that it makes an individual action economically unviable; (b) provide expeditious, effective and proportionate methods of resolving cases, where individual damages are large enough to justify individual action but where the number of claimants and the nature of the issues involved mean that the cases cannot be managed satisfactorily in accordance with normal procedure; (c) achieve a balance between the normal rights of claimants and defendants, to pursue and defend cases individually, and the interests of a group of parties to litigate the action as a whole in an effective manner*" (*ivi*, Ch. 17, § 2). Al proposito, cfr. S.M.C. GIBBONS, "*Group Litigation, Class Actions and Lord Woolf's Three Objectives-A Critical Analysis*", in *Civ. Just. Q.*, 2008, fasc. 2, 208 ss., spec. 208 s.

[4] *Armstrong & Others v. British Coal Corp.*, CA 28 novembre 1996.

[5] *Rules 19.10-15* delle *Civil Procedure Rules* (2000). Sul tema, cfr. N. ANDREWS, "*Multy-Party Proceedings in England: Representative and Group Actions*", in *Duke J. of Comp. & Int'l L.*, 2001, fasc. 2, 249 ss.; F. SHERMAN, "*Group Litigation Under Foreign Legal Systems; Variations and Alternatives to American Class Actions*", in *DePaul L. Rev.*, 2002, fasc. 2, 401 ss.; R. MULHERON, *The Class Action in Common Law Legal Systems: A Comparative Perspective*, Oxford, Hart Publishing, 2004, 94 ss.; ID., "*Some Difficulties with Group Litigation Orders – and Why a Class Action is Su-*

A mente della riforma del 2000, il giudice – in presenza di questioni di fatto o di diritto comuni o connesse (anche impropriamente[6]) e di un gruppo elevato di potenziali controversie – ha il potere di emettere un ordine, il *Group Litigation Order*, mediante il quale: 1) aprire un *register* per iscriversi all'azione collettiva entro un termine prestabilito; 2) indicare le questioni che formeranno l'oggetto della pronuncia collettiva e scegliere il campione rappresentativo, ovvero il *litigation group*; 3) ordinare la sospensione dei procedimenti individuali pendenti e connessi, anche tra i soggetti non iscritti.

Competente a decidere la controversia sarà un unico soggetto giudicante, denominato *management Court*.

Dall'analisi della *Group Litigation*, appaiono evidenti le differenze con il sistema statunitense, la più vistosa delle quali è la presenza nel primo di un generalizzato principio dell'adesione (c.d. *opt-in right*) – che consente a chiunque abbia i requisiti di appartenenza di iscriversi nel registro – facendo ricorso, al contrario, all'*opt-out* unicamente in materia consumeristica.

Di molto differente dal sistema americano, quello inglese lo è anche sotto il profilo dei meccanismi di incentivazione economica della proponibilità dell'azione di classe: vige nel Regno Unito, difatti, la regola secondo cui ogni componente del gruppo risponde *pro quota* delle spese affrontate, nonché di tutte le spese sostenute dal convenuto in caso di soccombenza (*victus victori*).

Una timida apertura ad incentivare la cointeressenza degli avvocati nell'esito del giudizio si è verificata nel 2000 a seguito dell'introduzione della *Contingency Fee Agreement Regulation*. Con tale atto, il legislatore inglese – pur tenendo fermo il divieto di patto di quota-lite (c.d. *champetry*) – ha previsto, in maniera analoga a quanto accade in Australia – come si vedrà *infra* – la possibilità di pattuire una *contingent fee* tramite cui il cliente si impegna, in caso di vittoria, a corrispondere all'avvocato una somma pari alla tariffa ordinaria (la *basic fee*) maggiorata per il successo dal *success fee* (o *uplift*). In caso di soccombenza, invece, non sarà dovuto nulla. Occorre, tuttavia, precisare, come la prassi si sia

---

perior", in *Civ. Just. Q.*, 2005, fasc. 1, 40 ss.; ID., "*From Representative Rule to Class Action: Steps rather than Leaps*", in *Civ. Just. Q.*, 2005, fasc. 4, 424 ss.; ID., "*Justice Enhanced: Framing an Opt-out Class Action for England*", in *Modern L. Rev.*, 2007, fasc. 4, 550 ss.; ID., "*Opting in, Opting Out, Closing the Class Some Dilemmas for England's Class Action Lawmakers*", in *Canadian Bus. L. Rev.*, 2011, 376 ss.; ID., "*Recent Milestones in Class Actions Reform in England: A Critique and a Proposal*", in *L. Q. Rev.*, 2011, fasc. 2, 288 ss.; S.M.C. GIBBONS, *op. cit.* E per la dottrina italiana, si vedano C. CONSOLO-D. RIZZARDO, "Class actions *"fuori dagli USA": qualcosa si muove anche alle nostre (ex) frontiere settentrionali almeno quanto al "case management""*, in *Int'l Lis*, 2006, fasc. 1, 38 ss.; ID., "*Due modi di mettere le azioni collettive alla prova: Inghilterra e Germania*", in *Riv. trim. dir. proc. civ.*, 2006, fasc. 3, 891 ss.; A. GIUSSANI, *Azioni collettive risarcitorie nel processo civile*, Padova, Cedam, 2008, 147 ss.; R. MARENGO, *Garanzie processuali e tutela dei consumatori*, Torino, Giappichelli, 2007, 77 ss.

[6] In termini, A. GIUSSANI, *op. ult. cit.*, 148.

orientata nel senso di ritenere applicabile la disciplina sul patto di quota-lite solo ove il rischio di pagamento delle spese processuali sia coperto da una polizza assicurativa[7].

Dalla comparazione svolta, appare sufficientemente chiara l'intenzione del Regno Unito di voler disciplinare gli strumenti di tutela metaindividuale – anche, forse per una questione di orgoglio nazionale[8] – con tratti distintivi e peculiari.

Tale atteggiamento è, in fondo, espressione di quella volontà accentratrice e di quella forza centripeta caratterizzante la cultura britannica, per cui modelli esotici devono necessariamente essere "addomesticati".

A questo va ad aggiungersi la totale assenza nel ceto forense inglese di quel *social activism*, di cui gli avvocati statunitensi si sono fatti motore, portavoce e interpreti.

1.1. *Il* Consumer Rights Act *del 2015*

Un settore specifico in cui sono registrabili avanzamenti in materia di tutele di classe nel Regno Unito è quello della concorrenza, con particolare riguardo al *Consumer Rights Act* del 2015[9]. L'intervento *de quo*, in particolare, ha modificato il *Competition Act* del 1988, aggiungendo un'inedita tutela a protezione dei soggetti danneggiati da condotte asseritamente anticompetitive.

L'origine dell'intervento legislativo da ultimo menzionato risiede nelle inefficienze riscontratesi nella disciplina delle cc.dd. *follow-on actions*.

[7] Cfr. sul tema *ivi*, 149; L. PASSANANTE, "*«Conditional fee agreement» e accesso alla giustizia in Inghilterra*", in M. TARUFFO-V. VARANO (a cura di), *Diritti fondamentali e giustizia civile in Europa*, Torino, Giappichelli, 2002, 139 ss.; G.C. HAZARD-A. DONDI, *Legal Ethics. A comparative Study*, Stanford, Stanford University Press, 2004, 265 ss.; N. ANDREWS, "*Tort Litigation Affecting Businesses: The English Perspective*", in R. STÜRNER-M. KAWANO (a cura di), *Comparative Studies on Business Tort Litigation*, Tübingen, Mohr Siebeck, 2011, 42 ss.

[8] Sul punto, in termini analoghi, già A. GIUSSANI, *Azioni collettive risarcitorie*, cit., 147.

[9] A. HIGGINS-A. ZUCKERMANN, "*Class Action Come to England – More Access to Justice and More of a Compensation Culture, but They are Superior to the Alternatives*", in *Civ. Just. Q.*, 2016, fasc. 1, 1 ss.; A.M. MOZETIC, "*Collective Redress: A Case for Opt-Out Class Action in England and Wales*", in *Civ. Just. Q.*, 2016, fasc. 1, 29 ss.; R. MULHERON, "*A Spotlight on the Settlement Criteria under the United Kingdom's New Competition Class Action*", in *Civ. Just. Q.*, 2016, fasc. 1, 1 ss.; ID., "*The United Kingdom's New Opt-Out Class Action: The Unique Perspective of a "Third Generation" Statute*", in *Oxford J. Legal Stud.*, 2017, fasc. 4, 814 ss. Per contributi sulla materia in lingua italiana cfr. A.D. DE SANTIS, "*Processo civile,* Antitrust Litigation *e* Consumer Protection", in *Riv. dir. proc.*, 2015, fasc. 6, 1495 ss.; I.C. DI MAGGIO, "*Recenti sviluppi della tutela collettiva nel diritto processuale europeo*", in *Riv. dir. proc.*, 2017, fascc. 4-5, 1236 ss.; ne dà conto pure G. BERTOLINO, "*L'*«opt-out» *nell'azione risarcitoria collettiva. Una contrarietà davvero giustificata? Analisi del dibattito e prospettive di riforma*", in *Riv. trim. dir. proc. civ.*, 2016, fasc. 2, 475 ss.

Tale tipologia di azioni collettive era stata introdotta dall'*Enterprise Act* del 2002, a emenda del già richiamato *Competition Act*, avendovi aggiunto la sezione 47(b). In virtù di quest'ultima disposizione, è consentito – ad organi all'uopo designati con specifico atto del *Secretary of State* – di promuovere, dinanzi al *Competition Appeal Tribunal* (di seguito, semplicemente, *CAT*), azioni rappresentative conseguenti (*follow-on*, per l'appunto) ad una condanna, emessa dall'*Office of Fair Trading* (nel prosieguo, *OFT*) o dalla Commissione Ue, contro le imprese per violazione della normativa *antitrust*. Analogamente alla *Group Litigation*, vige il principio dell'adesione (*opt-in*).

L'inefficienza di tale meccanismo si è rivelata sin dal primo caso in materia, *Consumer Association v. JJB Sports*[10], dove l'azione era stata promossa da un'associazione a tutela dei consumatori, la *Which?*, contro un'impresa condannata dall'*OFT* a causa di un cartello per la fissazione dei prezzi delle maglie di alcune squadre di calcio.

La controversia si è conclusa nel gennaio del 2008 con un accordo transattivo, in forza del quale la società si è impegnata al pagamento di 18.000 sterline nei confronti di 500 consumatori che avevano esercitato l'*opt-in*: in pratica, considerando che alcuni di questi avevano acquistato più di un capo, e che le maglie complessivamente erano 900, 20 sterline ciascuno. A ciò si aggiunga, poi, come i singoli componenti del gruppo abbiano comunque dovuto sostenere, *pro quota*, le spese legali del giudizio.

Successivamente a questa pronuncia, il *Department for Business, Innovation and Skills* ha indetto una consultazione pubblica con l'obiettivo di stimolare il dibattito sulle modalità più efficaci per irrobustire il *private enforcement* nel settore *antitrust*[11].

Dalle risultanze della consultazione, è emerso come fossero due le questioni centrali da affrontare per una più efficiente tutela collettiva: da un lato, la necessità di sostituire il sistema di *opt-in* con quello di *opt-out*, di guisa che fosse devoluto al giudice competente il potere di valutare e approvare le proposte di accordi transattivi; dall'altro, l'esigenza di favorire il ricorso alle ADR.

Entrambe le suggestioni sono confluite nel *Consumer Rights Act* del 2015, il quale – in forza del proprio art. 81 e dell'Allegato 8 – ha innovato il *Competition Act*.

Ad oggi, l'articolo 47(b) consente di devolvere alla competenza del *CAT*, azioni di classe sia *opt-in* che *opt-out* (in questo caso con l'unico limite per i soggetti non domiciliati sul territorio del Regno Unito, ai quali è in ogni caso

---

[10] *The Consumers' Association v. JJB Sports plc.*, Case number 1078/7/9/07. Per una disamina della controverisa, cfr, R. MULHERON, *Opting In, Opting Out, Closing the Class*, cit., 381 ss.

[11] I relativi atti sono consultabili in *https://www.gov.uk/government/consultations/private-actions-in-competition-law-a-consultation-on-options-for-reform*.

richiesto di esprimere la propria adesione). Il giudice adito – a mezzo del *collective proceedings order* – stabilisce: a) l'autorizzazione del soggetto promotore dell'azione a rappresentare la classe; b) la descrizione del gruppo, ai fini della determinazione dei soggetti cui si estenderanno gli effetti della pronuncia; c) la specificazione di quale sia il meccanismo di adesione, *opt-in* ovvero *opt-out*.

È palese come la previsione dell'*opt-out* avvicini il nuovo modello inglese alla cugina *class action*. Ciononostante, va segnalata una permanente differenza: mentre l'*opt-out*, nel Regno Unito, non opera nei confronti di quei soggetti non residenti su territorio britannico, nel sistema americano gli individui stranieri sono ricompresi nella classe, a meno che i giudici di tale ultimo Paese non ritengano che i membri della classe non residenti negli Stati Uniti godano di equivalente tutela nello Stato della propria residenza. In altri termini, un plastico esempio della *longa manus jurisdiction made in* U.S.A.

Ad ogni buon conto, la novella inglese non ha riscosso un grande successo, almeno sino ad oggi. Ne dà prova la circostanza che i primi due casi promossi – *Dorothy v. Gibson* [12] e *Merricks v. Mastercard* [13] – si siano conclusi in un nulla di fatto: con una rinuncia del promotore il primo; con un provvedimento di diniego del *collective proceeding order* il secondo, per assenza del requisito della *commonality* (e tale risultato è ancor più significativo, dato che la controversia riguardava 40 milioni di persone, con una posta in palio pari a 14 miliardi di sterline).

Eppure, uno spiraglio di luce sembra provenire dall'appello nel giudizio *Merricks v. Mastercard*: infatti, il giudice del gravame ha dichiarato ammissibile il ricorso in forma collettiva, stabilendo come la *ratio* del *Competition Act* vada individuata nell'esigenza di porre rimedio alle difficoltà nell'instaurazione di controversie individuali. Ne consegue – sempre secondo le prospettazioni della *Court of Appeal* – che la reiezione da parte del *CAT* della richiesta di *collective proceeding order* si è tradotta in un ostacolo per il *class representative* di protezione superindividuale di interessi omogenei, andando ad incidere sulle posizioni soggettive dei membri della classe [14].

[12] *Dorothy v. Gibson*, Case No: 1257/7/7/16 (CAT).

[13] *Merricks v. Mastercard*, Case No: 1266/7/7/16 (CAT).

[14] *Merricks v. Mastercard*, Case No: C3/2017/2778 (CA).

2. *Il peculiare* Case Study *dell'Irlanda: l'assenza di una disciplina legislativa sul contenzioso di massa ed il ruolo suppletivo della prassi giurisprudenziale*

Un caso singolare nel panorama del *common law*, e più in generale nel quadro degli Stati membri dell'UE, è rappresentato dall'Irlanda, che ha deciso tradizionalmente di non dotarsi di un sistema di tutela aggregata degli interessi superindividuali omogenei [15].

Ciò non significa, tuttavia, che il contenzioso di massa sia completamente sconosciuto agli organi giurisdizionali irlandesi (essendovi state delle controversie le cui fattezze ben potevano essere inquadrate nello schema della tutela aggregata degli interessi superindividuali). Piuttosto, la richiamata assenza testimonia una lacuna legislativa, alla quale, male e in maniera per nulla soddisfacente, si è tentato di ovviare attraverso degli *escamotage* processuali elaborati nell'àmbito della prassi giurisprudenziale.

In assenza di strumenti all'uopo congegnati, difatti, le Corti irlandesi si sono trovate del tutto impreparate a fronteggiare questi fenomeni, e da ciò sono derivate non solo inefficienze di sistema, ma finanche vere e proprie ingiustizie [16].

[15] In data 25 gennaio 2018, la COMM. UE ha pubblicato il *report* del monitoraggio quadriennale previsto nell'agenda indicata dalla stessa istituzione nella precedente Comunicazione dell'11 giugno 2013, "*Verso un quadro europeo per i ricorsi collettivi*", e nella omonima Raccomandazione adottata in pari data, nella quale veniva espresso l'auspicio che di lì a due anni gli Stati si sarebbero dotati delle misure opportune onde conformarsi ai princìpi ivi dettati. Nel menzionato *report*, la COMM. UE, oltre a prendere atto di un quadro insoddisfacente (al punto da aver predisposto una proposta di direttiva nel più ristretto àmbito del settore consumeristico: v. *infra*, Cap. VII), ha potuto constatare un vuoto normativo in un numero consistente di Stati con riguardo agli strumenti di natura risarcitoria. Da quel dì, nulla è mutato, eccezion fatta – cfr. *infra*, Cap. V, § 6 – per l'Ungheria, che ha introdotto una novella in tal senso nella riforma del 2016 del codice di procedura civile (in vigore dal 1° gennaio 2018).

[16] Il tema, per la verità, non ha avuto una vasta eco tra i commentatori irlandesi. Cionondimeno, i pur pochi contributi dottrinali sono concordi nel denunciare la totale inadeguatezza della risposta irlandese agli illeciti di massa, e unanimi nel ritenere come gli schemi adottati siano arretrati e mal equipaggiati per gestire i relativi giudizi: v. L. HEFFERNAN, *Comparative Common Law Approaches to Multi-Party Litigation: The American Class Action Procedure*, in *Dublin U.L.J.*, 2003, Vol. 25, 102 ss., spec. 123; J. BLENNERHASSETT, *Mass Harm Litigation in Ireland, Multi-Party Actions and Routes to Collective Redress*, in *Contemporary Readings in Law and Social Justice*, 2018, Vol. 10, fasc. 1, 35 ss., spec. 44, dove, al fine di ribadire l'arretratezza del Sistema irlandese, si riportano le parole di *Justice* McGuinness – già presidente della Corte Suprema irlandese – nelle quali questa si scaglia contro il modo irlandese di reagire ad illeciti di massa, avendo questo causato «*appalling situations because of the lack of multi-party actions*»; cfr. pure R.S. SIEMENS, *Between Sector-Specific and Horizontal: A New Proposal for Ireland's Implementation of Collective Litigation Mechanisms*, in *Hibernian L.J.*, 2018, Vol. 17, 92 ss., spec. 97 s., dove l'A. in questione aggiunge – riprendendo la tesi sostenuta da J. SORABJI, *Reflections on the Commission Communication on Col-*

Non si esagera nell'asserire che l'attuale configurazione irlandese in materia di contenzioso di massa rifletta integralmente l'assetto ordinamentale inglese precedente alle riforme che hanno introdotto la *Group Litigation* nelle *Rules 19.10-19.15* delle *Civil Procedure Rules* del 2000, che abbiamo analizzato poco più sopra.

L'intreccio tra il Regno Unito e l'Irlanda è cosa nota, essendo state queste due esperienze legate per circa otto secoli. Altrettanto nota è la circostanza per cui anche successivamente alla dichiarazione di indipendenza da parte di quest'ultima, con la conseguente approvazione della Costituzione del 1922, le soluzioni elaborate nel *common law* inglese abbiano continuato ad esercitare su di essa una decisiva influenza, quanto meno sino al suo ingresso nell'allora Comunità Europea [17].

Così l'Irlanda ha continuato ad attingere dal bacino del *common law* inglese, importando soluzioni e *Acts* da quest'ultimo elaborati [18].

Non sorprenderà, quindi, che per la gestione del contenzioso di massa si sia inizialmente fatto ricorso alle azioni rappresentative (cc.dd. *representative actions*), sulla falsariga delle *representative suits*, che, come visto, sono state impiegate dalla giustizia di *equity* inglese a partire dal famoso caso *Brown v. Vermuden* deciso dalla Corte del Cancelliere nel 1676 eminentemente come strumento a difesa delle classi nobiliari [19].

Il fondamento normativo delle azioni rappresentative è stato rinvenuto dalle Corti irlandesi nel *corpus* di regole processuali recante la disciplina dei giudizi dinanzi alle Corti superiori, e più precisamente nell'*Order 15 – Rule 9* delle *Rules of the Superior Courts* [20].

---

lective Redress, in *Irish J. Eur. L.*, 2014, Vol. 17, fasc. 1, 62 ss., spec. 73 – come l'approccio più opportuno da seguire sia quello "olistico", nel senso che la futuribile riforma irlandese dovrà abbinare l'*enforcement* privato con schemi di *enforcement* pubblico (quali ADR e autorità di vigilanza, ad esempio). Nel contesto del meno ampio tema della *public interest litigation*, giunge a medesime conclusioni G. COONAN, *Public Interest Litigation and the Irish Legal System: All Crass and No Class?*, in *Trinity C.L. Rev.*, 2002, Vol. 5, 44 ss., spec. 55.

[17] Per tali rilievi cfr. W. BINCHY, *The Irish Legal System: An Introduction*, in *Legal Information Management*, 2011, Vol. 11, 151 ss., spec. 151.

[18] Si sogliono menzionare, a titolo di esempio: il *Consumer Information Act* irlandese del 1975 che ricalca pedissequamente lo *UK Trades Descriptions Act* del 1965; ma anche il *Law Reform Commission Act* approvato in Irlanda nel 1975 e modellato sul di poco più risalente *Law Commission Act* britannico. Sul tema della *Law Reform Commission* irlandese si tornerà più diffusamente *infra*, § 2.1. In generale, sulle interazioni tra sistema giuridico inglese e irlandese, nonché sulle attuali caratteristiche che quest'ultimo presenta, si rinvia alla interessante ricostruzione offerta in R. BYRNE-P. MCCUTCHEON, *The Irish Legal System*, VI ed., London, 2014, *passim*.

[19] V. *supra*, Cap. I, § 1.

[20] *Order 15 – Rule 9* delle *Rules of the Superior Courts*, che così recita: «*Where there are numerous persons having the same interest in one cause or matter, one or more of such persons may sue*

La disposizione da ultimo citata prevede che, ove più persone condividano un medesimo interesse in una controversia, una (o più) tra queste abbia il diritto di agire in via giurisdizionale in rappresentanza delle altre. Specularmente, è altresì ammessa la possibilità di convenire in giudizio solo uno o più individui in rappresentanza di tutti coloro i quali sarebbero parti convenute in giudizio.

Oltre a scontare un certo anacronismo, appartenendo infatti ad epoche assai risalenti non più corrispondenti alla situazione contemporanea della società irlandese, la scarsa utilità delle *representative actions* è stata determinata da una concorrenza di molteplici fattori limitativi che ne hanno svilito la funzionalità.

Tali fattori sono stati elaborati dalla stessa prassi delle Corti irlandesi, avendo queste riservato alle azioni rappresentative un atteggiamento di forte chiusura.

In primo luogo, la giurisprudenza ha richiesto che fosse fornita la prova dell'avvenuta autorizzazione da parte di ciascun soggetto rappresentato al rappresentante[21] (pur non esigendo che la autorizzazione dovesse essere espressa[22], o rilasciata in forma scritta[23]).

---

or be sued, or may be authorised by the Court to defend, in such cause or matter, on behalf, or for the benefit, of all persons so interested». Accanto a tale tipologia di azione, per così dire generale, vi sono ulteriori ipotesi speciali e settoriali in cui determinati individui sono autorizzati ad agire in rappresentanza facendo valere un diritto altrui. È il caso, ad esempio, della *section 28* del *Civil Liability Act* del 1961, giusta la quale è consentito al rappresentante personale, ovvero agli aventi causa, del defunto di agire per conto di questi ove la sua morte sia stata causata da un atto illecito commesso da un terzo. Altre forme di rappresentanza sono previste dall'*Order 15 – Rule 8* e *Rule 10* in materia di *trusts* e *estates*, nella disciplina a tutela del consumatore, e dalla *section 205* del *Companies Act* del 1963. Cfr. L. HEFFERNAN, *Comparative Common Law Approaches to Multi-Party Litigation*, cit., 120.

[21] In *Madigan v. Attorney General* [1986] I.L.R.M. 136, si controverteva in ordine alla costituzionalità di una tassa sulla proprietà di certi immobili ad uso abitativo. L'attore aveva agito per conto di tutti i possibili destinatari dell'imposta («*all assessable persons*» giusta la *section 95* del *Finance Act* del 1983), ma si era visto rigettata la domanda sulla scorta del fatto che la autorizzazione non appariva nell'intestazione della domanda. Per giungere a questo risultato, l'organo giurisdizionale aveva fornito un'interpretazione assai largheggiante del disposto dell'*Order 4 – Rule 9* delle già richiamate *Rules of the Superior Courts* (a mente del quale «(i)*f the plaintiff sues or the defendant is sued in a representative capacity, the indorsement shall show* [...] *in what capacity the plaintiff or defendant sues or is sued*»), ricavandone che, oltre al ruolo svolto dal rappresentante, dovesse essere colà esplicitata anche la fonte di detto ruolo.

[22] In *Bruce v. Donaldson* (1918) 53 I.L.T. 24, l'attore, espulso da una certa Associazione, conveniva in giudizio tre individui che svolgevano ruoli gestori all'interno di quest'ultima e conseguentemente la Corte non richiese ulteriori specificazioni. In maniera analoga, in *Fermoy Gas Co. v. Sheehan* (1895) 29 I.L.T. 597 erano stati convenuti due membri e il segretario onorario di un *club*. L'organo chiamato a dirimere la controversia ritenne sufficiente che questi fossero dei *title holders* all'interno del *club*.

[23] In *Green v. Minister for Agriculture* [1990] 2 I.R. 424, i cinque attori sono stati qualificati come rappresentanti di oltre un migliaio di agricoltori in ragione del fatto che i primi avessero organizzato numerosi incontri pubblici con i secondi.

Dipoi, l'analisi della prassi denota come le azioni rappresentative siano state ammesse, praticamente in maniera esclusiva, in quei soli casi dove il gruppo rappresentato era costituito da un ristretto numero di individui, ovvero quando tra questi fosse esistito un rapporto o un legame (non necessariamente di natura giuridica, però) preesistente all'instaurazione del giudizio con il rappresentante[24].

A ciò si aggiunga, quale terzo fattore limitativo, che i giudici abbiano costantemente imposto che il rappresentante e i rappresentati deducessero in giudizio lo stesso titolo, agendo per la medesima *causa petendi* e richiedendo il medesimo *petitum*, così di fatto impedendo la possibilità di ottenere rimedi risarcitori all'esito di un'azione rappresentativa (giudizi nei quali almeno il *petitum* è sicuramente diverso). Con le parole di *Lord Machaughten* in *Duke of Bedford v. Ellis*: «*a common interest, a common grievance and relief to its nature beneficial to all*»[25]. La soluzione offerta nel caso da ultimo richiamato ha anticipato le conclusioni raggiunte due lustri più tardi dalla *High Court* inglese nel caso analizzato *Markt & Co. Ltd. v. Knight Steamship Co. Ltd.*[26], ove si è stabilita l'improcedibilità delle domande risarcitorie proposte sotto forma di *representative suit* in quanto ontologicamente prive della contitolarità della posizione soggettiva azionata e del provvedimento richiesto[27]. Mentre però nel Regno Unito la rigidità di questo requisito è stata ben presto ridimensionata, così non è avvenuto in Irlanda[28], dove la *Markt doctrine* ha esercitato una perdurante e decisiva influenza, che ha condotto la più parte dei giudici irlandesi ad escludere un'azione rappresentativa di natura risarcitoria[29]. Ne è conseguita una significativa contra-

---

[24] In *Rafferty v. Bus Eireann* [1997] 2 I.R. 424 dove l'attore era un sindacato in rappresentanza dei suoi iscritti; oppure in *McMenamin v. Ireland* [1996] 3 I.R. 100 dove un giudice ha agito, oltre che per proprio conto, come rappresentante della *Association of District Judges*; in *Brennan v. Attorney General* [1984] I.L.R.M. 335 in cui un gruppo di agricoltori ha agito in rappresentanza di membri di un'associazione di categoria non registrata.

[25] *Duke of Bedford v. Elly* [1901] A.C. 1, 8.

[26] *Markt & Co. Ltd. v. Knight Steamship Co. Ltd.* [1910] 2 KB 1021 (CA).

[27] Condivisibilmente, secondo taluni, la decisione della *High Court* in *Markt & Co. Ltd. v. Knight Steamship Co. Ltd.* ha sancito in maniera irreversibile il tracollo delle *representative suits* inglesi in ragione della loro inadeguatezza a fornire risposta alle sfide e ai mutamenti in atto nella società inglese a cavallo tra il XIX e XX secolo.

[28] Questo orientamento ha anzi trovato riconferma sul finire degli anni '90 del secolo scorso in una controversia in materia di lavoro, in cui il giudice ha escluso la percorribilità dell'azione rappresentativa in ragione dell'assenza della medesimezza degli interessi tra il lavoratore rappresentante e quelli da questi rappresentati: cfr. *Verbatim Ltd v Duffy* [1994] ELR 159. È dunque fondata l'asserzione di L. HEFFERNAN, *Comparative Common Law Approaches to Multi-Party Litigation*, cit., 119, secondo cui l'impostazione tradizionale «*continues to hold sway in this jurisdiction*».

[29] V. *Moore v. Attorney General (No. 2)* [1930] I.R. 471. La dottrina irlandese occupatasi della tematica ha criticato aspramente la situazione di incertezza ingenerata dalla prassi delle Corti: v. ad esempio L. HEFFERNAN, *Comparative Common Law Approaches to Multi-Party Litigation*, cit.,

zione nel contesto irlandese dell'operatività – e delle potenzialità applicative – delle azioni rappresentative, che hanno finito con l'essere impiegate quasi esclusivamente nella risoluzione di controversie in materia proprietaria[30] (in cui i provvedimenti giudiziali richiesti sono fisiologicamente perlopiù di natura dichiarativa o inibitoria, e molto più di rado risarcitoria).

La ragione della descritta riluttanza, per la verità, è nei fatti imperscrutabile, non trovando neppure un significativo riscontro nel dato positivo. Un appiglio sembra essere stato costituito dall'*Order 6 – Rule 10* delle *Circuit Court Rules*, dove viene prescritto il divieto di proporre un'azione rappresentativa in materia di *tort law*[31]. Dato che la naturale pretesa contenuta in una domanda giudiziale proposta in materia di responsabilità civile è il risarcimento dei danni, con argomento *a minori ad maius* se ne sarebbe ricavata l'esclusione (totale e generalizzata) di questa forma rimediale. Una posizione questa alquanto singolare. Inoltre, le decisioni delle Corti irlandesi si sono orientate nel senso di interpretare il vuoto legislativo come presunzione negativa di ammissibilità di questa forma di tutela, in ossequio al brocardo *ubi lex voluit, dixit*.

Il quarto e ultimo fattore limitativo è costituito dall'esclusione delle azioni rappresentative dal campo di applicazione del gratuito patrocinio, ai sensi della *section 28 (9)(a)(ix)* del *Civil Legal Aid Act* del 1995[32]. L'impossibilità di ricorrere al gratuito patrocinio, ovviamente, non è che impedisca la proposizione di azioni rappresentative, ma indubbiamente ne limita la diffusione, tanto più se si

119, rileva che «*the authority of the courts to award damages in a representative action is shrouded in uncertainty. The traditional view, that the representative plaintiff is entitled only to declaratory and injunctive relief, has been somewhat relaxed in England in recent years, but presumably continues to hold sway in this jurisdiction*».

[30] Si vedano, a titolo esemplificativo, *Mercer v. Denne* [1905] 2 Ch. 538, in cui l'azione veniva proposta da un gruppo di *parish fishermen* onde sentirsi riconosciuto il diritto di far asciugare le reti da pesca su un certo approporzionamento di terreno del quale era controversia la proprietà. Cfr. pure *Wyld v. Silver* [1963] Ch. 243. Oppure si faccia riferimento, in materia societaria, *Smith v. The Cork and Bandon Railway Co.* (1869) 3 Eq. 356, controversia in cui un titolare di azioni privilegiate ha convenuto in giudizio, avanzando una serie di doglianze, uno tra gli azionisti ordinari per rappresentare l'intero gruppo di questi ultimi.

[31] Cfr. il combinato disposto dell'*Order 6 – Rule 1* con la *Rule 10* delle *Circuit Court Rules*: «*All persons may be joined in one action as plaintiffs in whom any right to relief in respect of or arising out of the same transactions is alleged to exist,*[...] (s)*ave in actions founded on tort, when there are numerous persons having the same interest in one action or matter, one or more of such persons may sue or be sued, or may be authorised by the Judge to defend, in such action or matter, on behalf of or for the benefit of all persons so interested*».

[32] *Section 28 (9)(a)(ix)* del *Civil Legal Aid Act* (1995): «*legal aid shall not be granted* [in] *any other matter as respects which the application for legal aid is made by or on behalf of a person who is a member, and acting on behalf, of a group of persons having the same interest in the proceedings concerned*». Sul tema del supporto finanziario al contenzioso, anche nella forma del finanziamento privato si tornerà *infra* § 2.1.

tiene conto del fatto che i costi dell'accesso alla giustizia irlandese sono assai elevati (per come si avrà modo di affrontare nel prosieguo) e che è assolutamente vietata qualsiasi forma di finanziamento del contenzioso.

Per una esaustiva ricostruzione del sistema giuridico irlandese, va comunque segnalato come le *representative actions* non siano stato il solo strumento per dare risposta al contenzioso di massa. Le *Rules of the Superior Courts* sono, ad esempio, costellate di disposizioni volte ad assicurare l'economia processuale ed una efficiente gestione del contenzioso, come accade ad esempio attraverso la riunione dei giudizi per il tramite degli strumenti del *joinder* e della *consolidation*[33].

E poi vi sono i casi pilota (i cc.dd. *test cases*), ritenuti essere la via prediletta in Irlanda per la gestione degli illeciti di massa[34] (tanto più in considerazione dell'anzidetta avversione mostrata dalla prassi giurisprudenziale nei confronti delle azioni rappresentative). Lo schema dei casi pilota può essere così riassunto: ove un numero consistente di azioni, singolarmente promosse, presenti questioni simili, l'organo giurisdizionale può individuare una tra queste – generalmente, secondo il criterio della prevenzione, quella cronologicamente proposta per prima – che funga da caso pilota e sospendere tutte le altre sino alla sua risoluzione. Si ritiene, comunemente, che la possibilità di farvi ricorso non necessiti di un'espressa previsione legislativa, trovando tosto giustificazione nelle esigenze di economia processuale che attribuiscono agli organi giurisdizionali una serie di poteri impliciti nel novero dei quali rientra a pieno titolo la gestione del contenzioso di massa secondo le descritte modalità[35].

Due in particolare gli scenari che possono dare luogo ad un caso pilota.

È in primo luogo possibile che un gruppo di individui si coordini per individuare il caso meglio rappresentativo delle proprie doglianze.

In secondo luogo, mancando tale coordinamento, sarà il giudice, *motu proprio*, a ricorrere allo strumento in analisi.

Le risultanze processuali, tanto nell'un caso che nell'altro, possono essere estese per via analogica alle altre controversie simili (e sospese), ma il giudice non è obbligato ad operare in tal senso (dal momento che il caso deciso per

[33] Per un'analisi più dettagliata dei due istituti richiamati, cfr. L. HEFFERNAN, *Comparative Common Law Approaches to Multi-Party Litigation*, cit., 120; J. BLENNERHASSETT, *Mass Harm Litigation in Ireland*, cit., 39.

[34] Lo rilevano L. HEFFERNAN, *op. cit.*, 120; B. O'SULLIVAN, *Is a Class Action System for Consumers Desirable in Europe?*, in *Hibernian L.J.*, 2010, Vol. 9, 123 ss., spec. 132; J. BLENNERHASSETT, *op. cit.*, 40; e lo stessa LAW REFORM COMMISSION, *Report on Multi-Party* Litigation, LRC 76-2005, 27 settembre 2005, 10, reperibile su *https://www.lawreform.ie/_fileupload/Reports/Report%20Multi-party%20litigation.pdf.*

[35] Così A. MCCLEMENTS-A. MCCLUSKEY, *Ireland*, in *The Class Actions Law Review*, IV ed., 2020, 127 ss., spec. 127.

primo, il c.d. *benchmark case*, non decide con effetti vincolanti sulle questioni comuni).

Due sono state le vicende decise attraverso l'impiego del *test case*: i cc.dd. *Social Welfare Equality Cases* e le cc.dd. *Army Deafness Claims*.

Prima di procedere all'analisi nel dettaglio della casistica richiamata, va detto che queste due vicende hanno avuto una ampia risonanza nell'opinione pubblica tanto da accendere un serio dibattito intorno all'opportunità di introdurre una normativa organica sulla *multi-party litigation*, in considerazione del fatto che il modo in cui sono state gestite ha messo a nudo l'inadeguatezza dell'attuale conformazione del sistema giuridico in esame con riferimento alla gestione del contenzioso di massa.

Il primo filone di contenzioso menzionato – quello concernente i *Social Welfare Equality Cases* – traeva origine dal ritardo dell'Irlanda nel recepimento della Direttiva 79/7/CEE relativa alla graduale attuazione del principio di parità di trattamento tra gli uomini e le donne in materia di sicurezza sociale[36].

Il quadro giuridico allora vigente in Irlanda (l'*Irish Social Welfare Code*) prevedeva, ad esempio, che certi sussidi di assistenza sociale andassero a beneficio esclusivo degli uomini sposati, e non anche di donne unite in matrimonio. Oppure che alcuni sussidi, ancorché previste per ambo i sessi, fossero in misura maggiore per gli uomini.

La menzionata direttiva richiedeva, per l'appunto, di eliminare tali discriminazioni di genere in materia di *welfare*, ed imponeva agli Stati di conformarvisi entro il dicembre 1984.

Il termine veniva disatteso dall'Irlanda, che procedeva all'attuazione della direttiva solo nel 1986 con il *Social Welfare Act*.

In ragione del ritardo nel recepimento, 11.200 donne sposate irlandesi (su un totale stimato di 69.000) agivano contro lo Stato per vedersi riconosciuti quei benefici che prima del 1984 non erano loro concessi. Molte delle azioni venivano proposte grazie al sostegno della ONG *Free Legal Advice Centers*.

I casi pilota individuati per un gran numero delle 11.200 cause promosse erano rappresentati da *Cotter and McDermott v. Minister for Social Welfare No. 1* e *No. 2*. Questi due casi giungevano sino alla CGUE, che ha precisato come la Direttiva 79/7/CEE fosse sufficientemente dettagliata da poter produrre effetti diretti senza l'intermediazione di misure statali a partire dal dicembre 1984 e che le attrici avessero da questa data pari diritti degli uomini sposati[37].

---

[36] Direttiva 79/7/CEE – graduale attuazione del principio di parità di trattamento tra gli uomini e le donne in materia di sicurezza sociale. Per una disamina cfr. G. WHYTE, *Social Inclusion and the Legal System*, Dublin, Institute of Public Administration, 2002, 141 ss.

[37] CGUE, Causa C-286/85, *McDermott and Cotter v. Minister for Social Welfare*, sent. 24 marzo 1986, ECLI:EU:C:1987:154; ID., Causa C-377/89, *Cotter and McDermott v. Minister for Social*

In ragione, probabilmente, della portata dirompente delle sentenze della CGUE, l'Amministrazione irlandese ha transatto i due casi; pur non facendo mai ammissione di responsabilità negli accordi conclusi, ciononondimeno l'Irlanda è addivenuta ad una risoluzione stragiudiziale di ben 2.700 casi che presentavano questioni simili o identiche, in punto di fatto o di diritto, a *Cotter and McDermott v. Minister for Social Welfare No. 1* e *No. 2*.

Rimanevano comunque da dirimere le restanti 8.500 proposte domande, nonché da affrontare il tema delle 58.000 donne sposate rimaste estranee ai giudizi. Inoltre, era apparso sin da subito chiaro che ben presto sarebbero insorte nuove controversie, dato che le misure adottate dall'Amministrazione irlandese con le *European Communities (Social Welfare) Regulations* del 1992 risultavano solo parzialmente attuative della Direttiva e dei dettami dei giudici del Lussemburgo[38].

L'atto finale di questa lunga saga si è consumato nella di poco successiva controversia *Tate v. Minister for Social Welfare*[39], in cui l'Alta Corte irlandese ha dato ragione ad altre 70 donne, cui dunque veniva riconosciuto il diritto ai sussidi dal dicembre 1984 e veniva altresì precisato che il *quantum debeatur* sarebbe stato stabilito con apposita determinazione del dipartimento competente.

A causa, con molta probabilità, della magnitudine che aveva raggiunto il tema nel dibattito pubblico irlandese, in seguito alla pronuncia in *Tate*, il Governo annunciava pubblicamente che avrebbe provveduto al pagamento dei sussidi in osservanza alla Direttiva 79/7/CEE a tutte le 69.000 donne sposate a prescindere che queste avessero o meno proposto domanda giudiziale, per un ammontare globale di circa 265 milioni di sterline[40].

La seconda vicenda menzionata in punto di *test cases* è quella delle cc.dd. *army deafness claims*: nei primi anni novanta del '900, migliaia di azioni giudiziali venivano proposte da membri (sia in servizio che pensionati) della difesa irlandese, i quali si dolevano di aver sviluppato forme di sordità in ragione delle attività svolte durante il loro servizio e che la responsabilità andasse attribuita allo Stato, nella misura in cui questo non si era peritato di predisporre le misure necessarie onde prevenire l'insorgenza delle anzidette patologie.

All'esito di un certo numero di controversie, che possono essere qualificate *lato sensu* come casi pilota, è apparso chiaro che in effetti vi fossero delle re-

Welfare, sent. 13 marzo 1991, ECLI:EU:C:1991:116. Cfr. pure ID., Causa C-208/90, *Emmott v. Minister for Social Welfare*, sent. 25 luglio 1991, ECLI:EU:C:1991:333. Per un'analisi integrata tra piano nazionale e sorvranazionale della tematica, cfr. M. COUSINS, *Equal Treatment in Social Welfare: The Final Round?*, in *Irish Eur. L.J.*, 1995, Vol. 4, fasc. 2, 195 ss.

[38] *Ivi*, 197.

[39] *Tate v. Minister for Social Welfare* [1995] 1 IR 418.

[40] Cfr. M. COUSINS, *op. cit.*, 203.

sponsabilità dello Stato. L'acclarata responsabilità ha dato la stura a collegate iniziative processuali proposte dalle singole vittime per stabilire il *quantum* dovutogli. Insorgeva quindi una diatriba in ordine allo *standard* da impiegare per la misurazione della perdita dell'udito, e il Dipartimento di sanità procedeva alla nomina di un gruppo di esperti il cui compito era quello di determinare quale fosse quello corretto. Con il consenso delle parti tutti i giudizi vennero sospesi sino alla pubblicazione del *report*, avvenuta nel 1998. Interessantemente, gli esiti del lavoro degli esperti confluirono all'interno del *Civil Liability Act* del 1998.

Ancora poi, nello stesso anno, in un altro caso pilota dello stesso filone, la Suprema Corte irlandese ha invitato lo Stato a predisporre una tabella per il tramite della quale calcolare i risarcimenti dovuti, e dunque per una più agevole liquidazione dei danni [41], consentendo alla Suprema Corte di farvi ricorso per la risoluzione dei restanti casi.

Il risultato è stato che – alla fine – il Governo ha predisposto uno schema di accordo a mezzo del quale ha transatto un numero enorme di contenziosi.

Quest'ultimo rilievo, così come pure quanto riportato con riferimento ai *Social Welfare Equality Cases*, può far credere che – nei fatti – i casi pilota abbiano dato buona prova, ridimensionando e attenuando le esigenze riformatrici per l'introduzione di strumenti d'uopo congegnati per il contenzioso di massa.

Ciononostante, i casi pilota sottendono un numero elevato di inconvenienti che pare opportuno porre in rilievo.

Anzitutto, l'attore del caso pilota agisce *uti singulus*. Ciò significa, ad esempio, che non è tenuto ad adempiere ad oneri informativi nei confronti di soggetti potenzialmente cointeressati, i quali solo eventualmente potrebbero venirne a conoscenza (poiché magari la controversia è riportata dai media). E dalla natura individuale consegue pure che l'accertamento contenuto nella sentenza pilota non necessariamente sarà esteso anche alle controversie dipendenti.

A ciò si aggiunga poi il fatto che l'attore del caso pilota non ha l'onere di preoccuparsi degli altri individui che si trovino in una posizione assimilabile alla sua. Conseguentemente, avrà tutto l'interesse a vedersi decisa la controversia nella maniera che più gli si confà, senza doversi premurare di verificare che – magari – il risarcimento da lui ottenuto diminuisca la capienza patrimoniale del convenuto al punto da rendere sostanzialmente inutile l'esperimento di azioni giudiziali da parte degli altri soggetti. D'altronde, neppure l'organo giurisdizionale è in condizioni di avere il quadro completo della reale consistenza della controversia, di modo che si corre il rischio di non poter dare soddisfazione a pretese parimenti meritorie [42]. Si tratta di una tematica molto seria e delicata, e

---

[41] *Hanley v. Minister for Defence* [1998] 4 IR 496.

[42] Come opportunamente rilevato dalla LAW REFORM COMMISSION, *Report on Multi-Party Litigation*, cit., 11, § 1.27, i *test cases* importano fatalmente una «*incalculable figure of global liabil-*

che è stata sottostimata nei casi riportati poco più sopra per il sol fatto che ad essere convenuto fosse lo Stato.

A ben vedere, neppure le parti convenute beneficiano da questo stato di cose, trovandosi anzi esposte ad un potenziale elevato numero di giudizi, da cui derivano incertezze ed esborsi di denaro per spese legali e processuali [43].

In pratica, l'unico beneficio – del tutto eventuale però – di ricorrere ai *test cases* è quello di indurre la parte convenuta a transigere tutte le controversie sulla scorta di un presunto *fait accompli*. Un po' poco come beneficio per giustificare la mancata introduzione di una disciplina avanzata di tutela superindividuale degli interessi aggregati, tanto più in considerazione del fatto che l'esito transattivo è fortemente caldeggiato sia dalla *class action* statunitense, sia in genere dalle altre esperienze in materia.

Dai rilievi fin qui svolti, e per come delineato il quadro, è innegabile che la frammentarietà e la disorganicità della disciplina impongano una riforma, anche per una maggiore convergenza di soluzioni nell'àmbito degli Stati Membri dell'UE. E ciononostante, questo pare essere ben lungi dall'accadere entro i confini irlandesi.

2.1. *Le prospettive riformatrici interne e i nodi irrisolti: dal* report *della* Law Reform Commission *nel 2005 sino alla proposta di legge del 2017*

La sopra descritta condizione del sistema giuridico ha condotto le istituzioni irlandesi a prendere coscienza del problema e ad immaginare possibili soluzioni.

Ad occuparsene è stata, principalmente, la *Law Reform Commission* irlandese, dapprima con un *consultation paper* (2003) [44], dipoi con un vero e proprio *report* nel 2005 [45].

---

ity». È innegabile come, anche ove poi il giudice sia in condizione di avvedersi della reale dimensione del contenzioso, non può certo riconoscere all'attore del *benchmark case* meno di quanto gli spetti effettivamente, adducendo una non meglio specificata esigenza di soddisfare tutti coloro i quali si trovino in una analoga situazione. Contravverrebbe, evidentemente, al proprio dovere di decidere il caso essendo vincolato ai fatti e alle ragioni dedotte in giudizio.

[43] C'è, nei fatti, un rilevante tema di duplicazione delle risorse per le parti in causa: ciò è emerso in maniera chiara nelle *Pyrite Construction Disputes* dove 550 proprietari di immobili hanno convenuto in giudizio una sola società di costruzioni per vizi strutturali delle abitazioni derivanti dall'uso della pirite (cfr. J. BLENNERHASSETT, *Mass Harm Litigation in Ireland*, cit., 41). Inoltre, anche l'efficienza del sistema processuale nel suo complesso ne risulta compromessa soprattutto quando è chiamato – specie con riferimento alle questioni "comuni" – a disperdere risorse in accertamenti in fatto e diritto del tutto ripetitivi (e sostanzialmente inutili): cfr. *ivi*, 12 s., § 1.28 ss.

[44] LAW REFORM COMMISSION, *Consultation Paper on Multi-Party Litigation (Class Actions)*,

A coloro i quali sono adusi allo studio delle riforme inglesi attuate su impulso e per il tramite della *Law Commission for England and Wales*[46], sorprenderà notare come l'attività dell'omologo organismo irlandese si collochi in qualche maniera in una posizione diversa (e più espansa). Una caratteristica, infatti, che differenzia le due esperienze sul punto è proprio il fatto che mentre nel Regno Unito l'intervento della *Law Commission* si è per lo più limitato (onde evitare sconfinamenti nel campo riservato al *Parliament*) ad aspetti eminentemente tecnici – la c.d. *lawyers' law*[47] –, in Irlanda gli impulsi della *Law Reform Commis-*

LRC CP 25-2003, reperibile su *https://www.lawreform.ie/_fileupload/consultation%20papers/cp25.htm*.

[45] ID., *Report*, cit.

[46] Trattasi di un organismo indipendente nominato dal Governo e il cui compito principale consiste nel dare impulso alla riforma del diritto a seguito di un costante monitoraggio realizzato attraverso studi ed altri strumenti di verifica circa lo stato di sviluppo del sistema. Il modello della *Law Commission* inglese come centro propulsore per l'innovazione del diritto ha avuto una buona circolazione nelle *ex* colonie britanniche, riscontrandosi non solo in Irlanda per vicinanza geografica, ma anche, ad esempio in Australia, in Canada e ad Hong Kong. Per una recente disamina in materia, ricomprensiva di bilanci, valutazioni critiche e informazioni comparative, cfr. M. DYSON-J. LEE-S. WILSON STARK, *Fifty Years of the Law Commission – The Dynamics of Law Reform*, Oxford, 2016. Si tratta, va segnalato, di uno strumento ritenuto ancora attuale per l'ammodernamento degli ordinamenti giuridici, come testimonia l'iniziativa intrapresa dal Botswana lungo questa linea direttrice: v. *https://www.bw.undp.org/content/botswana/en/home/operations/projects/democratic_governance/botswana-law-reform-strategy-.html#:~:text=The%20Government%20of%20Botswana%20Law,adopted%20on%205%20March%202020.&text=Implementation%20of%20the%20Law%20Reform,promote%20investment%2C%20peace%20and%20security*.

[47] Come si accennava, non v'è dubbio che il modello di riferimento per l'istituzione della *Law Reform Commission* sia stata l'esperienza inglese della *Law Commission for England and Wales*. E questo a riprova dei forti, intimi e perduranti legami che hanno legato, e legano, gli ordinamenti del Regno Unito e dell'Irlanda, anche nei periodi successivi al momento di rivoluzione e alla dichiarazione di indipendenza di quest'ultima. Si è già fatto menzione della circostanza per cui molte discipline legislative irlandesi si presentino come la pedissequa trasposizione di *Acts* inglesi. Questo è accaduto, in parte, anche con il *Law Reform Commission Act* irlandese, che si rifà fedelmente allo *UK Law Commission Act* del 1965, ma con significativi accorgimenti di cui conviene in questa sede dar conto. Oltre alla modifica del nome dell'organismo creato, difatti, si celano divergenze che possono essere definite strutturali. Tra queste, è indubbio, rientra l'àmbito di intervento delle due Commissioni. Stando a quanto dichiarato da *Lord* Gardiner dinanzi alla *House of Lords*, la *ratio* sottesa all'istituzione di una Commissione di riforma era precipuamente quella di mettere in atto riforma legislative di aspetti della giustizia eminentemente tecnici e che – non presentando alcun *appeal* politico – non sarebbero stati oggetto di interesse né del Parlamento, né dell'Esecutivo (v. *Law Commissions Bill*, HL Deb, 1° aprile 1965, Vol. 264, cc. 1140-223, reperibile su: *https://api.parliament.uk/historic-hansard/lords/1965/apr/01/law-commissions-bill*). Nel delimitare l'attività della *Law Commission* a questioni eminentemente tecniche vi era l'intento, evidentemente, di fare in modo che questa non esorbitasse entro il dominio riservato al Parlamento. Volontà limitativa che non è rinvenibile nell'esperienza irlandese, per come si vedrà.

sion si sono spinti ben oltre questo tracciato. Nel presentare l'*Act* istitutivo di quest'ultima alla camera bassa del Parlamento irlandese (la *Dáil Éireann*), l'allora *Attorney General* Costello osservava che l'àmbito di attività della Commissione non sarebbe stato limitato ad aspetti del diritto eminentemente tecnici e scevri da qualsiasi considerazione di ordine politico [48].

La fondatezza delle parole di Costello è dimostrata sia dal tenore letterale del dato legislativo, che dalle iniziative stesse intraprese dalla LRC.

La *Section 4* del *Law Reform Commission Act* fornisce una definizione largheggiante della nozione di *Reform*, nei seguenti testuali termini: «*"Reform" includes, in relation to the law or a branch of the law, its development, its codification* [...], *and the revision and the consolidation of statute law, and kindred words shall be construed accordingly*».

Può dirsi, dunque, che le differenze tra la *Law Commission* e la *LRC* si attestino più ad un livello funzionale che strutturale. Sotto quest'ultimo profilo, difatti, anche nell'esperienza irlandese la Commissione è composta da membri indipendenti ancorché designati dal governo (il *Taoiseach*) [49].

Può, inoltre, aggiungersi come le diversità funzionali si apprezzino non tanto nella non coincidenza delle attività svolte (difatti, anche la LRC irlandese promuove le riforme e monitora lo sviluppo dell'ordinamento giuridico), quanto sotto il diverso profilo dell'oggetto di tali attività.

D'altronde, non può tacersi al riguardo come, originariamente, il compito principale dell'organo in analisi era quello di adeguare il diritto previgente alle mutate esigenze intervenute successivamente alla dichiarazione di indipendenza irlandese [50].

Tale rilievo aiuta a chiarire meglio l'ampio spettro degli interventi posti in essere dalla *LRC* nei campi più disparati, sino a ricomprendere anche l'intervento di sollecito indirizzato al legislatore irlandese affinché questi predisponesse delle

---

[48] «*There are, however, many areas of possible legislative action which would require expert legal knowledge for adequate action to be taken.* [...] *These are not confined to what is sometimes referred to as 'lawyers' law'* [...]. *Law reform in the context we are now discussing will deal with reforms in the laws relating to some of the most important matters of widespread interest and concern-laws relating to the family, laws relating to consumer protection, employer and employee relationships, landlord and tenant matters, the rights of persons suffering from personal injuries and many aspects of the citizens basic human rights*» (cfr. il *Debate* reperibile su: *https://www.oireachtas.ie/en/debates/debate/dail/1975-02-04/30/*). Con riferimento alla *Law Reform Commission* irlandese, cfr. J. O'CONNOR, *The Law Reform Commission and the Codification of Irish Law*, in *Irish J.*, 1974, Vol. 9, fasc. 1, 14; R. KEANE, *Law Reform in Ireland – The European Perspective*, in *ivi*, 1987, Vol. 22, fasc. 1, 1 ss.; R. BYRNE-P. MCCUTCHEON, *The Irish Legal System*, cit., spec. Ch. 11; da ultimo, si veda il recente lavoro di E. DONELAN, *Law Reform in Ireland: Implementation and Independence of LRC*, in *Eur. J.L. Reform*, 2019, Vol. 21, fasc. 4, 603 ss.

[49] Cfr. *Law Reform Commission Act* 1975.

[50] Per tale rilievo, cfr. R. BYRNE-P. MCCUTCHEON, *The Irish Legal System*, cit., 395.

misure organiche ed idonee per la gestione del contenzioso di massa. Terreno questo che non può certo dirsi privo di valutazioni politiche.

In generale, va detto come le proposte avanzate dalla Commissione abbiano riscosso un significativo successo, essendo state trasfuse in leggi nel 70% dei casi[51]. Non così è stato per ciò che attiene il *report* del 2005 sulla *multi-party litigation*, il che vale a rendere ancor più interessante l'argomento in esame[52].

Nel più volte menzionato documento del 2005, la *LRC* giungeva a formulare alcune raccomandazioni.

In generale, va dato conto del fatto che la Commissione abbia tratto ispirazione da altre esperienze, in particolare dal vicino UK e dagli Stati Uniti d'America. Evidentemente, l'analisi svolta non ha potuto prescindere dal contesto, *i.e.* dal sistema giuridico irlandese e dai relativi meccanismi sviluppati per la gestione del contenzioso di massa: si segnala una praticamente integrale convergenza tra le critiche espresse in dottrina e quelle contenute nel documento in esame.

Volendo analizzare più da vicino le singole raccomandazioni, la *LRC* si è preoccupata di specificare – a mo' di premessa – come la sua proposta di introdurre una *Multi-Party Action* non fosse diretta a sostituire né le azioni rappresentative, né i casi pilota. Al contrario, mirava a creare un'alternativa di nuovo conio ai due congegni da ultimo menzionati[53].

Obiettivo principale era quello di predisporre uno strumento legislativo rispettoso dell'accesso alla giustizia, dell'equità e dell'economia processuali, nonché più in generale del giusto processo. Per far ciò, nella prospettiva della Commissione, era necessario attribuire all'organo giurisdizionale un vero e proprio

[51] Questi dati sono stati forniti dalla stessa *Law Reform Commission* nella conferenza annuale del 2017: *https://www.lawreform.ie/_fileupload/Annual%20Conference%202017/Annual%20Conference%202017-2.pdf*. Si veda pure la tabella di misurazione del grado di attuazione dei lavori della Commissione: *https://www.lawreform.ie/publications/table-of-implementation-of-law-reform-commission-%20%20recommendations.171.html*. Si veda pure R. BYRNE-P. MCCUTCHEON, *op. cit.*, p. 397.

[52] L'Irlanda non è stato l'unico ordinamento di *common law* in cui la riforma della *Multi-Party Litigation* sia stata avviata su impulso della *Law Reform Commission*. Anche in Australia, difatti, la riforma della *Part IVA* delle *Federal Court of Australia Act* è stata resa possibile dalla previa pubblicazione di un *report* dall'omologa istituzione australiana. Al riguardo, si rinvia *ex plurimis* anche per informazioni di natura bibliografica ad A. GIUSSANI, *Azioni collettive risarcitorie nel processo civile*, Bologna, Il Mulino, 2008, 150 ss. In Australia, tuttavia, gli esiti sono stati diversi, poiché per come si vedrà al *report* della *LRC* irlandese non è stato dato seguito.

[53] Cfr. Law Reform Commission, *Report*, cit., 13, § 1.33. A riprova di ciò va segnalato come, addirittura, la Commissione – nell'ottica del *managerial judging*, v. *infra* nel testo e nota successiva – intendeva riconoscere ai giudici il potere *ex officio* di selezionare dei *lead cases* all'interno del procedimento collettivo medesimo, in un'ottica di velocizzazione dei tempi per la risoluzione del giudizio: cfr. *ivi*, 38, § 2.63.

ruolo gestorio (sulla falsariga del *managerial judging à la* U.S.A.[54], e pure in maniera non dissimile dalle riforme introdotte nel vicino Regno Unito con la c.d. *Woolf Reform*[55]).

Il sistema prescelto era quello dell'adesione[56].

È interessante ripercorrere l'*iter* argomentativo che ha seguito la *LRC* per giungere alla preferenza del modello di *opt-in*. Anzitutto, veniva richiamata la tradizione processuale irlandese secondo cui chi intenda agire in giudizio ha l'onere di proporre domanda all'uopo. E la Commissione si preoccupava di segnalare sin da sùbito che, ove l'eventuale scelta fosse ricaduta sul sistema della rinuncia, ciò avrebbe creato una vera e propria frizione di sistema[57]. Non sono condivisi dall'istituzione irlandese neppure i timori collegati al tema dell'accesso alla giustizia, che la scelta del sistema dell'*opt-out* meglio sarebbe in grado di assicurare specie con riguardo alle controversie di modico valore. Si sottolinea nel *report*, difatti, che in Irlanda sia già stata istituita la *Small Claims Court* atta proprio a garantire una procedura spedita e poco costosa per la risoluzione di tale tipologia di controversie[58].

Nella prospettiva della *LRC*, dunque, la scelta tra l'*opt-in* e l'*opt-out* atterrebbe non tanto all'accesso alla giustizia, quanto al diverso profilo di assicurare un adeguato livello di pubblicità dei giudizi onde garantire quanto più possibile la realizzazione del *simultaneus processus*. La *LRC* nel *report* si è peritata di specificare[59] come il sistema delle rinuncia sia auspicabile in quei sistemi giuridici che coprono aree geografiche ampie nelle quali si riscontra una bassa densità di popolazione, tale per cui risulterebbe eccessivamente oneroso garantire un'adeguata pubblicità del contenzioso che metta in condizione il più alto numero degli individui interessati di esercitare l'adesione (non sfuggirà l'allusione alla conformazione dei territori statunitensi): «(i)*n short the geographic and demographic profile of Ireland does not warrant an opt-out system*»[60].

---

[54] Per un dibattito nella dottrina statunitense sull'opportunità del *managerial judging* e sulle sue implicazioni, si veda il botta e risposta tra J. RESNIK, *Managerial Judges*, in *Harv. L. Rev.*, 1982, fasc. 2, 374 ss. e S. FLENDERS, *Blind Umpires – A Response to Professor Resnik*, in *Hastings L.J.*, 1984, fasc. 3, 505 ss.

[55] Trattasi della emenda alle *Civil Procedure Rules* del 1998: cfr. *Rule 19.6* delle *Civil Procedure Rules* (1998). L'iniziativa prende il nome da *Lord* Woolf, il quale realizzò un *report* riguardante l'accesso alla giustizia nel 1996 (LORD M.R. WOOLF, *Access to Justice: Final Report to the Lord Chancellor on the Civil Justice System in England and Wales*, London, HMSO, 1996), *report* da cui è occasionata la riforma delle *Civil Procedure Rules*.

[56] V. LAW REFORM COMMISSION, *Report*, cit., 27, § 2.13.

[57] *Ivi*, 25, § 2.11.

[58] *Ivi*, p. 27, § 2.17

[59] *Ivi*, p. 27, § 2.18.

[60] *Ibid.* L'intersezione tra geografia e demografia, da un lato, e il diritto, dall'altro, sollecita agli

Le azioni proposte *en masse* avrebbero dovuto ottenere un provvedimento di certificazione dell'adeguatezza dello strumento impiegato per risolvere la controversia. L'anzidetto provvedimento sarebbe stato adottato dall'organo giurisdizionale solo ove quest'ultimo avesse ritenuto efficiente la *Multi-Party Action* per quel determinato caso. In particolare, le controversie avrebbero dovuto presentare questioni di fatto o di diritto comuni (in una prospettiva più largheggiante della più stretta nozione di comunanza dell'interesse dedotto in giudizio [61]).

A seguito del provvedimento di certificazione, il giudice adito avrebbe dovuto creare un registro per raccogliere le eventuali adesioni degli interessati, fornendo a questi un termine entro cui esercitare questa facoltà [62].

Onde evitare i summenzionati inconvenienti sul fronte delle spese legali, ve-

---

studiosi della comparazione giuridica alcune riflessioni, pur in assenza di un numero significativo di contributi occupatisi specificamente dell'argomento: cfr. al riguardo il seminale studio condotto da B. GROSSFELD, *Geography and Law*, in *Mich. L. Rev.*, 1984, fascc. 5/6, 1510 ss. Si vedano pure K. ECONOMIDES-M. BLACKSELL-C. WATKINS, *The Spatial Analysis of Legal Systems: Towards a Geography of Law*, in *J. L. & Soc.*, 1986, Vol. 13, fasc. 2, 161 ss.; J. HOLDER-C. HARRISON (a cura di), *Law and Geography*, Oxford, OUP, 2003, che raccoglie gli atti dell'omonimo convegno ospitato a Londra dalla UCL nel 2001. Dell'influenza delle condizioni, latamente, geografiche sulla dimensione del diritto, ne è un esempio l'adeguamento della tradizione di *common law* inglese alla condizione ambientale di quelli che sarebbero divenuti gli Stati Uniti d'America. Al riguardo si sogliono menzionare alcuni esempi paradigmatici: ad es., la disciplina inglese delle acque, secondo cui queste sono a disposizione esclusiva dei proprietari dei fondi rivieraschi, era difficilmente applicabile sui territori di oltreoceano dove l'acqua scarseggiava e i proprietari terrieri ne avevano bisogno per l'irrigazione dei campi. Analogamente, la regola secondo cui il proprietario di un fondo fosse responsabile per i danni causati al fondo vicino era concepita per una zona geografica densamente popolata, in cui era ragionevole far ricadere sui proprietari l'onere di recintare il proprio bestiame onde evitare di arrecare danni al vicinato (*fencing in*). Per converso, presentando il Nord America immense distese per lo più disabitate, e la cui destinazione quasi fisiologica era proprio il pascolo, venne affermandosi la diversa regola secondo cui sarebbero stati i proprietari dei campi coltivati a dover issare recinzioni (*fencing out*). Per un'analisi dettagliata degli esempi menzionati, cfr. B. GROSSFELD, *Law and Geography*, cit., 1514, 1516 ss. Per informazioni più generali, v. K. ZWEIGERT-H. KÖTZ, *Introduzione al diritto comparato*, Vol. I, Milano, Giuffrè, 1998, 291. Speculativamente, potrebbe ritenersi come la medesima dinamica della transizione dal *fencing in* al *fencing out* si sia riproposta nel passaggio dall'*opting in* all'*opting out* con riferimento all'esperienza di *class action* negli Stati Uniti d'America. Peraltro, non è da escludere neppure che la scelta israeliana di impiegare il sistema della rinuncia (sulla cui esperienza, *ex plurimis*, si veda *infra*, § 5, la ricostruzione offerta da A. KLEMENT-R. KLONOFF, *Class Actions in the United States and Israel: A Comparative Approach*, in *Theoretical Inquiries in Law*, 2018, fasc. 1, 151 ss. e la bibliografia ivi citata) in luogo di quello dell'adesione sia stata influenzata anche da valutazioni di carattere demografico, stante l'elevato grado di mobilità internazionale proprio della popolazione israeliana, mobilità che rende più complicato assicurare un efficace sistema di notizia del contenzioso di massa.

[61] LAW REFORM COMMISSION, *Report*, 35, § 2.53.

[62] *Ivi*, p. 30 ss.

niva raccomandato che fosse nominato (anche dal giudice, in caso di mancato accordo tra le parti) un unico rappresentante legale per le questioni comuni [63] e che le spese fossero tra i membri di questo ripartite in porzione equale [64]. In aggiunta, onde facilitare l'accesso alla giustizia, la Commissione raccomandava l'introduzione di una deroga per le *Multi-Party Actions* al divieto del gratuito patrocinio [65], come analizzato nel precedente paragrafo.

La tematica del supporto finanziario chiama in causa il connesso argomento del finanziamento del contenzioso da parte dei terzi. Soprattutto, il *Third-Party Litigation Funding* [66] è un tema imprescindibile quando si parla di contenzioso di massa, vieppiù in un sistema giuridico – qual è quello irlandese – dove l'accesso alla giustizia ed ai servizi legali ha un costo elevatissimo, e la domanda riesce a essere solo in parte soddisfatta per il tramite del più volte richiamato *Civil Legal Aid Act* e dall'attività svolta da alcune ONG [67].

---

[63] *Ivi*, p. 44, § 2.87.

[64] *Ivi*, p. 59, § 3.35.

[65] *Ivi*, p. 64, § 3.49.

[66] Il tema del *Third-Party Litigation Funding* è senza dubbio uno dei più attuali tra quelli indagati dalla letteratura scientifica (*ex multis*, P. CASHMAN-A. LONGMOORE-J. KALAJDZIC, "*Justice for Profit: A Comparative Analysis of Australian, Canadian and U.S. Third Party Litigation Funding*", in *Am. J. Comp. L.*, 2013, Vol. 61, fasc. 1, 93 ss.), anche per le evidenti ricadute pratiche che esso è capace di dispiegare in particolare negli arbitrati internazionali (per tutti, si v. P. BERNARDINI, *Third Party Funding in International Arbitration*, in *Riv. arb.*, 2017, fasc. 1, 1 ss.) e con riferimento al contenzioso di massa (si veda l'interessante saggio di D.R. HENSLER, *The Future of Mass Litigation: Global Class Actions and Third-Party Litigation Funding*, in *Geo. Wash. L. Rev.*, 2011, Vol. 79, fasc. 2, 306 ss.). L'attualità del tema non implica anche la sua totale novità. Basti pensare, difatti, come il finanziamento del contenzioso presenti delle caratteristiche assimilabili a pratiche già conosciute nel mondo classico, tanto quello greco quanto quello romano. In entrambe le esperienze menzionate, e per le rispettive caratteristiche, l'accesso alla giustizia era sostanzialmente impossibile senza il ricorso all'ausilio di finanziatori, Già nel VI-V secolo a.C. si erano diffuse, rispettivamente in Grecia e a Roma, le figure dei *sykophantes* e dei cc.dd. *calunniatores* (o *redemptores litium*): questi individui – sovente appartenenti a ranghi sociali elevati – si sostituivano processualmente all'effettivo titolare del diritto dedotto in giudizio, sostenendo i costi del relativo procedimento e in cambio di una determinata percentuale in danaro in caso di esito favorevole del giudizio. Alla lunga, questi soggetti attrassero su di loro critiche e riprovevolezza sociale poiché spesso finivano con lo strumentalizzare le pretese giudiziali per i propri interessi *lato sensu* politici. Si pensi che – ad esempio – l'Imperatore Anastasio I, al fine di porre un argine alla cupidigia dei finanziatori, impose un limite alla percentuale ottenibile dal finanziatore nella misura del prezzo versato alla cessione del diritto controverso maggiorato degli interessi. In dottrina, *ex plurimis* cfr. M. RADIN, *Maintenance and Champerty*, in *Calif. L. Rev.*, 1935, Vol. 24, fasc. 1, 48 ss.; F. DE MARINI AVONZO, *I limiti alla disponibilità della* res litigiosa *nel diritto romano*, Milano, Giuffrè, 1967. Più di recente, sul tema e per una panoramica di insieme, si v. L. CASTELLI-S. MONTI, Third Party Funding Litigation*: quali prospettive per l'Italia?*, in *Contratti*, 2019, fasc. 5, 580 ss., spec. 581 s.

[67] Sull'incidenza degli elevati costi legali sull'accesso alla giustizia, la ONG *Free Legal Advice Centres* ha inviato una nota di denuncia alla *Joint Oireachtas Committee on Justice and Equality*,

In Irlanda, *de jure condito*, vige il rigido divieto di ricorrere al finanziamento del contenzioso da parte di terzi[68]; anzi, tale operazione, oltre a costituire un illecito civile, è addirittura qualificata fattispecie penalmente rilevante, in ossequio ad una rigida applicazione delle *doctrines of maintenance and champerty* elaborate dalla tradizione inglese di *common law* nel XII-XIII secolo[69] e confluite nel *Maintenance and Embracery Act* del 1634 (ancora in vigore poiché trasfuso nel più recente *Statute Law Revision Act*).

La totale chiusura irlandese al fenomeno di finanziamento del contenzioso è stata di recente ribadita nella pronuncia *Persona Digita*[70] dalla Suprema Corte

nella quale sono rinvenibili interessanti dati: cfr. *https://www.flac.ie/publications/flac-submission-to-the-joint-oireachtas-committee/*.

[68] L'unica eccezione è costituita dagli accordi *no win no fee* in virtù dei quali nulla è dovuto all'avvocato in caso di esito sfavorevole della controversia. Cfr. A. McClements-A. McCluskey, *Ireland*, cit., 133. Sul tema del finanziamento del contenzioso in Irlanda, cfr. il recente lavoro di D. Capper, *Third Party Litigation Funding in Ireland: Time For Change?*, in *Civ. J.Q.*, 2018, fasc. 2, 193 ss.

[69] Nel 1275, il Re Edoardo I promulgò lo *Statute of Westminster I* mediante cui *inter alia* veniva stabilito che le condotte di *maintenance* (*i.e.* l'agevolare altri nella proposizione della domanda giudiziale) e di *champerty* (*i.e.* il finanziamento di un contenzioso a scopo di guadagno) dovessero essere vietate e qualificate sia come *tort* che come vero e proprio illecito penale. Questo intervento fu necessario per arginare la nobiltà che stava approfittando oltremodo di queste tecniche per espandere i propri possedimenti. Venuto meno in capo a questa il potere militare e di esazione delle tasse, il finanziamento del contenzioso era visto come un mezzo agevole per l'acquisto di terre. Il *TPLF* era, per lo più, impiegato nelle azioni di rivendica della proprietà fondiaria: le parti concludevano il contratto di *champerty*, in virtù del quale il finanziatore otteneva la proprietà della *res controversa* in caso di esito favorevole della controversia, residuando in capo al finanziato un diritto reale vagamente assimilabile alla enfiteusi e denominato *tenance by champart*. Il vantaggio che l'aristocrazia riusciva ad ottenere da questa pratica era di evidente incentivo a sfruttare la propria posizione di prestigio per influenzare le decisioni dei giudizi. Al riguardo, si v. A.H. Dennis, *The Law of Maintenance and Champerty*, in *L.Q. Rev.*, 1890, Vol. 6, fasc. 1, 169 ss. Con le parole di Geremia Bentham nello spiegare l'origine del menzionato divieto: «(a) *mischief*, [...] *though a mischief not to be cured by such laws, was, that a man would buy a weak claim, in hopes that power might convert into a strong one, and that the sword of a baron, stalking into court with a rabble of retainers at his feet, might strike terror into the eyes of a judge upon the bench*» (J. Bentham, *The Works of Jeremy Bentham – published under the Superintendence of his Executor, John Bowring*, Vol. III, Edinburgh, William Tait, 1843, 19). Ricerche realizzate dagli studiosi del diritto inglese hanno avuto modo di segnalare, poi, come, originariamente, il finanziamento del contenzioso non avveniva in ragione dell'onerosità economica del giudizio, quanto per la natura ordalica di questo durante l'Alto Medioevo. Il processo per singolar tenzone, d'altronde, richiedeva certune caratteristiche fisiche di cui non tutti potevano dirsi dotati, sicché era frequente che nel delineato contesto si facesse ricorso all'ingaggio dei cc.dd. *campiones conductivi*, i quali si sostituivano in duello alle parti effettive: si vedano gli interessanti spunti offerti da W.S. Holdsworth, *History of English Law*, Vol. I, London, Methuen, 1903, 141.

[70] *Persona Digita Telephony Ltd v. The Minister for Public Enterprise & Ors* [2016] IEHC 187 (Donnelly J), [2017] IESC 27.

irlandese nella quale si è riaffermato come qualsiasi forma di finanziamento del contenzioso vada considerato automaticamente contrario al divieto di *maintenance and champerty*. E ciò nonostante il Regno Unito abbia da tempo rivisto la propria posizione sul punto [71] con modeste aperture [72].

Ad onore del vero, va segnalato come la tematica abbia pure richiamato l'interesse della *Law Reform Commission*, la quale ha posto la riforma del sistema del *TPLF* tra gli obiettivi di un *Issues Paper* elaborato nel 2016 [73], ma ad oggi non si è tradotta in una concreta iniziativa legislativa.

Al naufragio delle proposte contenute nel *report* analizzato sono seguiti più di due lustri di silenzio, rotto solamente nel 2017 dalla la proposta di legge presentata il 9 novembre, il c.d. *Multi-Party Actions Bill* [74].

A seguito del *dieselgate*, infatti, il dibattito sul contenzioso di massa si è rinfocolato anche in Irlanda e i deputati Donnchadh Ó Laoghaire e Pearse Doherty si sono fatti portavoce di istanze riformatrici volte all'introduzione in Irlanda di uno strumento per la gestione del contenzioso di massa. Forse per la troppa fretta, dettata anche dall'esigenza di cavalcare l'onda dello scandalo scoppiato in tutta Europa, il progetto non risulta essere di particolare pregio da un punto di vista contenutistico.

Nessuno sforzo è stato fatto per aggiornare le raccomandazioni, oramai un po' datate, del *report* del 2005. Anzi, il *bill* del 2017 risulta essere la trascrizione pedissequa delle indicazioni della *LRC*. Di modo che mancano almeno due aspetti fondamentali che avrebbero dovuto essere presi in considerazione: il finanziamento del contenzioso, come già detto; e il tema del contenzioso di massa transfrontaliero, essendo l'Irlanda, come vedremo, sede di numerose e importanti multinazionali.

---

[71] Già da tempo, per la verità, le corti inglesi avevano segnalato come nel mutato contesto storico non vi fosse più ragione di applicare così rigidamente la disciplina di *maintenance and champerty*, essendo oramai non più sussistenti i timori relativi all'espansione delle classi nobiliari. In *British Cash and Parcel Conveyors v. Lamson Store Service* [1908] 1 KB 1006, i giudici avevano modo di osservare che «(t)*he truth of the matter is that the common law doctrine of maintenance took its origin several centuries ago and was formulated by text-writers and defined by legal decisions in such a way as to indicate plainly the views entertained on the subject by the courts of those days*». In termini assai simili, *Re Trepca Mines (No. 2)* (1963) 1 CH 199. Così dal 1967 le condotte di *maintenance and champerty* hanno cessato di essere sia un *tort* che un illecito penalmente rilevante (giusta le *sectt.* 13 e 14 del *Criminal Law Act* del 1967); e tuttavia la violazione di queste *doctrines* continua ad essere sanzionata, in particolar modo l'accordo concluso in deroga al divieto è ritenuto invalido, in virtù della *sect.* 14(2) del medesimo *Act*).

[72] Al riguardo, si ricorda come nel 2000, il *Parliament* di Westminster abbia introdotto il *Contingency Fee Agreement Regulation* (cfr. *supra*, § 3, spec. nota 7).

[73] *Issue* n. 6 del LAW REFORM COMMISSION, *Contempt of Court and Other Offences and Torts Involving the Administration of* Justice, LRC IP 10-2016, *Issue no. 6*.

[74] *Bill* no. 130/2017, 9 novembre 2017.

Ad ogni modo, l'iniziativa parlamentare ha avuto l'indubbio merito di riportare all'attenzione delle istituzioni irlandesi la tematica della *multi-party litigation*, tanto da indurre il Governo a rimettere la questione al vaglio della *Review of the Administration of Civil Justice*, un organo presieduto dal *Justice* Kerry il cui compito è quello di modernizzare il sistema processuale irlandese.

I risultati del lavoro svolto da tale organo sono stati pubblicati nell'ottobre 2020, ma non aggiungono nulla a quanto fin qui riportato e si limitano a osservare come l'Irlanda, prospetticamente, dovrà attuare la Direttiva europea in materia, sulla quale ci si soffermerà *infra*[75].

2.2. *Indagare le ragioni della* lacuna legis *nel contesto dello sviluppo sociale, economico e politico irlandese*

Ricostruito il quadro ordinamentale irlandese sotto il profilo strettamente giuridico, v'è da chiedersi quali siano le ragioni della ripugnanza manifestata da questo Paese nei confronti della predisposizione di congegni atti alla gestione del contenzioso di massa.

Rimane difficile credere che l'esasperata riluttanza sia determinata esclusivamente dalla tradizione irlandese in materia processuale, la quale faticherebbe ad ammettere vistose deroghe all'idealtipo del giudizio individuale modellato sullo schema del duello, dell'*io contro te*.

Al contrario, si crede che sotto il fregio dell'invocata tradizione si celino altre – e di ben diversa natura – motivazioni della scarsa inclinazione irlandese alla *multi-party litigation*. Tali spiegazioni, ad avviso di chi scrive, vanno ricercate in fattori esogeni allo stretto diritto, aventi a che fare con il più ampio contesto sociale ed economico venutosi a delineare a partire dall'indipendenza dal Regno Unito nel 1921 e durante tutto il XX secolo.

«Niente regge il confronto con la versione irlandese [delle tribolazioni patite nei primi anni di vita]: la povertà; il padre alcolizzato chiacchierone e buono a nulla; la madre pia e derelitta che geme accanto al fuoco; i preti boriosi; i maestri arroganti; gli inglesi e le cose tremende che ci hanno fatto per ottocento lunghi anni ... E poi, tutta quella umidità»[76].

Così descriveva lo scrittore irlandese Frank McCourt la sua infanzia negli anni '30 del '900. E non ci sarebbe modo migliore per elencare, in poche righe, la miscellanea di elementi che era, dapprima, alla base del profondo stato di ar-

---

[75] Cfr. *Review of the Administration of Civil Justice*, *Report*, 30 ottobre 2020, n *https://www.justice.ie/en/JELR/Review_of_the_Administration_of_Civil_Justice_-_Review_Group_Report.pdf/Files/Review_of_the_Administration_of_Civil_Justice_-_Review_Group_Report.pdf*, spec. 215 ss.

[76] F. McCourt, *Le ceneri di Angela*, Milano, Adelphi, 2010, 11.

retratezza e che diverrà, dipoi, il volano per lo sviluppo della *Celtic Tiger*. Ma andiamo con ordine.

All'indomani della dichiarazione di indipendenza dalla Corona inglese, l'Irlanda, ancora dolorante per le ferite aperte di otto secoli di dominazione, si presentava come una società rurale, povera, fortemente patriarcale, in cui il clima ed i territori erano inospitali; e tutto ciò induceva una significativa porzione della popolazione (tra cui lo stesso A. da ultimo menzionato) a migrare verso gli Stati Uniti d'America.

Dall'osservazione delle esperienze, specie occidentali, di contenzioso di massa (prima fra tutte quella statunitense), si scorge agevolmente che il decollo di questa forma di tutela giurisdizionale sia coinciso con un momento in cui l'economia di quelle esperienze si trovava in uno stato progredito, e a cui si associava l'emersione di istanze latamente consumeristiche.

Lo stato, invece, di sottosviluppo economico e sociale in cui versava l'Irlanda determinò un significativo ritardo proprio nell'emersione di tali istanze, non essendovi stata a monte l'emersione e l'affermazione di una società di massa [77].

La situazione è rimasta pressoché invariata sino agli anni '60 del secolo scorso: è stato in questo momento che l'Irlanda ha iniziato a trarre benefici dal crescente flusso globale di investimenti stranieri. Studi economici hanno dimostrato come il Paese fosse risultato particolarmente attrattivo per gli investitori internazionali, anche grazie alla predisposizione di condizioni favorevoli sia da un punto di vista fiscale che finanziario [78].

Ad incrementare l'attrattività dell'Irlanda ha contribuito in maniera decisiva il suo ingresso nell'allora CEE nel 1973, e pure la successiva creazione del mercato unico cui ha fatto seguito l'eliminazione delle barriere non tariffarie. Gli investitori extra-europei, in massima parte statunitensi, che erano intenzionati a stabilire la loro produzione su suolo europeo trovavano colà le condizioni am-

[77] In termini analoghi, cfr. M. DONNELLY-F. WHITE, *Irish Consumer Law: Asserting a Domestic Agenda*, in *Dublin U.L.J.*, 2013, fasc. 1, 1 ss. La correlazione tra sviluppo sociale e nascita di una società consumeristica è indagata e approfondita da J. BENSON, *The Rise of Consumer Society in Britain, 1880-1980*, London, Longman, 1994. Ravvisano come cause del mancato sviluppo irlandese l'assenza di una rivoluzione industriale e l'eccessivamente alto tasso di emigrati e di povertà, il tutto protrattosi sino agli anni '60: P. ATIYAH, *The Rise and Fall of Freedom of Contract*, Oxford, Clarendon Press, 1979, 572-81; J. BLACKWELL, *Government, Economy and Society*, in F. LITTON (a cura di), *Unequal Achievement, The Irish Experience 1957-1982*, Dublin, Institute of Public Administration, 1982, 43; K.A. KENNEDY-T. GIBLIN-D. MCHUGH, *The Economic Development of Ireland in the Twentieth Century*, London, Routledge, 1988, *passim*; T. GARVIN, *Preventing the Future: Why Was Ireland so Poor for so Long*, Dublin, Gill and Macmillan, 2004, *passim*.

[78] Così P.J. BUCKLEY-F. RUANE, *FDI in Ireland: Policy Implications for Emerging Economies*, in *The World Economy*, 2006, 1611 ss., spec. 1614.

bientali favorevoli a tal fine, in considerazione pure del basso costo della manodopera.

Intuendo le opportunità che si andavano profilando all'orizzonte, i *policy makers* irlandesi hanno adottato a partire dagli anni '70 del secolo scorso provvedimenti sempre più selettivi volti ad attrarre imprese operanti nel settore farmaceutico e tecnologico.

La circostanza che l'Irlanda non avesse già un'industria sviluppata in questi settori non ha costituito affatto un ostacolo; anzi, ha stimolato ancor di più l'interesse degli investitori, i quali avevano ben compreso l'opportunità di poter operare sul mercato in un regime di monopolio di fatto. E poi, tanto i prodotti farmaceutici quanto quelli tecnologici, non essendo pesanti, potevano essere trasportati via mare verso il Continente facilmente e a costi contenuti.

Negli anni '80, mediante l'affinamento delle incentivazioni di natura selettiva, il suolo irlandese è divenuto la sede delle più importanti imprese produttrici di microprocessori, di software, di prodotti per computer e di stampanti: *Intel*, *Microsoft* e in un secondo momento *Dell*, *Compaq*, *Gateway* e *Hawlett-Packard* (comunemente nota come *HP*).

Si venivano così a ricreare dei veri e propri *cluster* industriali intorno alle città di Dublino e di Limerick [79].

All'aumento di domanda di lavoro è corrisposta una impressionante crescita della relativa offerta, passando dagli 1.1 milioni di individui negli anni '80 ai 2.1 milioni nel 2007 [80].

A questo hanno concorso almeno tre fattori.

In primo luogo, un generalizzato innalzamento dell'età media della popolazione, che ha fatto sì che molti irlandesi si trovassero negli anni che ci interessano in età da lavoro.

In secondo luogo, una progressiva equiparazione tra uomini e donne seguita dall'ingresso da parte di queste ultime nel mondo del lavoro (dunque, non più, come diceva McCourt, madri derelitte e gementi accanto al fuoco).

Da ultimo, un significativo ridimensionamento del fenomeno emigratorio [81].

Nello stesso arco temporale, il PIL irlandese è cresciuto annualmente in maniera costante del 6.3% [82].

---

[79] Su quanto fin qui delineato, si v.no H. GÖRG-F. RUANE, *An Analysis of Backward Linkages in the Irish Electronic Sector*, in *Economic and Social Review*, 2000, Vol. 31, fasc. 3, 215 ss.; ID., *Multinational Companies and Linkages: Panel-Data Evidence for the Irish Electronic Sector*, in *Int'l J. Econ. & Bus.*, 2001, Vol. 18, fasc. 1, 1 ss.

[80] Tali dati sono riportati da K. WHELAN, *Ireland's Economic Crisis: The Good, the Bad and the Ugly*, in *J. Macroecon.*, 2014, Vol. 39, 424 ss., spec. 426.

[81] Lo rileva *ibid.*

[82] *Ibid.*

Ebbene, si ritiene che le ricreate favorevoli condizioni per le imprese e l'esigenza di conservare un ambiente quanto più congeniale alla libera iniziativa economica (onde assicurare un flusso continuo in entrata di investimenti diretti esteri) abbiano contribuito in maniera decisiva a scoraggiare e a disincentivare qualsiasi tipo di provvedimento che avrebbe potuto impattare negativamente sull'esercizio dell'attività di impresa.

Dapprima, come si è accennato, ciò avveniva mediante misure di incentivazione fiscale; dipoi, ed a seguito dell'inasprimento della disciplina sugli aiuti di stato, si è reso necessario lo sviluppo di tecniche maggiormente raffinate [83].

Ad avviso di chi scrive, nel novero di queste rientra a pieno titolo la mancata predisposizione di un quadro organico sulla *multi-party litigation*, che avrebbe fatto diventare gli operatori economici con sede in Irlanda cc.dd. "parti abituali" nei giudizi di massa, con il conseguente rischio di fughe di capitali. In altri termini, si ritiene che l'Irlanda abbia sfruttato la propria arretratezza giuridica come vero e proprio vantaggio competitivo semplicemente rimanendo inerte dinanzi alle emergenti istanze sociali che richiedevano, invece, forme sviluppate e moderne di tutela aggregata.

A corroborare tale impostazione soccorre un ulteriore elemento: mentre gli investimenti di imprese statunitensi verso l'Irlanda crescevano in maniera impressionante (tra il 1994 e il 2001, del 12%, con picchi del 27% nel comparto *hi-tech*), nel frattempo – come accennato precedentemente – oltreoceano era stata avviata dagli operatori economici e dai *defense-oriented lawyers* una singolare crociata volta a gettare cattiva luce sulla *class action* (cui pittorescamente

[83] Trattasi di considerazioni nient'affatto speculative e che sono ripetibili in più contesti: ad esempio, nella recente relazione di valutazione sul funzionamento del GDPR nel biennio 2016-18, realizzata dalla Commissione UE e pubblicata il 24 giugno 2020 (COMM. UE, COM(2020) 264 *final*, 24 giugno 2020), in un passaggio in cui la stessa ammonisce circa la disomogeneità tra Stati membri dell'applicazione della disciplina sulla protezione dei dati personali, si legge in particolare che le autorità di protezione dei dati personali di Irlanda e Lussemburgo devono investire più risorse e operare di più dato che nei due Stati hanno sede la stragrande maggioranza delle imprese che trattano i dati. Difatti, secondo il principio dello *one stop shop* enucleato nel Reg. 2016/679/UE è l'autorità di vigilanza dove ha sede l'azienda che processa i dati ad essere titolare dell'inizio del procedimento. Solo nel 2019 l'Autorità competente irlandese ha ricevuto 7000 denunce, ma quando la *Data Protection Commissioner* Nixon ha richiesto un aumento pari al 40% dei fondi stanziati (*https://www.dataprotection.ie/en/news-media/press-releases/data-protection-commission-statement-increased-funding-eu16-million-2020*), il Governo ha dinegato, stanziando un incremento di più modesta misura pari all'11%. È facile ritenere che il mancato accoglimento della richiesta sia volto ad evitare che l'attività dell'autorità si autonomizzi eccessivamente dal *Justice Ministry* (e quindi dal Governo), dei cui uffici si avvale in termini di IT e risorse umane (per approfondimenti si v. M. SCOTT, *EU Privacy Enforcer Hits Make-Or-Break Moment*, in *Politico EU*, 23 maggio 2020, reperibile su: *https://www.politico.eu/article/data-protection-privacy-ireland-helen-dixon-gdpr/*).

iniziò a riferirvisi con l'appellativo di *Frankenstein*[84]); crociata che condusse il Congresso proprio all'approvazione del *Class Action Fairness Act* nel 2005, con l'obiettivo – nemmeno troppo sottaciuto – di ridimensionare il ricorso al contenzioso di massa[85].

I timori dei privati si sono saldati con quelli nutriti anche dalle istituzioni pubbliche irlandesi. Queste credevano, dopo le esperienze dei *Social Welfare Equality Cases* e delle *Army Deafness Claims*, che l'introduzione di una disciplina sulla *multi-party action* avrebbe aperto le porte ad un numero potenzialmente infinito di giudizi proposti avvalendosi di tale tipologia di azione per avanzare in massa le più disparate pretese nei confronti dello Stato (c.d. *floodgates argument*)[86].

Con tali premesse, era pressoché impossibile dunque che il *report* realizzato dalla LRC potesse tradursi in atto legislativo.

Come se non bastasse, poi, la crisi economica del 2007, con le sue disastrose conseguenze, non ha fatto altro che acuire i timori di fughe di capitali stranieri dall'Irlanda, sancendo il definitivo naufragare di qualsiasi iniziativa che anche solo remotamente avrebbe potuto indisporre gli investitori stranieri.

Nel corso degli anni, la lacuna normativa irlandese in combinato disposto con le regole unionali sulla competenza giurisdizionale internazionale (così come interpretate dalla CGUE) ha fatto sì che le società con sede in Irlanda potessero beneficiare di un autentico schermo protettivo contro pretese transfrontaliere avanzate in massa da consumatori provenienti da vari Stati Membri.

Tale circostanza si è tradotta talvolta in veri e propri vuoti di tutela, come dimostrano i fatti da cui è occasionata la sentenza della CGUE nel caso *Schrems v. FB Vol. II*[87], cui conviene ora rivolgere l'attenzione.

---

[84] Cfr. *supra*, Cap. II, § 4, spec. nota 40.

[85] Non è questa la sede per attardarsi sulle pur interessanti vicende, controversie e discussioni che hanno incendiato il dibattito, per le quali si rinvia alle ricostruzioni offerte da A. GIUSSANI, *Azioni collettive risarcitorie*, cit., 55 ss. Vale tuttavia la pena di far constare come l'onda lunga della disputa ha lambito anche le sponde italiane, non risparmiando dunque neppure la dottrina italiana dall'affanno di dimostrare la poca utilità dell'azione di classe. Ad es., l'illustre civilista P. RESCIGNO, *Sulla compatibilità tra il modello processuale della «class action» ed i principi fondamentali dell'ordinamento giuridico italiano*, in *Giur. it.*, 2000, fasc. 11, 2224 ss. ha sostenuto la contrarietà a vari princìpi costituzionali di un eventuale trapianto in uno scritto che traeva origine da una ricerca svolta su invito della Philip Morris!

[86] In termini J. BLENNERHASSETT, *Mass Harm Litigation in Ireland*, cit., 36.

[87] CORTE GIUST. UE, Causa C-498/16, sent. 25 gennaio 2018, ECLI:EU:C:2018:37.

2.3. *L'insoddisfacente quadro dei cc.dd. ricorsi collettivi transfrontalieri nell'UE a partire dal sistema giuridico irlandese: il paradigmatico caso* Schrems v. FB Vol. II

La vicenda processuale dalla quale è scaturita la pronuncia *Schrems v. FB Vol. II* traeva origine da un'azione incardinata – servendosi dell'alternativa prevista dal c.d. foro del consumatore [88] – da Maximilian Schrems, noto attivista per la protezione dei dati personali, presso il *Landesgericht für Zivilrechtsachen* di Vienna. La peculiarità della controversia risiedeva nel fatto che l'attore agiva anche in qualità di sostituto processuale di un vasto numero di consumatori (sia europei che non) che gli avevano ceduto i loro crediti litigiosi [89].

Com'è arcinoto, *Facebook* – così come molte altre piattaforme *social* – ha la propria sede europea in Irlanda (in linea di continuità con la particolare attrattività da questo Paese esercitata sui giganti tecnologici). Per come ampiamente argomentato più sopra, tale circostanza rendeva impossibile a Schrems proporre un'azione rappresentativa di natura risarcitoria nel foro del convenuto. Sicché questi aveva buon gioco a presentare le proprie doglianze, e quelle di cui era rappresentante, dinanzi agli organi giurisdizionali del suo luogo di residenza abituale.

Giunta la controversia dinanzi all'organo giurisdizionale di vertice [90], l'*Oberster Gerichtsof*, questo ha rinviato pregiudizialmente alla Corte di Giustizia dell'UE

[88] All'epoca dei fatti di causa, previsto dall'art. 16, par. 1, Reg. 2001/44/CE (c.d. *Reg. Bruxelles I*), ora confluito senza alterazioni nell'art. 18, Reg. 1215/2012/UE (c.d. *Reg. Bruxelles I-bis*).

[89] Alla stregua dell'Irlanda, anche l'Austria non presenta una legge *ad hoc* sul contenzioso di massa, ma ciononostante la prassi ha sviluppato una figura denominata *Österreichisches Modell der Sammelklage*, traducibile come "modello austriaco di azione di classe". Questa si configura come la combinazione dell'istituto della cessione del credito (*sub specie*, litigioso) con il finanziamento del contenzioso: chi si ritenga leso in un suo diritto cede il credito ad un terzo (sia questi un'associazione o un singolo, come nella controversia in esame) che si propone quale rappresentante in giudizio dei cedenti e si obbliga nei confronti di questi ultimi a versare il ricavato in caso di esito vittorioso del giudizio al netto delle spese sostenute e trattenuta una quota lite che si aggira intorno al 30/40%. Per approfondimenti sul modello austriaco, si v. G.E. KODEK, *Gesetzliche Möglichkeiten zur Regelung von Massenverfahren*, in B. PIRKER-HÖRMANN-T. GABRIEL (a cura di), *Massenverfahren-Reformbedarf für die ZPO*, Vienna, Verl. Österreichisches, 2005, 311 ss.; cfr. ID., *Collective Redress in Austria*, in *The Annals of the American Academy of Political and Social Science*, 2009, 86 ss.

[90] In primo grado, la Corte territoriale viennese non ha riconosciuto a Schrems la qualifica di consumatore per l'uso promiscuo da lui effettuato del *social network*, precisando altresì come – in ogni caso – i crediti litigiosi cedutigli da parte degli altri presunti consumatori non ricomprendessero anche il beneficio dello speciale titolo di giurisdizione costituito dal foro esclusivo di cui all'art. 16, Reg. Bruxelles I: in altre parole, il foro del cedente non si sarebbe potuto trasferire al cessionario. In appello, la sentenza emessa dal giudice di prime cure è stata parzialmente riforma-

formulando due quesiti [91], solo il secondo dei quali di stretta pertinenza della materia che qui ci occupa [92].

ta dall'*Oberlandes Gericht* viennese. Quest'ultimo ha ritenuto ammissibili, nonché fondate, le doglianze avanzate da Schrems individualmente, qualificandolo come consumatore; al contempo, tuttavia, ha rigettato, per inammissibilità, le pretese dallo stesso fatte valere in qualità di cessionario dei diritti degli altri consumatori. Entrambe le parti hanno quindi investito di ricorso per *Revision l'Oberster Gerichtsof*. Per alcuni commenti al caso, si v.no M. MORANI, *L'azione di classe in Europa, aspettando la Corte di Giustizia Europea sul caso Schrems vs. Facebook*, in *Int'l Lis*, 2016, fasc. 3-4, 120 ss. (come emerge dal titolo, trattasi di un saggio pubblicato prima della pronuncia della CGUE); T. LUTZI, *'What's a consumer?' (Some) clarification on consumer jurisdiction, social-media accounts, and collective redress under the Brussels Ia Regulation*, in *Maastricht J. Eur. & Comp. L.*, 2018, fasc. 3, 374 ss.; L. SERAFINELLI, *Ancora sulla tutela del consumatore, anche in forma collettiva*, in *NGCC*, 2019, fasc. 3, 612 ss.

91 La prima delle questioni pregiudiziali verteva sulla nozione di consumatore alla prova con le nuove tecnologie. In particolare, il giudice *a quo* si interrogava se un utilizzatore di una piattaforma social non avesse dovuto perdere la qualifica di consumatore in considerazione del fatto della sua attività (pubblicazione di libri, conferenze etc.). I giudici del Lussemburgo hanno adottato una nozione ampia di "consumatore", ricomprendendovi anche individui che potenzialmente potrebbero essere qualificati come professionali. Esula dal presente lavoro l'analisi dettagliata di queste tematiche, per le quali si rinvia a L. SERAFINELLI, *Ancora sulla tutela del consumatore, anche in forma collettiva*, cit., 613-5 e i riferimenti bibliografici ivi.

92 Con il secondo dei quesiti proposti, i giudici austriaci si chiedevano se l'allora vigente art. 16, par. 1, Reg. 2001/44/CE dovesse interpretarsi nel senso di essere idoneo ad ospitare anche azioni proposte da un consumatore in veste di rappresentante di altri consumatori. Il tema dell'intersezione tra il diritto processuale civile europeo e il contenzioso aggregato transfrontaliero ha da tempo destato l'interesse (perdurante) della dottrina: *ex multis*, M. DANOV, *The Brussels I Regulation: Cross-Border Collective Redress Proceedings and Judgments*, in *J. Priv. Int'l L.*, 2010, fasc. 2, 359 ss.; Z.S. TANG, *Consumer Collective Redress in European Private International Law*, in *J. Priv. Int'l L.*, 2011, fasc. 1, 101 ss.; G. D'ALFONSO, *Illeciti di massa e controversie transfrontaliere. Strumenti di tutela collettiva risarcitorie competizione tra sistemi giurisdizionali*, in *Rass. dir. civ.*, 2013, IV, 1119 ss.; O. FERACI, *Questioni internazionalprivatistiche in tema di* cross-border collective redress *nello spazio giuridico europeo*, in *Riv. dir. int.*, 2013, fasc. 3, 913 ss.; S.I. STRONG, *Cross-Border Collective Redress in The European Union: Constitutional Rights in the Face of the Brussels I Regulation*, in *Ariz. St. L.J.*, 2013, Vol. 45, fasc. 1, 233 ss.; A. NUYTS-N.E. HATZIMIHAIL (a cura di), *Cross-Border Class Actions: The European Way*, SELP, Munich, 2014; B.A. TERRADAS, *Consumer Collective Redress under the Brussels I Regulation Recast in the Light of the Commission's Common Principles*, in *J. Priv. Int'l L.*, 2015, fasc. 1, 143 ss.; T. BOSTERS, *Collective Redress and Private International Law in the EU*, Den Haag, T.M.C. Asser Press, 2017; A. PATO, *Jurisdiction and Cross-Border Collective Redress – A European Private International Law Perspective*, London, Hart Publishing, 2019 e da ultimo E. BENVENUTI, *La tutela collettiva risarcitoria dei consumatori nelle controversie transfrontaliere: diritto interno e prospettive di armonizzazione*, in *Riv. dir. int. priv. proc.*, 2020, fasc. 3, 583 ss. Ancorché questo secondo quesito abbia delle implicazioni sistematiche e pratiche di portata notevole, i commenti alla sentenza *Schrems v. FB Vol. II* si sono concentrati perlopiù sulla questione della nozione di consumatore, anche quelli redatti da autori internazionalprivatisti – come A.-L. CALVO CARAVACA, *Consumer Contracts in the European Court of Justice Case Law: Latest Trends*, in *Cuadernos de derecho transnacional*, 2020, fasc. 1, 86 ss. – che pure dovrebbero manifestare una più spiccata sensibilità a queste tematiche.

In estrema sintesi, l'organo giurisdizionale *a quo* si è chiesto se al foro del consumatore potesse farsi ricorso anche per l'instaurazione di un contenzioso per la tutela aggregata degli interessi di una pluralità di consumatori.

Non sorprendentemente, la Corte ha dato risposta negativa, seguendo una linea argomentativa già in passato più volte affermata nella sua giurisprudenza [93]. Rimarcando la natura eminentemente individuale del foro del consumatore, e in considerazione della sua eccezionalità rispetto al criterio generale dell'*actor sequitur forum rei*, i giudici del Lussemburgo hanno escluso che possa farsene applicazione nei giudizi di massa, venendo meno in questi la *ratio* ispiratrice della previsione, *i.e.* il consumatore parte debole che cesserebbe di essere tale per il sol fatto di messo insieme le proprie forze con quelle di altri individui [94].

De jure condito, dunque, è sufficiente che un determinato Stato membro dell'UE non si doti di una disciplina in materia di tutela aggregata degli interessi superindividuali omogenei per neutralizzare tutte quelle iniziative dirette a convenire in giudizio le società aventi sede nel detto Stato. D'altro canto, escludere il contenzioso di massa dall'applicazione del foro del consumatore ha quale naturale conseguenza l'applicazione del foro generale del convenuto (se una società, dove questa ha la sede) onde stabilire la competenza giurisdizionale con la conseguente applicazione della disciplina processuale vigente nel foro così individuato.

In altri termini, ad oggi, chi volesse presentare doglianze di natura risarcitoria nei confronti dei giganti del web (*Facebook*, *Google*, *Apple* e via discorrendo) potrebbe farlo solo ed esclusivamente in forma individuale.

Si è ben consapevoli del fatto che il *self-restraint* operato dalla Corte di Giustizia nel caso in analisi fosse più che opportuno, non essendo quella la sede per una modifica così radicale del diritto unionale. E tuttavia non si può fare a meno di denunciare l'inaccettabile *status quo* che provoca dei veri e propri vuoti di tutela, in aperto contrasto con lo spirito di sempre maggiore integrazione tra gli Stati membri.

Come vedremo, questo stato di cose sarà solo in parte emendato dall'entrata in vigore della recente Direttiva 2020/1828/UE sulle azioni rappresentative [95].

---

[93] V. Corte Giust. UE, Causa C-167/00, *VKI v. Henkel*, sent. 10 ottobre 2002, ECLI:EU:C:2002:555 e Corte Giust. UE, Causa C-89/91, sent. 19 gennaio 1993, ECLI:EU:C:1993:15.

[94] Si veda il passaggio contenuto in Corte Giust. UE, *Schrems v. FB Vol. II*, cit., punto 43 ss.

[95] V. *infra*, Cap. VII, § 2.

3. *Le azioni rappresentative e di gruppo in Australia*

Un sistema dimostratosi più aperto all'accoglimento del modello statunitense risulta essere quello australiano [96].

Per esigenze di economia e di efficienza processuale, nonché per facilitare l'accesso alla giustizia, il *Federal Court of Australia Amendment Act 1991, no. 181, § 3* e le *Supreme Court Rules 1999, ch. 1, am. 11*, rispettivamente per tutte le corti federali e per quelle statali dello Stato di Vittoria, hanno ammesso la proponibilità in forma aggregata di pretese seriali.

Trattasi di strumenti assai simili alle *class actions* negli U.S.A., e che in territorio australiano prendono il nome di *representative proceedings* – per i giudizi presso le corti federali – e di *group proceedings* per quelli presso le corti dello Stato di Vittoria.

Gli atti normativi citati sono stati per ben due volte oggetto di impugnazione per presunta incostituzionalità dinanzi alla Corte suprema australiana [97]. Tuttavia, in entrambi i casi ne è stata dichiarata la conformità alla Costituzione.

Importanti e peculiari caratteri della disciplina australiana sono rinvenibili, anzi tutto, nell'assenza del provvedimento di certificazione del giudice e, poi, ancora, nella minore severità dei requisiti previsti per la procedibilità sotto forma di azione rappresentativa (o di gruppo).

Una volta tracciati i contorni della classe, il giudice provvederà, nel modo che ritiene più idoneo ad avvisare i membri della stessa circa la pendenza del giudizio, così da consentire, a chiunque ne avesse l'intenzione, di esercitare il diritto di *opt-out*.

Anche l'Australia ha sentito l'esigenza di rimodulare il proprio sistema in materia di spese processuali per scongiurare situazioni limitative dell'utilizzo dell'azione di classe. Al contempo, si è parimenti avvertita la necessità di incrementare e affinare i controlli su questo tipo di azioni per prevenire quegli effetti patologici manifestatisi nel sistema statunitense.

---

[96] Per alcuni riferimenti bibliografici V. MORABITO, "*The Right to Opt-Out under Part IVA of the Federal Court of Australian Act 1976 (CTH)*", in *Melbourne Univ. L. Rev.*, 1994, fasc. 3, 615 ss.; ID., "*Ideological Plaintiffs and Class Actions – an Australian Perspective*", in *Univ. of British Columbia L. Rev.*, 2001, fasc. 2, 459 ss.; ID., "*Class Actions in the Federal Court of Australia – The Story So Far*", in *Canterbury L. Rev.*, 2004, 229 ss.; R. MULHERON, *The Class Actions in Common Law Legal System*, cit., 23 ss.; S. STUART CLARK-C. HARRIS, "*Multi-Plaintiff Litigation in Australia: A Comparative Perspective*", in C. HODGES-C. HARRIS (a cura di), *Multy-Plaintiff Litigation in Australia: A Comparative Perspective*, Oxford, Oxford University Press, 2001, 289 ss. Più di recente si veda la collettanea realizzata da D. GRAVE-H. MOULD (a cura di), *25 Years of Class Actions in Australia. 1992-2017*, Victoria, Herbert Smith Freehills, 2017, *passim*.

[97] La prima volta nel caso *Femcare Ltd. v. Bright* (2000), la seconda nel caso *Pty. Ltd. v. Mobil Oil Austl. Ltd.* (2000).

A tal proposito, per evitare che gli avvocati dessero inizio ad azioni legali prive di fondamento, col solo scopo di ottenere transazioni milionarie, la giurisprudenza ha introdotto i cc.dd. *orders for security for costs* con cui il giudice richiede alla *representative party* di depositare in cancelleria somme di denaro (o comunque di prestare garanzia) equivalenti all'ammontare delle spese giudiziali in caso di soccombenza [98]. Addirittura, per i casi più gravi, è prevista – in caso di incapienza dell'attore – una responsabilità civile in capo all'avvocato per non aver saputo valutare le prospettive di successo dell'azione.

Si consideri come in Australia sono fatti oggetto di divieto i patti di quotalite, e sono sanzionati penalmente, civilmente e deontologicamente i soggetti che eventualmente li pongano in essere.

Comunque, e ferma restando l'illiceità per quei patti che prevedono, in caso di vittoria, la corresponsione all'avvocato di una somma commisurata all'ammontare dei danni risarciti, sono state rese lecite le pattuizioni del tipo *no win no fee* ed i meccanismi di *uplift* o *speculative fees*. In questi casi, all'avvocato vittorioso sarà dovuta una somma pari alla tariffa ordinaria maggiorata di un ulteriore compenso per il successo ottenuto.

La giurisprudenza ha, inoltre, ammesso la possibilità di stipulare veri e propri accordi di finanziamento del contenzioso, derivandone – in caso di vittoria del beneficiario del finanziamento – che il finanziatore, per l'assistenza prestata, avrà diritto a una quota percentuale di quanto ricavato (fenomeno – come già osservato – meglio noto con il nome di *third party funding*).

4. *Le azioni di classe* à la *canadese*

L'analisi dei sistemi di *common law* in materia di *class action* non può non tener conto anche dell'esperienza canadese, la quale condivide con gli Stati Uniti una certa vicinanza geografica, mentre con i Paesi dell'Europa continentale la tradizione romanistica.

Alla soglia del XXI secolo, le uniche province canadesi ad essere dotate di una disciplina in materia di azioni di classe erano il Quebec [99], l'Ontario [100] e la British Columbia [101]. Successivamente, anche a seguito della notevole circolazio-

---

[98] La conseguenza del mancato pagamento non è l'improponibilità della domanda in assoluto, ma nella sola forma aggregata. Resta, quindi, percorribile la proponibilità di un'azione individuale.

[99] *Code of Civil Procedure*, R.S.Q., c. C-25, Book IX (introdotto nel 1978).

[100] *Class Proceedings Act*, S.O. 1992 c. 6.

[101] *Class Proceedings Act 1995*, R.S.B.C., 1995, c. 21.

ne del *Report on Class Actions* realizzato dalla *Ontario Law Reform Commission*, si sono aggiunte alla lista, nel 2002, lo Saskatchewan [102] e il Newfoundland [103]. Al contempo, la provincia di Alberta [104] e quella di Manitoba [105] hanno istituito delle commissioni di studio per valutare l'opportunità di recepire tale strumento.

Ad oggi, praticamente, può affermarsi come tutte le province canadesi conoscano una qualche forma di disciplina di tutela aggregata di interessi.

Sono principalmente tre le ragioni che hanno condotto l'introduzione dei *class proceedings* in Canada: in primo luogo, per facilitare l'accesso alla giustizia anche per coloro i quali non avrebbero la possibilità economica di proporre azioni giudiziali (in generale, *individually non-viable claims*); in secondo luogo, al fine di migliorare l'efficienza del sistema giudiziario, evitando contrasti tra giudicati mediante la riunione in un unico procedimento di casi identici; infine, pur senza l'introduzione del meccanismo dei *punitive damages*, per "spaventare" i grossi operatori economici, inducendoli, così, a delle modifiche comportamentali (in altri termini, come deterrente per le condotte riprovevoli poste in essere dalle imprese).

In linea di massima, le normative fatte proprie dalle province canadesi, pur ispirandosi allo *Uniform Class Proceeding Act 1996* [106] e alla *Rule 23* statunitense, si distinguono soprattutto con riferimento alla certificazione, prevedendo dei requisiti meno restrittivi rispetto a quelli previsti per le *class actions* statunitensi.

Ciascun membro della classe, residente nelle province in cui vige la normativa in materia di *class proceeding*, può presentare al giudice un'istanza di certificazione qualora la pretesa vantata implichi la risoluzione di questioni comuni.

Si richiede, altresì, che l'attore rappresentativo possa adeguatamente e lealmente rappresentare la classe («*fair and adequately represents the interests of the class*») e che quello aggregato sia il mezzo processuale più idoneo per la risoluzione delle controversie («*the prefereable procedure for resolving the common issues*») [107].

Mediante il provvedimento di certificazione, il giudice competente descrive

[102] *Class Action Act*, R.S.S. 2001, C-12.01.

[103] *Class Action Act*, S.N.L., C-18.01.

[104] *Alberta Law Reform Institute, Report on Class Action*, no. 85 (dicembre 2000).

[105] *Manitoba Law Reform Commission, Report on Class Proceedings*, no. 100 (gennaio 1999).

[106] Approvato dalla *Uniform Law Conference of Canada* nel 1996.

[107] Nonostante i requisiti richiesti per la certificazione siano meno restrittivi rispetto a quelli previsti dalla lett. a) della *Rule 23*, il momento della certificazione è forse quello più problematico. Difatti, i convenuti si battono affinché l'azione non sia qualificata come *class action*, e sovente i giudici hanno negato l'emissione del provvedimento endoprocessuale per l'abilitazione dell'esercizio dell'azione di classe adducendo quale motivazione la circostanza – poco chiara, invero – che si versasse in un'ipotesi di *bad class action*.

la classe, nomina il *representative plaintiff*, precisa la natura delle pretese, i provvedimenti richiesti, le modalità per esercitare l'*opt-out* ed identifica le questioni comuni alla classe. Queste ultime, in ordine cronologico, andranno risolte per prime; seguiranno, quindi, quelle della sottoclasse e, da ultimo, quelle individuali [108].

Per ragioni di economia processuale, è lo stesso giudice che rilascia il provvedimento abilitativo all'esercizio della tutela in forma metaindividuale nel corso dell'intero processo e che stabilisce il contenuto e le modalità per rendere edotti i membri assenti della pendenza del giudizio.

In materia di spese processuali, in Canada vige la regola della soccombenza. Tuttavia, per favorire lo sviluppo dell'azione di classe, in alcune province sono stati introdotti dei correttivi, che contraggono l'operatività della *english rule*.

In *British Columbia*, per esempio, oltre alla soccombenza, si richiede che il convenuto, il quale abbia intenzione di recuperare le spese processuali, dia prova della frivolezza o vessatorietà della classe (*frivolous or vexatious class*); in Quebec, invece, è possibile il recupero delle sole spese nominali (*nominal costs*); in Ontario, il giudice può decidere di disapplicare totalmente la regola della soccombenza nel riparto delle spese processuali, qualora ritenga che la *class action* sollevi un punto di diritto nuovo o una questione che risulti di pubblico interesse.

Una peculiarità del sistema canadese è stata la costituzione, nelle province dell'Ontario e del Quebec, di fondi pubblici a cui attingere in caso di soccombenza del *representative plaintiff*. In Quebec, tale meccanismo di rifusione delle spese ha avuto un enorme successo. Viceversa, in Ontario si è dimostrato un fallimento, principalmente per le modalità gestionali del fondo e per l'esiguità degli apporti iniziali, al punto che si è pure valutata l'opportunità di sopprimerlo.

Proprio allo scopo di ovviare a tali inconvenienti, si è stabilita l'ammissibilità dei patti di quota-lite in tutte le province canadesi, previa approvazione da parte del giudice [109].

Per concludere sull'esperienza canadese, necessita rilevare come sia stata recentemente promossa una *class action* contro *Facebook*, analogamente a quanto già accaduto in seno all'Unione europea con la saga *Schrems v. Facebook*, il cui secondo episodio (Causa C-498/16) – modulato come ricorso collettivo – è stato, come visto, deciso dalla Corte di Giustizia il 25 gennaio 2018 [110].

---

[108] Il sistema processuale canadese consente la trattazione delle questioni individuali e delle questioni comuni in un unico procedimento.

[109] *Section 33* del *Class Proceeding Act* 1992.

[110] Cfr. *supra*, § 2.3.

5. *L'esperienza israeliana di* class action

Come alcune province canadesi, giurisdizione mista lo è pure lo Stato di Israele, il quale merita particolare attenzione con riferimento alla disciplina di *class action*.

E ciò per almeno tre ordini di ragioni: in primo luogo, per le peculiarità proprie di questo ordinamento giuridico quale giurisdizione mista, ma anche quale coacervo di influenze eterogenee; in secondo luogo, per la somiglianza della disciplina dell'azione di classe con la *Rule 23* statunitense, nonostante la vicinanza geografica con l'Europa continentale; infine, per lo straordinario successo che i ricorsi collettivi hanno ottenuto nella prassi applicativa.

La storia dell'evoluzione delle tutele rimediali collettive in Israele affonda le radici nell'influenza esercitata dalla *common law* inglese, durante il protettorato della Gran Bretagna, a cavallo tra la Prima e la Seconda guerra mondiale, sotto gli auspici della Società delle Nazioni. Originariamente, infatti, v'era un congegno litisconsortile per la soddisfazione di esigenze di economia processuale modellato sulle *representative suits*: si trattava della *Rule 29* delle *Israeli Rules of Civil Procedure* [111]. A tal riguardo va segnalato come, nel 1969, la Suprema Corte israeliana limitò la portata operativa della norma appena richiamata alla sola possibilità di azioni inibitorie, escludendo l'ammissibilità di tutele risarcitorie [112].

Tale situazione rimase immutata sino alla seconda metà degli anni '80, quando il Parlamento israeliano – la *knesset* – pose in essere una serie di interventi legislativi atti all'introduzione di specifiche azioni di classe in alcuni settori: nella legislazione in materia di *Securities* nel 1988 [113]; nella legge sulla tutela consumeristica nel 1994; in materia bancaria, a protezione dei risparmiatori, nel 1996; in materia assicurativa nel 1997; in materia di tutela ambientale nel 1992 e, infine,

---

[111] *Israeli Civil Procedure Regulations*, 5744-1984, § 29 SH No. 4685, 2210.

[112] Si tratta del caso CA 76/69, *Frankische Pelzindustrie Markle & Co. v. Orel Rabinovitch*, 23 PD 645, 1969. Invero, le statuizioni della Suprema Corte vennero ben presto disattese. Nella prassi delle Corti distrettuali si trovarono dei veri e propri *escamotage* per aggirare i limiti imposti dalla decisione richiamata. In dettaglio, le Corti si orientarono nel senso di suddividere il giudizio in due fasi: una prima, dedicata all'accertamento della responsabilità e trattata sotto forma di azione di classe; una seconda, deputata invece alla quantificazione del danno realizzata su base individuale. *Ex multis*, CC (TA) 785/98, *Zilbershlag v. El Al*, 11 agosto 1999 e CC (Jer) 109/94, *Israel Student Union v. Hebrew Univ.* Per tali e altri rilievi cfr. A. KLEMENT-R. KLONOFF, "*Class Actions in the United States and Israel: A Comparative Approach*", in *Theoretical Inquiries in Law*, 2018, fasc. 1, 151 ss., spec. 171 ss.

[113] Sulla cui introduzione, v. S. GOLDSTEIN, "*Forty Years of Civil Procedure*", in *Isr. L. Rev.*, 1990, fascc. 3-4, 789 ss., spec. 790.

nella legislazione per la parità di trattamento retributivo tra uomo e donna nel 1996[114].

Con qualche differenza marginale, gli interventi da ultimo richiamati risultarono essere una trasposizione – quasi pedissequa – degli stilemi propri della *Rule 23* statunitense: specifici *iter* di natura procedurale per l'ottenimento della *class certification*; necessità di una previa autorizzazione del giudice per la conclusione di accordi transattivi; disciplina sostanzialmente analoga circa la retribuzione del *class representative*.

Tuttavia, gli operatori incontrarono non poche difficoltà pratiche nell'ottenimento dei provvedimenti di certificazione, conseguendone una sorta di fuga verso la disciplina più favorevole della *Rule 29* in materia di *representative suits*.

A limitare l'eccessivo ricorso alle azioni rappresentative è intervenuta la Corte Suprema israeliana, ribadendo la sola applicabilità del meccanismo consortile alle ipotesi di azioni inibitorie. Nella medesima pronuncia – *State of Israel v. E.S.T.*[115] – la Corte ha sollecitato l'organo legislativo israeliano ad emendare le proprie regole processuali mediante la predisposizione di un quadro organico e unitario sulla *class action*.

Nel 2006, la *knesset* ha promulgato la *Class Action Law*[116] (d'ora in avanti, semplicemente, *CAL*), abrogando le frammentarie discipline previgenti e fornendo un quadro maggiormente organico della disciplina.

I tratti principali della *class action* emergente dalla *CAL* sono: una puntuale disciplina procedurale per l'ottenimento del provvedimento di abilitazione all'esercizio dell'azione in forma collettiva (in altri termini, la *certification*) e per l'esercizio della rinuncia all'azione; criteri maggiormente stringenti per la retribuzione dei legali e del *class representative*. Ulteriori caratteri inediti rispetto alla precedente disciplina sono ravvisabili nell'estensione della legittimazione attiva ad associazioni *non-profit* e ad alcune amministrazioni statali all'uopo designate[117] e nel finanziamento del contenzioso di classe mediante la costituzione di un fondo pubblico, il cui scopo principale è l'assistenza dei *class representatives* in

[114] Per una discussione intorno all'introduzione delle discipline di cui si è riferito, cfr. A. KLEMENT, "*The Boundaries of Mass Tort Class Actions*", in *Hebrew U.L.J.*, 2004, fasc. 2, 301 ss., spec. 333.

[115] LCA 3126/00 *The State of Israel v. E.S.T. Mgmt.*, 57 PD 220, 2003, poi confermata da FH 5161/03 *E.S.T. Mgmt. v. The State of Israel*, 60 PD 196. 2006.

[116] *Class Action Law*, 5776-2016, SH No. 2054, 264.

[117] Nonostante tale allargamento della legittimazione attiva, la quasi totalità delle azioni di classe in Israele – per l'esattezza, il 99.3% – è stata promossa da *individual members*. Pochissime sono state le azioni proposte dalle associazioni *non-profit*, nulle quelle attivate dalle autorità pubbliche competenti. Cfr. A. KLEMENT-K. WEINSHALL-MARGEL, "*Cost-benefit Analysis of Class Action: An Israeli Perspective*", in *J. Inst. & Theoretical Econ.*, 2016, fasc. 1, 75 ss., spec. 87; A. KLEMENT-R. KLONOFF, *Class Actions in the United States and Israel*, cit., 174.

quelle controversie ritenute essere – in base a una valutazione svolta dal fondo medesimo – di interesse o di rilevanza sociale [118].

Sostanzialmente, pur ispirandosi alla *Rule 23* statunitense, si riscontrano, all'analisi della legislazione israeliana, differenze anche notevoli, tra le quali – oltre agli elementi già tratteggiati – sono annoverabili anche le seguenti:

a) il non completo abbandono della frammentarietà della disciplina di *class action* in Israele: in altre parole, l'azione di classe è esperibile solo laddove la *causa petendi* rientri in una specifica materia – *securities*, consumatori, tutela del risparmio, settore assicurativo, ambiente, parità di trattamento retributivo uomo/donna – non trovando albergo, evidentemente, uno dei principî ispiratori che hanno stimolato il dibattito negli Stati Uniti per giungere all'emenda del 1966, ossia la *trans-substantivity*;

b) la valutazione che il giudice deve effettuare per il rilascio della certificazione della classe, richiedendosi un giudizio sulla sussistenza di una parvenza di fondatezza delle domande proposte (*fumus boni iuris*) [119].

Oltre alle divergenze emergenti dalla comparazione della *law in the books*, qualche coloritura differente si evince anche dallo studio della *law in action*.

Un fattore che balza subito all'occhio è la differenza nella composizione del ceto forense israeliano che si occupa di azione di classe rispetto a quello nordamericano. Colà, infatti, si è assistito – gradualmente – all'avvento delle grandi *law firm* sul panorama dell'*American Plaintiff's Bar*, mentre in Israele la difesa della classe è affidata a piccole realtà (veri e propri artigiani del diritto). Si consideri come – da quanto risulta da una recente indagine condotta sulle azioni di classe promosse su territorio israeliano tra il 2006 e il 2012 – nel 57% dei casi l'assistenza legale della classe viene affidata a un unico avvocato [120].

Quanto fin qui detto non deve, però, trarre in errore e condurre a concludere nel senso che la soluzione offerta dalla *knesset* sia qualcosa di sostanzialmente diverso dalla *class action* della *Rule 23*.

---

[118] Si tratta di un fondo – in realtà – assai limitato, con una capienza che si aggira intorno a 250 mila dollari. Cfr. A. KLEMENT-R. KLONOFF, *op. loc. ult. cit.* Critico nei confronti della previsione di un sovvenzionamento pubblico delle *class action* risulta essere A. GIUSSANI, *Azioni risarcitorie collettive*, cit., 154 ss.

[119] Come riequilibrio all'onere imposto in capo all'attore di dimostrare già in *limine litis* la fondatezza – ancorché solo un'apparenza – delle proprie doglianze, si è – alle volte – prevista la non impugnabilità del provvedimento endoprocessuale contenente l'accertamento dell'adeguatezza della rappresentanza della classe. In termini, *ibidem*.

[120] A. KLEMENT-R. KLONOFF, *Class Actions in the United States and Israel*, cit., 196: «*In Israel, plaintiff law firms are very small. Many of them are small practitioners, and others almost never exceed ten lawyers. This stands in contrast to defendant law firms, which in many cases were among the top Israeli firms employing between 50 and 250 lawyers*». Si veda, inoltre, il grafico ivi riportato.

Con quest'ultima, infatti, la creatura emersa dalla *CAL* condivide un connotato essenziale e più caratterizzante di tutti, ossia l'applicazione generalizzata del principio di *opt-out*.

È in tale elemento – molto verosimilmente – che si annida la spiegazione del successo ottenuto dall'azione di classe in Israele, ove si consideri infatti come, dalla data dell'introduzione della disciplina in commento sino al 2015, il numero di *class action* promosse annualmente è cresciuto da 28 a 1400 circa [121].

Il mito della *class action* appare essere più vivo che mai in Israele – sicuramente in migliore salute che negli Stati Uniti – se si analizza il numero di azioni promosse annualmente su base pro-capite. Nel primo, come si diceva, vengono promosse annualmente 1.400 azioni di classe per una popolazione di 8 milioni di abitanti, a fronte, invece, dei 12.500 giudizi statunitensi per 319 milioni di abitanti.

Emerge, altresì, il buon funzionamento della deterrenza derivante dalla *class action*: si stima che, quasi nell'80% dei casi, la soluzione della controversia giunga mediante un accordo transattivo concluso ancor prima dell'emanazione del provvedimento endoprocessuale di abilitazione all'esercizio del diritto in forma aggregata [122].

Tutti i rilievi fin qui riportati mettono in luce come anche in un Paese sostanzialmente piccolo, con altrettanto piccole strutture giudiziarie – quanto meno in confronto a quelle statunitensi – l'azione di classe sia riuscita ad affermarsi e ad avere un notevole successo.

* * *

Con la *class action* israeliana si conclude la disamina dei sistemi giuridici di *common law*. Essendoci ormai accostati – anche geograficamente – all'Europa continentale, allo studio di questi sarà dedicata la restante parte di queste pagine, ma non senza prima aver fatto una breve incursione in territori lontani.

---

[121] Il calcolo è stato svolto da A. Klement-K. Weinshall-Margel, *Cost-benefit Analysis of Class Action*, cit., 84.

[122] A. Klement-R. Klonoff, *Class Actions in the United States and Israel*, cit., 190 ss.

IV

LA *CLASS ACTION* E LE TRADIZIONI GIURIDICHE "LONTANE"

SOMMARIO: 1. L'esperienza brasiliana: da un modello di processo individualista ad un processo sociale. – 2. L'*Acción colectiva* in Argentina. – 3. Taiwan: dalle *representative actions* ad una forma di *class action*.

1. *L'esperienza brasiliana: da un modello di processo individualista ad un processo sociale*

Il primo Paese dell'America Latina ad aver introdotto una disciplina specifica in materia di tutela aggregata di interessi è il Brasile.

L'itinerario che ha portato all'introduzione di tale strumento risulta essere di particolare interesse, sia per quanto attiene allo specifico tema in esame sia per una più generale prospettiva di circolazione di modelli, soprattutto per il ruolo svolto dal dialogo dottrinale.

Preliminarmente, e con l'intento di fornire al lettore uno sguardo d'insieme sull'ordinamento giuridico del Brasile, va dato conto degli stilemi e dei tratti caratteristici peculiari del relativo sistema.

Difatti, benché sia convenzionalmente ricondotto tra i sistemi appartenenti alla *civil law*, il sistema giuridico brasiliano ha subito fortemente l'influenza della *common law* – in special modo di quella statunitense – talvolta giungendo alla recezione integrale di istituti colà elaborati [1].

[1] Sul punto A. PELLEGRINI GRINOVER, "*La difesa degli interessi transindividuali: Brasile e Iberoamerica*", in L. LANFRANCHI, *La tutela giurisdizionale degli interessi collettivi e diffusi*, Torino, Giappichelli, 2003, 155 ss., spec. 155, ricorda come l'autorevole processualcivilista italiano, Enrico Tullio Liebman, durante la sua permanenza da rifugiato a San Paolo mentre l'Italia, così come l'Europa, erano nella morsa del conflitto mondiale, ebbe modo di osservare come nel sistema brasiliano fossero rinvenibili elementi tanto appartenenti alla *civil law* quanto alla *common law*.

Questa sorta di rapporto osmotico, dunque, è assai risalente nel tempo, e affonda le proprie radici già nella Costituzione brasiliana del 1891, che si ispirava apertamente a quella nordamericana.

Per convincersi della somiglianza, è sufficiente considerare alcuni tratti che il Brasile condivide con la *common law*: in *primis*, è inesistente la suddivisione della giurisdizione in ordinaria ed amministrativa, di talché non è configurabile qualsivoglia questione in ordine alla qualificazione delle posizioni soggettive come interessi legittimi o diritti soggettivi; in *secundis*, l'ordinamento brasiliano ha accolto con favore molteplici strumenti di garanzia processuale elaborati negli Stati Uniti, come ad esempio in ambito penalistico l'*habeas corpus* (sul quale è stato modellato, in ambito civilistico, uno degli strumenti di tutela meta-individuale, il *mandado de segurança*, del quale si dirà *infra*); il sindacato di costituzionalità – così come negli U.S.A. – è al contempo diffuso e accentrato, in tale ultimo caso attivabile anche mediante ricorso diretto (sia individuale, che *coletivo*), cui vi si riferisce col ben noto sintagma *ação de inconstitucionalidade*[2].

Un'ulteriore, e spiccata, similitudine, la quale non sfugge all'osservazione dell'ordinamento brasiliano, consiste nella vastità dei poteri attribuiti al potere giudiziario[3], il che – si vedrà – si è riverberato sulla prassi in materia di azioni collettive: può già da sùbito anticiparsi, infatti, come la quasi totalità delle stesse presso le Corti brasiliane sia stata promossa da un organo appartenente al plesso giurisdizionale, l'ufficio del Pubblico Ministero[4].

---

[2] Si tratta di un altro strumento riconducibile alla nozione di azione collettiva, quanto meno per il fatto che la sentenza pronunciata all'esito dell'*ação de inconstitucionalidade* produce effetti *erga omnes* su tutto il territorio nazionale. Questa forma di accesso diretto alla giustizia costituzionale – già previsto dalla Costituzione del 1934 – consente la proposizione di un'azione dinanzi alla Corte Suprema allo scopo di provocare il sindacato sulla legittimità costituzionale delle leggi federali o statali, ovvero – altresì – degli atti adottati dal potere esecutivo. Solamente determinati soggetti sono titolari della legittimazione attiva, e segnatamente: il Presidente della Repubblica; l'organo direttivo del Senato federale; l'organo direttivo della Camera dei Deputati; l'organo direttivo dell'Assemblea legislativa; i Governatori dei singoli Stati federati; il Procuratore Generale della Repubblica; il Consiglio Federale dell'Ordine degli Avvocati del Brasile; ogni partito politico con rappresentanza nel Congresso Nazionale; ogni confederazione sindacale o ente di classe di ambito nazionale. Sul tema cfr. K.S. ROSENN, "*Brazil's New Constitution: An Exercise in Transient Constitutionalism for a Transitional Society*", in *Am. J. Comp. L.*, 1990, fasc. 4, 773 ss., spec. 794 ss.; ID., "*Judicial Review in Brazil: Developments Under the 1988 Constitution*", in *Southwestern J. of Law & Trade in the Americas*, 2001, 291 ss.

[3] Secondo A. PELLEGRINI GRINOVER, *La difesa degli interessi transindividuali*, cit., 157, si tratterebbe di una notevole differenza rispetto all'assetto giuridico italiano quello della particolare fiducia riposta nel potere giurisdizionale, «*addirittura* [di] *una differenza culturale, una differenza di posizione politica, poiché il Brasile, come tanti Paesi dell'America Latina, è ostile e prevenuto nei riguardi del governo – dati i precedenti governi autoritari – ma ripone molta fiducia nel giudice e nell'amministrazione della giustizia*», con dei limiti beninteso.

[4] E il dato risulta ancora più interessante ove si consideri che il *trend* non ha subìto particolari

Nonostante ciò, tuttavia, la disciplina dell'azione di classe non è stata modellata né sulla *Rule 23* statunitense né sull'azione popolare della tradizione romanistica. Al contrario, essa è il precipitato legislativo di gran parte delle elaborazioni della dottrina dell'Europa continentale, specialmente italiana, sul fenomeno della *class action* statunitense[5].

Ne è testimonianza il fatto che – nonostante già la Costituzione del 1934 prevedesse una forma di *actio popularis* (poi modificata nel 1965[6]), proponibile da ogni singolo cittadino – il dibattito sulle forme di tutela degli interessi transindividuali è stato avviato negli anni '70, e grazie alla vasta eco in Brasile – forse ben più che in patria – riscossa dagli studi di alcuni tra i più autorevoli processualcivilisti italiani: ci si riferisce a Mauro Cappelletti, Vittorio Denti, Michele Taruffo e Vincenzo Vigoriti[7].

variazioni nel tempo: già nel 2003, A. PELLEGRINI GRINOVER, *La tutela degli interessi transindividuali*, cit., 158, riportava come «*il 90% dei processi collettivi* [in Brasile] *sono di iniziativa del p.m.*»; il dato è stato confermato in un recente studio, il quale ha stimato come la percentuale sia finanche cresciuta, ancorché di poco, aggirandosi intorno al 95%: così H. MOON JO, "*Recent Development of Class Actions in Brazil*", in *HUFS Global L. Rev.*, 2017, fasc. 2, 11 ss., spec. 14.

[5] La dottrina è unanime sul punto: cfr., *ex plurimis*, A. PELLEGRINI GRINOVER, *La difesa degli interessi transindividuali*, cit., spec. 157; A. GIDI, "*Class Actions in Brazil: A Model for Civil Law Countries*", in *Am. J. Comp. L.*, 2003, fasc. 2, 311 ss., spec. 324; A. GIUSSANI, *Azioni collettive risarcitorie*, cit., 162. In generale, sull'influenza esercitata dalla dottrina italiana sulla cultura giuridica brasiliana, *sub specie* processualcivilistica, v. J.C. BARBOSA MOREIRA, "*Il codice di procedura dello Stato della Città del Vaticano come fonte storica del diritto italiano*", in AA.VV., *Studi in onore di V. Denti*, I, Padova, Cedam, 1994, 1 ss.; C.R. DINAMARCO, "*Aspetto del nuovo codice del processo civile brasiliano*", in A. GIULIANI-N. PICARDI (a cura di), *Ricerche sul processo. 4 – Il processo civile brasiliano*, Rimini, Maggioli, 1988, 75 ss.

[6] Prim'ancora dell'emanazione di una legge *ad hoc* sull'*actio popularis*, era la Costituzione del 1934 a prevederne una forma. Per azione popolare, nel diritto brasiliano, va intesa quell'iniziativa giudiziaria proponibile da ogni cittadino per ottenere una declaratoria giudiziale di invalidità di un atto posto in essere dall'amministrazione pubblica e che risulti cagionare un danno al bene pubblico, alla probità della P.A., all'ambiente ovvero ai beni di rilevanza artistica e paesaggistica. Lo strumento dell'*actio popularis* non è tuttavia idoneo ad ottenere misure di natura ingiuntiva a tutela dei menzionati interessi. Le fonti normative dalle quali possono trarsi queste informazioni sono l'art. 5, *Constituição Federal* (1988), nonché la *Lei de Ação Popular*, *Lei* n. 4, 717, del 29 giugno 1965. In particolare, va posto in rilievo come la modifica da ultimo richiamata del 1965 abbia esteso (*rectius*: dettagliato) l'ambito operativo della nozione di patrimonio pubblico, facendovi rientrare anche i beni pubblici di rilievo artistico e paesaggistico. Per la connessione intercorrente tra l'azione popolare e la tutela degli interessi transindividuali, cfr. J.C. BARBOSA MOREIRA, "*A Açao Popular do Direito Brasileiro como Instrumento de Tutela Jurisdictional dos Chamados Interesses Difusos*", in *Temas de Direito Processual. Terceira Série*, São Paulo, Saraiva, 1977, 110 ss. Più in generale, cfr. K.S. ROSENN, *Brazil's New Constitution*, cit., 794 ss.; ID., *Judicial Review in* Brazil, cit., 291 ss.; R.W. FINDLEY, "*Pollution Control in Brazil*", in *Ecol. L.Q.*, 1998, fasc. 1, 1 ss., spec. 39-42. Per una panoramica sul tema dell'*actio popularis* in lingua italiana non può che rinviarsi a S. SETTIS, *Azione popolare*, Torino, Einaudi, 2012, *passim*.

[7] Si tratta dei seguenti e seminali scritti, che si riportano in ordine cronologico, M. TARUFFO,

Il dialogo instauratosi con la dottrina italiana è stato proficuo sin da subito, tanto che – in breve tempo – alcuni tra i più importanti giuristi brasiliani hanno proceduto alla redazione di lavori di fondamentale importanza, tra cui spiccano quelli di Ada Pellegrini Grinover[8], José Carlos Barbosa Moreira[9], Waldemar Mariz Oliveira Júnior[10].

Ed è stata proprio la dottrina ad aver giocato un ruolo di prim'ordine nella produzione normativa sull'azione di classe brasiliana, essendosi arrogata il ruolo di vero e proprio formante del diritto[11] mediante l'influenza del proprio prestigio, con la continua ricerca, e mediante pressioni esercitate sull'organo legislativo. Tanto è vero che, in un lasso di tempo relativamente breve– tre lustri circa – in Brasile poteva dirsi già formatasi una robusta disciplina in materia di tutela aggregata di interessi superindividuali omogenei, coadiuvata da una vasta produzione dottrinale.

Quando si afferma che l'influenza degli accademici brasiliani sia stata determinante in campo legislativo in materia di azione di classe, si intende dire che la produzione normativa abbia rappresentato realmente il frutto della penna degli studiosi. Per convincersi della bontà di queste affermazioni, è sufficiente richiamare le parole di Ada Pellegrini Grinover[12]:

> «*noi in Brasile [...] dopo aver elaborato in dottrina* [la questione delle azioni collettive sia in termini di analisi del diritto nordamericano, sia in termini di proposte

---

"*I limiti soggettivi del giudicato*", cit., 609 ss.; V. DENTI, "*Le azioni a tutela degli interessi collettivi*", in *Riv. dir. proc.*, 1974, 533 ss.; M. CAPPELLETTI, *op. cit.*, 361 ss.; ID., "*La protection d'intérêts collectifs et de groupe dans le procès civil (Métamorphoses de la procédure civile)*", in *Revue internationale de droit comparé*, 1975, fasc. 3, 571 ss.; M. CAPPELLETTI-B. GARTH, *The Florence Access-to-Justice Project*, Aalphen aan den Rijn-Milano, Sijthoff and Noordhoff-Giuffrè, 1978-9; V. VIGORITI, *op. cit.*

8 J.C. BARBOSA MOREIRA, *A ação Popular do direito brasileiro*, cit.

9 A. PELLEGRINI GRINOVER, "*A tutela jurisdictional dos interesses difusos*", in *Revista dos Tribunais*, 1979, fasc. 1, 25 ss.

10 W. MARIZ OLIVERIA JR., "*Tutela jurisdictional dos interesses coletivos e difusos*", in *Revista de Processo*, 1984, fasc. 1, 7 ss.

11 Il ruolo preminente della dottrina nelle esperienze di *civil law* è ben descritto da F.H. LAWSON, *A Common Lawyer Looks at the Civil Law*, Ann Arbor, University of Michigan, 1955, 69 ss.; J.H. MERRYMAN, *The Civil Law Tradition*, Stanford, Stanford University Press, 1985, 56-67, 80-84, 106 ss. In dottrina italiana è rinvenibile la tesi secondo cui la dottrina (*rectius*: gli elaborati dottrinali) costituisce un formante del diritto: R. SACCO, "*Legal Formants: A Dynamic Approach to Comparative Law*", in *Am. J. Comp. L.*, 1991, fasc. 2, 343 ss. Sul tema generale degli influssi della dottrina, cfr., *ex plurimis*, V. VARANO-V. BARSOTTI, *La tradizione giuridica occidentale*, cit., 191 ss. Per quanto specificamente attiene all'influenza della dottrina brasiliana sul legislatore cfr. A. GIDI, *Class Actions in Brazil*, cit., 325 ss.; A. PELLEGRINI GRINOVER, *La difesa degli interessi transindividuali*, cit., 157.

12 A. PELLEGRINI GRINOVER, *op. loc. ult. cit.*

generiche per una tutela giurisdizionale degli interessi collettivi] *ci siamo semplicemente seduti ad un tavolo – per essere precisi, il tavolo di casa mia – ed abbiamo presentato il primo progetto di legge, tramutato in legge nell'85, sulla tutela giurisdizionale degli interessi collettivi*».

La legislazione cui si fa riferimento nel passo è la *Lei da Ação Civil Pública*[13], la quale ha rappresentato il primo atto di natura legislativa in Brasile recante disposizioni in materia di azioni collettive.

Scopo precipuo del neo-concepito strumento di tutela era la protezione degli interessi o dei diritti diffusi e collettivi *stricto sensu*. La caratteristica principale di questi ultimi va ravvisata nella loro intrinseca indivisibilità: non può dirsi soddisfatto l'interesse o il diritto di un membro del gruppo senza che sia soddisfatto anche quello degli altri membri. E viceversa, ossia la negazione di un interesse o di un diritto nei confronti di uno comporta inevitabilmente la negazione verso tutti i componenti del gruppo.

La tutela approntata dalla *Ação Civil Pública* non era, però, idonea a ricomprendere i diritti individuali omogenei lesi da un unico evento dannoso, i cc.dd. *mass tort cases*. Gli esempi più vistosi rimasti esclusi erano relativi ai consumatori e alle vittime da infortuni sul lavoro.

Difatti, mentre l'ambiente considerato nella sua dimensione indivisibile non poneva particolari problemi per la determinazione del risarcimento danni – tanto è vero ciò che la legge già prevedeva sentenze di condanna per il ripristino dello stato *quo ante* lesione – lo stesso non poteva dirsi per la tutela consumeristica, allorché dall'accertamento della violazione di un interesse o di un diritto sarebbe dovuta conseguire – fatalmente – la determinazione di una riparazione personale del danno subito in via collettiva.

La situazione rimase invariata sino al 1990, anno in cui venne approvato il codice dei consumatori. *Medio tempore*, tuttavia, il legislatore brasiliano introdusse alcune novità in materia di ricorsi collettivi: con la riforma costituzionale del 1988, oltre all'ampliamento della tutela costituzionale degli interessi diffusi, fu inserito nella Costituzione il *mandado de segurança*, mediante il quale far valere, anche e soprattutto collettivamente, le illegalità e gli abusi posti in essere dal potere pubblico[14]. Tra il 1989 e il 1990, poi, furono approvate tre leggi mediante le quali si estendeva la tutela collettiva a gruppi di persone portatrici di *handicap*, investitori in valori mobiliari e bambini. Si trattava di leggi recanti disposi-

[13] Lei n. 7.347, de 24 de julho de 1985, consultabile su *http://www.planalto.gov.br/ccivil_03/leis/l7347orig.htm*.

[14] V. art. 5, LXIX, Costituzione brasiliana (1988). Cfr., *ex plurimis*, A. PELLEGRINI GRINOVER, "'Mandado de segurança' *collettivo: legittimazione, oggetto e cosa giudicata*", in AA.VV., *Studi in onore di V. Denti*, IV, Padova, Cedam, 1994, 391 ss.

zioni sostanziali, onde il riferimento obbligato all'azione civile pubblica per la disciplina procedurale.

Infine, nel 1990 è entrato in vigore il *Codigo de difesa do consumidor* (d'ora in avanti, *C.D.C.*), che ha condotto alla consacrazione definitiva, nel sistema brasiliano, delle azioni collettive per la riparazione dei danni personalmente subiti. Va notato che – sebbene sia contenuta nel codice del consumo – la disciplina ha carattere *trans-substantive*, e trova quindi applicazione a tutte le ipotesi di azioni di classe che riguardino posizioni soggettive individuali ed omogenee [15].

Il suddetto codice ha introdotto uno strumento di tutela collettiva, attribuendo la legittimazione ad agire ad una serie di soggetti: il pubblico ministero, lo Stato federale, le entità territoriali locali, le associazioni a difesa di interessi e diritti dei singoli organi della pubblica amministrazione. Non anche, invece, ai cittadini *uti singuli*.

Tale circostanza crea una rilevante differenza rispetto alla disciplina statunitense sulla *class action*, la quale non individua *ex lege* soggetti legittimati all'instaurazione del giudizio, ma impone al giudice il compito di stabilire l'adeguatezza della rappresentatività ai fini del rilascio del provvedimento endoprocessuale di abilitazione all'esercizio dell'azione in forma collettiva. In Brasile è discusso se il requisito dell'*adequacy of representation* sia comunque necessario, nonostante la previsione *ope legis* di soggetti legittimati ad agire.

A tal riguardo deve essere svolta una premessa: la legge sull'azione civile pubblica, cui si è conformato il codice del consumo, non ha accolto le sollecitazioni della dottrina, la quale riteneva maggiormente preferibile la soluzione statunitense. Al contrario, il legislatore ha seguito le indicazioni provenienti dall'ufficio del pubblico ministero di San Paolo [16].

Tuttavia, nella prassi si sono verificati casi nei quali, ad esempio, alcune associazioni, sebbene rispondessero ai requisiti previsti *ex lege*, sollevavano perplessità in ordine alla loro credibilità e serietà, alle conoscenze tecniche e scientifiche, alla capacità economica, all'attitudine a sostenere una difesa processuale efficace. In altre parole, non avrebbero superato il vaglio dell'adeguata rappresentatività *à la* statunitense.

Parimenti dicasi per alcune azioni promosse dal p.m., apparse disallineate con gli interessi e i valori sociali della classe, potendosi ricreare veri e propri conflitti di interessi con la classe medesima [17].

Una parte della dottrina brasiliana si è quindi profusa nell'impegno di dimo-

---

[15] In termini, A. GIDI, *Class Actions in Brazil*, cit., 328.

[16] Ricostruisce così il quadro A. PELLEGRINI GRINOVER, "*Le azioni collettive ibero-americane: nuove questioni sulla legittimazione e la cosa giudicata*", in *Riv. dir. proc.*, 2003, fasc. 1, 10 ss.

[17] *Ibidem*.

strare come in realtà sia comunque necessaria – ancorché non espressamente prevista – una verifica in ordine all'adeguatezza della rappresentatività.

In particolare, tale impostazione fa *pivot* sul dato legislativo contenuto all'art. 82 del *C.D.C.*, giusta il quale è consentito al giudice di «*riconoscere la legittimazione dell'associazione costituita da meno di un anno, quando l'azione sia sorretta da un manifesto interesse sociale evidenziato dalla dimensione e dalle caratteristiche del danno, ovvero dalla particolare rilevanza del bene giuridico bisognoso di protezione*», ricavandosene *a contrario* la regola secondo cui in difetto di rappresentatività adeguata il giudice può negare la legittimazione ad agire [18].

Dall'analisi del sistema brasiliano si evince la compresenza di due distinti rimedi processuali: l'azione civile pubblica del 1985, per quanto attiene agli interessi e ai diritti diffusi e collettivi; l'azione di classe del *C.D.C.* per quanto riguarda la tutela degli interessi individuali omogenei.

Le due forme di tutela, oltre che relativamente alla natura degli interessi e dei diritti tutelati, differiscono in maniera vistosa in punto di efficacia della cosa giudicata. Se, infatti, nell'azione civile pubblica il giudicato ha efficacia *erga omnes*, e non potrebbe che essere così stante la natura indivisibile degli interessi e dei diritti sottesi, lo stesso non accade nella tutela degli interessi omogenei e divisibili.

Con riferimento alla soluzione data dal *C.D.C.*, in particolare, va posto in rilievo come il sistema brasiliano si sia discostato dalle tradizionali alternative dell'*opt-in* e dell'*opt-out* elaborate nella *common law*, proponendo, al contrario, il giudicato *secundum eventum litis* [19] – ossia un giudicato con efficacia *ultra partes* ma solo per favorire, e non per pregiudicare, le pretese personali. Per un verso, ciò implica l'operare di una mera preclusione della riproposizione dell'azione in forma collettiva in caso di rigetto della domanda, lasciando impregiudicato il diritto dei singoli membri della classe ad agire individualmente per far valere le proprie pretese. Per un altro, il giudicato *secundum eventum litis* facilita i com-

[18] *Ibidem*. *Contra* A. GIDI, *Class Actions in Brazil*, cit., 367, secondo il quale l'adeguata rappresentatività è implicita nel fatto che il legislatore abbia indicato quei soggetti legittimati ad agire per la classe. Sull'importanza che il controllo sull'adeguata rappresentatività assumerebbe nelle ipotesi di *defendant class actions*, cfr. A. PELLEGRINI GRINOVER, *Le azioni collettive iberoamericane*, cit., 10 ss. Ad onor del vero, non è certo che nel sistema brasiliano possa essere proposta un'azione contro una classe: a favore si esprime l'A. da ultimo citata; *contra* R. DE CAMARGO MANCUSO, *Interesses difusos, conceito e legitimação para agir*, São Paulo, Revista dos Tribunais, 1991, 134 ss.

[19] Art. 103 del *C.D.C.* Per un'analisi della *res judicata* nel sistema brasiliano di azioni metaindividuali, cfr. A. PELLEGRINI GRINOVER, *La difesa degli interessi transindividuali*, cit., 162 ss.; ID., *Le azioni collettive ibero-americane*, cit., 10 ss.; A. GIDI, *Class Actions in Brazil*, cit., 386 ss. Si tratta della soluzione accolta dalla disciplina tedesca della *Verbandskage*, su cui v. H. KOCH, "*Class and Public Interest Actions in German Law*", in *Civ. J. Q.*, 1986, fasc. 1, 66 ss. e *infra*, Cap. V.

ponenti della classe, consentendo loro di aderire anche in un momento successivo alla emanazione della pronuncia, così di fatto sollevandoli dall'onere di valutare un intervento in giudizio. Soluzione, quest'ultima, ripresa anche dal legislatore italiano nella neo-approvata riforma sull'azione di classe[20].

In definitiva, il coacervo normativo e la letteratura scientifica brasiliani meritano particolare attenzione, in primo luogo, perché il Brasile è stato il primo tra i sistemi di *civil law* a farsi carico delle sollecitazioni provenienti dall'esperienza di *class action*, peraltro discostandosene vistosamente; in secondo luogo, per la peculiare storia di intrecci con la dottrina italiana e per le influenze da quest'ultima esercitate; infine, in quanto il sistema brasiliano ha fortemente influenzato i Paesi del Sudamerica, anche grazie ad una legislazione modello elaborata dall'*Instituto iberoamericano de derecho procesal*[21].

2. *L'*Acción colectiva *in Argentina*

Nell'àmbito dei Paesi latinoamericani, degna di nota risulta essere sicuramente l'esperienza argentina[22].

Le ragioni per le quali questo sistema suscita particolare interesse risiedono, per un verso, nelle vistose differenze rispetto al sistema brasiliano, per un altro, nella natura pretoria della disciplina in esame.

Il passaggio fondamentale da cui muovere è la riforma della Costituzione federale argentina del 1994, con la quale si è inteso realizzare una sorta di "costituzionalizzazione" delle azioni collettive.

In dettaglio, l'obiettivo è stato perseguito sia sotto un profilo sostanziale sia processuale.

---

[20] Cfr. *infra*, Cap. VI, § 6.

[21] Cfr. R. BERIZONCE-A. PELLEGRINI GRINOVER-A. LANDONI SOSA, *op. cit.*, 561 ss. Un progetto alternativo a quello da ultimo menzionato è stato elaborato da Antonio Gidi, il quale ha ritenuto essere maggiormente opportuno l'*opt-out* in luogo del giudicato *secundum eventum litis*: A. GIDI, "*The Class Action Code: A Model for Civil Law Countries*", in *Arizona J. Int'l & Comp. L. Rev.*, 2005, fasc. 1, 37 ss., illustrato in Italia in ID., "*Il codice del processo civile collettivo. Un modello per i Paesi di diritto civile*", in *Riv. trim. dir. proc. civ.*, 2005, fasc. 2, 697 ss.

[22] Per spunti di carattere generale si rinvia a F. CAMPOLIETI-I.J. MINORINI LIMA, "*Latin America*", in P. KARLSGODT, *World Class Actions*, Oxford, Oxford University Press, 2012, 134 ss.; L.J. GIANNINI, *La tutela colectiva de derechos individuales homogéneos*, La Plata, Librería Editora Platense, 2007; F. VERBIC, *Procesos colectivos*, Buenos Aires, Astrea, 2007, *passim*; ID., "*Class Actions in Argentina: The Need for a Wider Scope to Embrace Judicial Efficiency*", in *Civ. Pro. Rev.*, 2015, fasc. 1, 95 ss.; ID., "*An Overview of Class Actions in Argentina*", 2017, reperibile su: *http://globalclassactions.stanford.edu/sites/default/files/documents/ARGENTINA.pdf*.

Relativamente al primo profilo, mediante la redazione di un elenco – non esaustivo – di diritti collettivi a rilevanza costituzionale[23]; quanto al secondo, elevando a rango primario la legittimazione ad agire per via collettiva.

L'art. 43, par. 2, della Costituzione federale argentina, così come modificata nel 1994, più specificamente, attribuisce il diritto di «*promuovere azione contro qualsiasi forma di discriminazione e per quanto riguarda i diritti di tutela dell'ambiente, della concorrenza, oltre che i diritti di incidenza collettiva in generale,* [a]*l soggetto interessato dal fenomeno,* [a]*l difensore del popolo e* [al]*le associazioni che operano a tali fini, registrate nel rispetto della legge, la quale indicherà i requisiti e le forme organizzative*».

Tuttavia, e nonostante l'esortazione del legislatore costituzionale a rendere effettivi i diritti collettivi enucleati mediante una tutela aggregata, per tre lustri circa – e cioè sino alla nota pronuncia *Halabi*[24] da parte della Corte Suprema argentina – le uniche legislazioni operanti su tutto il territorio e contenenti indicazioni per l'esercizio collettivo dei relativi diritti erano solamente quelle in materia ambientale e sulla tutela dei consumatori[25].

Come si accennava, un tentativo per rimediare al vuoto legislativo è stato posto in essere dalla Corte Suprema argentina con la decisione resa nel caso *Halabi*[26].

La pronuncia scaturiva da un *amparo* proposto da tale Halabi – avvocato e utilizzatore di servizi di telefonia mobile e internet – per ottenere la dichiarazione di incostituzionalità della legislazione federale argentina in materia di intercettazioni, la quale consentiva la captazione delle comunicazioni senza la necessità di una previa autorizzazione da parte di un organo giurisdizionale.

In grado di appello, la Corte competente ne aveva dichiarato l'incostituzionalità, estendendo l'efficacia della relativa cosa giudicata a tutti i soggetti che si trovavano in una posizione analoga a quella del ricorrente.

La pronuncia venne, quindi, impugnata dinanzi alla Corte Suprema argentina, ma solo relativamente alla questione dell'ambito di operatività del giudicato reso all'esito del *recurso de amparo*.

---

[23] Sul fenomeno della costituzionalizzazione dei diritti collettivi, cfr. E.D. OTEIZA, "*La constitucionalización de los derechos colectivos y ausencia de un proceso que los 'ampare'*", in ID. (a cura di), *Procesos colectivos*, Santa Fe, Rubinzal Culzoni, 2006, spec. 28; cfr. inoltre F. VERBIC, *Class actions in Argentina*, cit., 96; ID., *An Overview of Class Actions in Argentina*, cit., 2.

[24] Corte Suprema argentina, *Halabi c. Poder Ejecutivo Nacional*, sent. 24 febbraio 2009.

[25] Ci si riferisce alla *Ley* n. 25.675 (*Ley General de Ambiente*) e alla *Ley* n. 24.240 (*Ley de Defensa del Consumidor: normas de protección y defensa de los consumidores; autoridad de aplicación, procedimientos y sanciones*, in ispecie come riformata dalla *Ley* n. 26.361). Sul tema cfr. F. VERBIC, "*Procesos colectivos para la tutela del medio ambiente y de los consumidores y usuarios en la República Argentina. Relatório nacional (Argentina)*", in *Civ. Pro. Rev.*, 2013, numero speciale, 310 ss. In senso critico, R. LORENZETTI, *Justicia colectiva*, Santa Fe, Rubinzal Culzoni, 2010, spec. 275 ss.

[26] La legislazione impugnata era la *Ley* n. 25.873 ed il decreto attuativo n. 1563/04.

Con una statuizione notevolmente innovatrice rispetto al quadro legislativo allora vigente in Argentina, la Corte ha ritenuto – con una risicata maggioranza di 4 a 3 – possibile la proposizione di un'*acción colectiva* che avesse gli stessi tratti distintivi della *class action à la* statunitense. Precisando, sul punto, come la proponibilità di tale forma di tutela transindividuale dovesse essere ritenuta ammissibile pur in assenza di una disciplina all'uopo adottata, sottolineando come il già menzionato art. 43 della Costituzione federale argentina non contenga norme meramente programmatiche, ma – al contrario – direttamente precettive e applicabili.

In aggiunta a ciò, la Corte ha individuato alcuni requisiti necessari affinché un'*acción colectiva* sia formalmente ammissibile: *i*) deve esservi una precisa delimitazione del gruppo costituente la classe; *ii*) il ricorrente deve garantire un'adeguata rappresentatività della classe medesima; *iii*) il relativo procedimento deve consentire agli interessati di venire a conoscenza della pendenza del giudizio che li riguarda; *iv*) l'adeguata pubblicità deve rispondere ad altre due concorrenti finalità: evitare la proposizione di analoghe azioni di classe; e, a valle, contrasti di giudicato; *v*) infine, lo strumento è esperibile solo ove si pongano ostacoli all'accesso alla giustizia individuale[27].

Il requisito da ultimo menzionato – sempre nell'ottica della Corte Suprema in *Halabi* – soffre un'eccezione allorquando la controversia, che dovrebbe trovare tutela mediante strumenti individuali, coinvolga un forte interesse statale[28], possibilmente emergente tanto dal rilievo sociale della controversia (ambiente, consumatori, salute pubblica, etc.), quanto per la necessità di tutela delle minoranze deboli. La soluzione offerta dalla Corte Suprema argentina ha trovato conferma in una più recente pronuncia resa nel caso *PADEC v. Swiss Medical*[29].

---

[27] Il requisito da ultimo menzionato ha attratto a sé qualche critica da parte della dottrina, la quale ha ravvisato una certa irragionevolezza nel pretendere la dimostrazione della non efficace attivabilità degli strumenti individuali di tutela, per tutti F. VERBIC, *An Overview of Class Actions in Argentina*, cit., 4 (in particolare, l'A. adduce una serie di dati volti a dimostrare come le azioni di classe potrebbero ben costituire un modo per abbattere l'elevato volume del contenzioso presso le corti argentine).

[28] Sul punto F. VERBIC, "*Class Actions in Argentina*", cit., 95 ss., spec. 100 ss., sostiene – condivisibilmente – come l'eccezione ricavata ponga nel nulla il requisito di cui al punto *v*, attribuendo ampia discrezionalità all'organo giurisdizionale dinanzi al quale il ricorso è proposto. Peraltro, viene rilevato da ID., *An Overview of Class Actions in Argentina*, cit., 5, come l'ampio potere riconosciuto all'organo giudicante si sia tradotto in approcci contrastanti nella prassi.

[29] Corte Suprema argentina, *PADEC c. Swiss Medical s/ Nulidad de cláusulas contractuales*, sent. 21 agosto 2013, N. P.361. XLII. Per un commento si veda F. VERBIC, "*La decisión de la CJSN en 'PADEC c. Swiss Medical'. Ratificación de "Halabi" y confirmación de la bases para un modelo de tutela colectiva de derechos en Argentina*", in *Revista de derecho comercial, del consumidor y de la empresa*, 2013, reperibile su: *https://edisciplinas.usp.br/pluginfile.php/4365599/mod_resource/cont*

Da quanto fin qui riportato, possono essere individuate alcune caratteristiche dell'*acción colectiva*: essa ha origine pretoria; per quanto attinente alle posizioni soggettive protette, e alla loro elencazione, essa presenta delle forti analogie con il diritto brasiliano, mentre invece la disciplina processuale risulta modellata integralmente sulla *Rule 23* statunitense.

Non è peregrino sostenere come essa si atteggi, in effetti, come una soluzione ibrida.

Da ultimo, va dato conto di alcuni progetti, elaborati in sede legislativa, volti a riformare la disciplina e presentati nel 2016, ma che non hanno avuto buon esito[30].

Maggiormente incisiva, al contrario, appare l'attività di una commissione di esperti nominati in seno al *Ministero de Justicia y de Derecho Umanos*, che ha pubblicato una proposta di regolamentazione dell'*acción colectiva*, frutto di intenso dibattito con vari attori istituzionali e non (come le associazioni *non profit*, per esempio); la proposta menzionata, lo scorso 23 ottobre 2018, ha ricevuto il *placet* – sia pur con qualche riserva – da parte della Commissione giustizia della Camera dei deputati[31].

Non resta che attendere e seguirne gli sviluppi.

3. *Taiwan: dalle* representative actions *ad una forma di* class action

L'*incipit* di un recente saggio del collega Casabona si apre con una frase provocatoria: «(i)*l diritto comparato a Taiwan non esiste*»[32]. Salvo poi – ovviamente – continuare precisando come questa sarebbe l'affermazione propria di un osservatore distratto o di un ricercatore *sedentario*.

Il sistema giuridico di Taiwan – per l'appunto se non studiato attentamente – sembrerebbe ignorare il diritto comparato: riprova ne sarebbe l'assenza di qualsivoglia riferimento di questa scienza nei programmi universitari. Tuttavia, addentrandosi – con maggiore pervicacia – nelle pieghe dell'ordinamento taiwanese, è possibile scorgere un orizzonte tutto diverso. E la peculiarità risiede in ciò: praticamente la stragrande maggioranza dei professori di diritto nelle Università taiwanesi hanno trascorso soggiorni in diversi Paesi stranieri, primi

ent/0/1__%20Nota%20sobre%20PADEC%20c.%20Swiss%20Medical%20%28o%20Halabi%20I I%29%20%28JA%29.pdf.

[30] Si tratta dei progetti n. 7798-D-2016 e n. 5356-D-2016.

[31] Si tratta del progetto n. 6817-D-2018.

[32] S. CASABONA, "*Comparative law made in Taiwan: ovvero la comparazione giuridica senza diritto comparato*", in *www.comparazionedirittocivile.it*, 2017, fasc. 1, 1 ss., spec. 1.

fra tutti la Germania, gli Stati Uniti d'America, il Giappone, la Gran Bretagna e la Francia[33].

La circolazione degli accademici ha generato un fenomeno di tutto interesse, ben sintetizzato nella nozione di "bisogno del diritto comparato", che – a differenza di quanto da noi conosciuto – si è tradotto non già in "un diritto comparato", ma in una comparazione diffusa in ogni settore disciplinare.

In altre parole, non esistono corsi di diritto comparato – forse, diremmo noi, non v'è una scienza – ma ogni materia e ogni branca del diritto sono pervase dalla comparazione. Per riprendere il contributo citato in apertura, «*una comparazione giuridica senza il diritto comparato*»[34].

Da tali premesse, non sorprenderà quindi come si sia recepito su territorio taiwanese lo strumento della *class action*[35].

Il codice civile emanato nel 1930 non conosceva alcuna forma di gestione aggregata del contenzioso, ma ben presto – con l'emendamento del 1935 – fu introdotto l'art. 41, relativo al *representative party sistem*, a norma del quale più parti con interessi comuni sono autorizzate a nominare, fra di loro, uno o più soggetti ai quali conferiscono il potere di agire in giudizio o di essere convenuti in loro rappresentanza.

Questo sistema – tuttavia – non ha dato buona prova in termini di efficienza: si trattava di una semplice aggregazione di domande, richiedente – ad ogni modo – l'accertamento individuale per ogni posizione soggettiva dedotta in giudizio; peraltro, non potendosi beneficiare neppure delle allegazioni fattuali svolte da parte degli altri componenti del gruppo.

A questa unica formula di protezione metaindividuale di interessi omogenei, il legislatore ne ha accostata un'altra con il *Consumer Protection Act* del 1994, ove sono previste una serie eterogenea di rimedi:

1. la possibilità per un'associazione di proporre un'azione nell'interesse di almeno 20 consumatori;
2. un'azione di natura inibitoria contro un operatore economico che abbia leso un interesse collettivo e proponibile da un'associazione per la tutela del consumo, in tale ultimo caso non essendo richiesto un apposito mandato da parte dei consumatori;

---

[33] *Ivi*, 4, ove l'A. pone in luce il grado di internazionalizzazione di una delle più importanti facoltà taiwanesi, la *National University of Taiwan*, riportando come «*solo uno sui 43 componenti del corpo docente della Facoltà di legge ha una formazione esclusivamente taiwanese, i restanti hanno conseguito dottorati di ricerca o LLM in Germania, USA, Giappone, Inghilterra e Francia*».

[34] S. CASABONA, "*Comparative law made in Taiwan: ovvero la comparazione giuridica senza diritto comparato*", cit.

[35] *Ex plurimis*, K.L. SHEN, "*Class Action in Taiwan: A New System Created Using the Theory of 'Right of Procedure Options'*", in *N.T.U. L. Rev.*, 2010, fasc. 1, 39 ss.

3. l'istituzione di una forma pubblica di notificazione e comunicazione per consentire l'esercizio dell'*opt-in* in una controversia già pendente.

Nel 2002, l'istituto della *class action* è stato esteso alla tutela degli investitori nei valori mobiliari.

Una riforma ben più rilevante si è avuta nel 2003, quando – grazie ad un emendamento al codice di procedura civile – l'azione di classe è stata resa *trans-substantive*, e quindi utilizzabile in ogni controversia civile.

Ad oggi, dunque, la tutela aggregata di interessi a Taiwan si è emancipata dall'originaria formulazione cristallizzata nella legislazione consumeristica – configurata come azione collettiva, limitando la legittimazione ad agire alle sole associazioni dei consumatori –, giungendo non solo a consentire a ciascun individuo la promozione di un'azione di classe ma, soprattutto, di esperirla in ogni settore del diritto civile.

* * *

Un *trend* che ha anticipato le modifiche intervenute nei sistemi giuridici dell'Europa continentale, alla cui analisi è giunto il momento di volgere ora lo sguardo.

V

LA *CLASS ACTION* E LE ESPERIENZE DELL'EUROPA CONTINENTALE

SOMMARIO: 1. L'esperienza spagnola. – 2. L'esperienza francese: dalla settoriale *action en représentation conjointe* alla generalizzata *action de groupe*. – 3. La *gruppratteganq* in Svezia. – 4. Dalla *Verbandsklage* al c.d. processo modello: prospettive tedesche. – 5. L'Austria e il c.d. *Modell der Sammelklage*. – 6. Brevi cenni sulla recente esperienza ungherese.

1. *L'esperienza spagnola*

La diffusione conosciuta dagli strumenti di tutela aggregata nei Paesi latino-americani ha rappresentato il "ponte" per l'accoglimento di questi nei Paesi dell'Europa continentale. Da apripista ha fatto la Spagna con la *Ley de Enjuiciamiento Civil* del 2000[1], dove l'introduzione di tale disciplina si è inscritta in una più ampia riforma del processo civile.

[1] Trattasi della *Ley* 1/2000, *B.O.E.* dell'8 gennaio 2000, 323 ss. Per un'analisi del contesto socio-normativo precedente all'introduzione della legislazione del 2000, cfr. P. GUTIÉRREZ DE CABIEDES, *La tutela jurisdiccional de los intereses supraindividuales: colectivos y difusos*, Pamplona, Aranzadi, 1999, *passim*. Sulla riforma del nuovo millennio, cfr. L.M. BUJOSA VADELL, "*La protección de los consumidores y usurarios en la nueva Ley de Enjuiciamiento Civil*", in *Revista Jurídica de Cataluña*, 2001, fasc. 4, 969 ss.; J.F. GARNICA MARTÍN, "*Las acciones de grupo en la LEC 1/2000*", in *La Ley: Revista jurídica española de doctrina, jurisprudencia y bibliografía*, 2001, fasc. 6, 1451 ss.; P. GUTIÉRREZ DE CABIEDES, "*La nueva Ley de Enjuiciamiento Civil y los daños con múltiples afectados*", in *Derecho del Consumo: acceso a la justicia, responsabilidad y garantía*, Ministerio de Sanidad y Consumo-Consejo General del Poter Judicial, Madrid, 2001, 163 ss.; S. BARONA VILAR (a cura di), *Tutela de los consumidores y usurarios en la nueva Ley de Enjuiciamiento Civil*, Valencia, Tirant lo Blanch, 2002; R. BELLIDO PENADÉS, "*La tutela de los intereses de los consumidores en la nueva Ley de Enjuiciamiento Civil*", in *Tribunales de Justicia. Revista española de derecho procesal*, 2002, fasc. 1, 1 ss.; M.I. GONZÁLES CANO, *La tutela colectiva de consumidores y usurarios en el proceso civil*, Valencia, Tirant lo Blanch, 2002; J. SILGUERO ESTAGNAN, "*Las acciones colectivas de grupo en España*", in A. GIDI-E. FERRER MAC-GREGOR (a cura di), *Procesos colectivos. La tutela de los derechos difusos, colectivos y individuales en una prospectiva comparada*, Ciùdad de México,

Il novellatore spagnolo ha così reso possibile la proponibilità di azioni per la tutela di diritti superindividuali omogenei dei consumatori e degli utenti ("*consumidores y usuarios*").

Tuttavia, la proposizione secondo cui tali azioni siano state praticabili solo a decorrere dalla vigenza dell'intervenuta riforma del processo civile spagnolo è vera solo parzialmente, e merita di essere approfondita (in parte anche smentita).

Difatti, in Spagna, l'origine del fenomeno delle tutele rimediali collettive è ben più risalente nel tempo, ed – in particolar modo – è affiorato nell'àmbito della protezione del consumatore, a partire dall'introduzione della relativa legge nel 1984, ove già erano rinvenibili i germi dell'esigenza di una collettivizzazione della protezione del consumo per la configurazione di tutele più efficaci [2].

Accanto alla *Ley General para la Defensa de los Consumidores y Usuarios*, va menzionata un'ulteriore circostanza costituita dalla presenza nella *Ley Organica del Poder Judicial* del 1° luglio 1985 dell'art. 7.3, giusta il quale il potere giudiziario era tenuto alla tutela di diritti e interessi, tanto nella loro cifra individuale quanto collettiva [3].

A tale contesto normativo deve aggiungersi un tragico evento avvenuto in Spagna, e poi sfociato in una controversia giudiziaria, divenuta nota alle cronache con il nome del "*Caso dell'olio di colza*".

Non è lontano dal vero sostenere che la tutela aggregata in Spagna sia occasionata proprio quale reazione al fatto da ultimo richiamato, e quindi come uno strumento rimediale anzi tutto di natura pretoria, nato ed emerso dalla prassi. D'altro canto, anche chi non volesse condividere questa impostazione, non potrebbe negare alla vicenda che ci si accinge a descrivere un ruolo decisivo per l'avanzamento verso la riforma legislativa del 2000.

Porrúa, 2004, 337 ss.; Y. DE LUCCHI LÓPEZ TAPIA, *La tutela jurisdiccional civil de los intereses de consumidores y usurarios*, Madrid, Edisofer, 2005; A. FERRERES COMELLA, "*Las acciones de clase ("Class Actions") en la Ley de Enjuiciamiento Civil*", in *Actualidad jurídica uría y menéndez*, Vol. 11, 2005, 38 ss. In lingua italiana, cfr. R. MARENGO, *op. cit.*, 155 ss.; A. GIUSSANI, *Azioni collettive risarcitorie*, cit., 170 ss. Di fondamentale rilievo sulla materia risultano essere, in lingua inglese, il *report* nazionale realizzato nell'ambito dello *Stanford-Oxford Project* sullo studio della *class action* quale fenomeno globalizzato, P. GUTIÉRREZ DE CABIEDES, "*Group Litigation in Spain – National Report*", 2007, 1 ss., reperibile in *http://globalclassactions.stanford.edu/sites/default/files/documents/spain_national_report.pdf*; F. MALAGA, "*Spain*", in P. KARLSGODT, *World Class Actions*, cit., 301 ss. e i riferimenti ivi. Più di recente, in un'ottica di diritto comparato tra Stati Uniti e Spagna, cfr. R.A. WENINGER, "*The VW Diesel Emissions Scandal and the Spanish Class Action*", in *Colum. J. Eur. L.*, 2016, fasc. 1, 91 ss.

[2] Tali rilievi sono stati svolti da P. GUTIERREZ DE CABIEDES, *Group Litigation in Spain*, cit. e sono riportati da R.A. WENINGER, *The Spanish Class Action*, cit., 103, spec. nota 65.

[3] Art. 7.3 della *Ley Organica* 6/2000: «*Los Juzgados y Tribunales protegerán los derechos e intereses legítimos, tanto individuales como colectivos, sin que en ningún caso pueda producirse indefensión. Para la defensa de estos últimos se reconocerá la legitimación de las corporaciones, asociaciones y grupos que resulten afectados o que estén legalmente habilitados para su defensa y promoción*».

Il caso *de quo* traeva origine da alcune condotte avventate poste in essere da un gruppo di imprenditori spagnoli, i quali, sul principiare degli anni '80 del secolo scorso, iniziarono ad importare dalla Francia olio di colza di bassa qualità – normalmente impiegato a fini industriali – per sottoporlo a processi di colorazione che l'avrebbero reso somigliante al comune olio d'oliva, onde poterlo commerciare come adatto per il consumo umano.

Non sorprendentemente, ben presto l'olio si rivelò essere dannoso per la salute umana, avendo provocato l'intossicazione di circa 25.000 persone e la morte di 400[4].

La vicenda venne portata dinanzi alle Corti spagnole grazie all'attivismo dell'*Organización de Consumidores y Usuarios* (di seguito, semplicemente *O.C.U.*).

In particolar modo, mediante delle iniziative processuali a carattere collettivo non contemplate *ex lege*, l'*O.C.U.* ha promosso e sviluppato azioni per l'ottenimento del risarcimento dei danni subiti nei giudizi penali a carico degli importatori di olio, nonché nei giudizi amministrativi instaurati per l'accertamento della responsabilità dell'Amministrazione spagnola per omessa sorveglianza dell'attività di importazione e commercio del prodotto dannoso.

Degno di nota in questa ricostruzione è, indubbiamente, la circostanza che l'Associazione consumeristica abbia attivato le diverse iniziative processuali non solamente in favore dei propri associati, ma anche per tutti i soggetti lesi dal consumo dell'olio.

Nel 1997 – ovverosia tre anni prima dell'introduzione della disciplina legale sull'azione di classe – la Suprema Corte spagnola, pronunciandosi sul giudizio penale nel quale l'*O.C.U.* aveva preso parte in qualità di parte civile, ha riconosciuto *de facto* la proponibilità di azioni di gruppo riconoscendo alle vittime il risarcimento richiesto.

Dai rilievi fin qui svolti emergono già i primi lineamenti della configurazione spagnola delle tutele aggregate: trattasi di uno strumento atto alla tutela dei consumatori; ruolo fondamentale è svolto dalle associazioni consumeristiche; è da principio contemplata la tutela risarcitoria (al contrario di com'è accaduto – in-

---

[4] Stando a quanto riportato dalla stampa – sia locale, che internazionale – si sarebbe trattato della più vasta intossicazione alimentare nella storia dell'Europa moderna. Al riguardo si può prendere visione dell'articolo titolato "*A Long Trial in Spain on Fatal Tainted Food*" apparso sulle colonne del *New York Times* il 2 agosto 1987 e consultabile su *https://www.nytimes.com/1987/08/02/world/a-long-trial-in-spain-on-fatal-tainted-food.html*. Di particolare interesse risulta essere un'intervista del 2016 rilasciata dal Presidente dell'*Organización de Consumidores y Usuarios*, Mr. Ortega, e raccolta da R.A. WENINGER, *The Spanish Class Action*, cit., 109, spec. nota 86, in cui si pone l'accento proprio sul fondamentale ruolo svolto dal *mass tort case* dell'olio di colza nell'accelerazione delle iniziative legislative per l'approvazione di una disciplina sull'azione di classe. Ciò sta a testimoniare, per un verso, l'origine giurisprudenziale dell'azione di classe spagnola, per un altro, invece, spiega l'enfasi posta dal legislatore spagnolo sul ruolo delle associazioni rappresentative degli interessi dei consumatori nella promozione delle azioni collettive.

vece – in Italia, ove inizialmente l'azione di classe era limitata alla proposizione di inibitorie); infine, trova applicazione un sistema di *opt-in* temperato da alcune preclusioni processuali per i non partecipanti (delle quali si dirà nel prosieguo).

Ebbene, ciascuno degli elementi riportati fornisce le coordinate fondamentali che hanno orientato il legislatore spagnolo per plasmare l'azione di classe. Conviene, quindi, esaminare le disposizioni contenute nella legge del 2000 e dedicate alla trattazione della materia: l'art. 6.7 [5] e l'art. 11 [6] dedicati alla legittimazione ad agire; l'art. 15 [7] sulla pubblicità e la possibilità di inter-

[5] Art. 6.7, *Ley* 1/2000, "*Capacidad para ser parte*": «[...] *Podrán ser parte en los procesos ante los tribunales civiles* [...] (l)*os grupos de consumidores o usuarios afectados por un hecho dañoso cuando los individuos que lo compongan estén determinados o sean fácilmente determinables. Para demandar en juicio será necesario que el grupo se constituya con la mayoría de los afectados*».

[6] Art. 11, *Ley* 1/2000, "*Legitimación para la defensa de derechos e intereses de consumidores y usuarios*": «[...]*Sin perjuicio de la legitimación individual de los perjudicados, las asociaciones de consumidores y usuarios legalmente constituidas estarán legitimadas para defender en juicio los derechos e intereses de sus asociados y los de la asociación, así como los intereses generales de los consumidores y usuarios.* [...] *Cuando los perjudicados por un hecho dañoso sean un grupo de consumidores o usuarios cuyos componentes estén perfectamente determinados o sean fácilmente determinables, la legitimación para pretender la tutela de esos intereses colectivos corresponde a las asociaciones de consumidores y usuarios, a las entidades legalmente constituidas que tengan por objeto la defensa o protección de éstos, así como a los propios grupos de afectados.* [...] *Cuando los perjudicados por un hecho dañoso sean una pluralidad de consumidores o usuarios indeterminada o de difícil determinación, la legitimación para demandar en juicio la defensa de estos intereses difusos corresponderá exclusivamente a las asociaciones de consumidores y usuarios que, conforme a la Ley, sean representativas.* [...] *Las entidades habilitadas a las que se refiere el artículo 6.1.8 estarán legitimadas para el ejercicio de la acción de cesación para la defensa de los intereses colectivos y de los intereses difusos de los consumidores y usuarios. Los Jueces y Tribunales aceptarán dicha lista como prueba de la capacidad de la entidad habilitada para ser parte, sin perjuicio de examinar si la finalidad de la misma y los intereses afectados legitiman el ejercicio de la acción.* [...] *El Ministerio Fiscal estará legitimado para ejercitar cualquier acción en defensa de los intereses de los consumidores y usuarios*».

[7] Art. 15, *Ley* 1/2000, "*Publicidad e intervención en procesos para la protección de derechos e intereses colectivos y difusos de consumidores y usuarios*", «[...] *En los procesos promovidos por asociaciones o entidades constituidas para la protección de los derechos e intereses de los consumidores y usuarios, o por los grupos de afectados, se llamará al proceso a quienes tengan la condición de perjudicados por haber sido consumidores del producto o usuarios del servicio que dio origen al proceso, para que hagan valer su derecho o interés individual. Este llamamiento se hará por el Letrado de la Administración de Justicia publicando la admisión de la demanda en medios de comunicación con difusión en el ámbito territorial en el que se haya manifestado la lesión de aquellos derechos o intereses. El Ministerio Fiscal será parte en estos procesos cuando el interés social lo justifique. El tribunal que conozca de alguno de estos procesos comunicará su iniciación al Ministerio Fiscal para que valore la posibilidad de su personación.* [...] *Cuando se trate de un proceso en el que estén determinados o sean fácilmente determinables los perjudicados por el hecho dañoso, el demandante o demandantes deberán haber comunicado previamente su propósito de presentación de la demanda a todos los interesados. En este caso, tras el llamamiento, el consumidor o usuario podrá intervenir en el proceso en cualquier momento, pero sólo podrá realizar los actos procesales que no hubieran precluido.* [...] *Cuando se trate de un proceso en el que*

vento nelle azioni di classe; gli artt. 221 [8] e 222.3 [9] concernenti, rispettivamente, la sentenza resa all'esito dell'azione collettiva e gli effetti della cosa giudicata; l'art. 256.6 [10] relativo a questioni procedurali di natura preparatoria per la proposizione dell'azione; infine, l'art. 519 [11] circa l'esecuzione delle senten-

el hecho dañoso perjudique a una pluralidad de personas indeterminadas o de difícil determinación, el llamamiento suspenderá el curso del proceso por un plazo que no excederá de dos meses y que el Letrado de la Administración de Justicia determinará en cada caso atendiendo a las circunstancias o complejidad del hecho y a las dificultades de determinación y localización de los perjudicados. El proceso se reanudará con la intervención de todos aquellos consumidores que hayan acudido al llamamiento, no admitiéndose la personación individual de consumidores o usuarios en un momento posterior, sin perjuicio de que éstos puedan hacer valer sus derechos o intereses conforme a lo dispuesto en los artículos 221 y 519 de esta ley. [...] *Quedan exceptuados de lo dispuesto en los apartados anteriores los procesos iniciados mediante el ejercicio de una acción de cesación para la defensa de los intereses colectivos y de los intereses difusos de los consumidores y usuarios*».

[8] Art. 221, *Ley* 1/2000, "*Sentencias dictadas en procesos promovidos por asociaciones de consumidores o usuarios*": «[...] *Sin perjuicio de lo dispuesto en los artículos anteriores, las sentencias dictadas a consecuencia de demandas interpuestas por asociaciones de consumidores o usuarios con la legitimación a que se refiere el artículo 11 de esta Ley estarán sujetas a las siguientes reglas:*[*i)*] *Si se hubiere pretendido una condena dineraria, de hacer, no hacer o dar cosa específica o genérica, la sentencia estimatoria determinará individualmente los consumidores y usuarios que, conforme a las leyes sobre su protección, han de entenderse beneficiados por la condena. Cuando la determinación individual no sea posible, la sentencia establecerá los datos, características y requisitos necesarios para poder exigir el pago y, en su caso, instar la ejecución o intervenir en ella, si la instara la asociación demandante*[;] [*ii.*] *Si, como presupuesto de la condena o como pronunciamiento principal o único, se declarara ilícita o no conforme a la ley una determinada actividad o conducta, la sentencia determinará si, conforme a la legislación de protección a los consumidores y usuarios, la declaración ha de surtir efectos procesales no limitados a quienes hayan sido partes en el proceso correspondiente*[;] [*iii.*] Si se hubieren personado consumidores o usuarios determinados, la sentencia habrá de pronunciarse expresamente sobre sus pretensiones. En las sentencias estimatorias de una acción de cesación en defensa de los intereses colectivos y de los intereses difusos de los consumidores y usuarios el Tribunal, si lo estima procedente, y con cargo al demandado, podrá acordar la publicación total o parcial de la sentencia o, cuando los efectos de la infracción puedan mantenerse a lo largo del tiempo, una declaración rectificadora.

[9] Art. 222.3, *Ley* 1/2000, "*Cosa juzgada material*": «*La cosa juzgada afectará a las partes del proceso en que se dicte y a sus herederos y causahabientes, así como a los sujetos, no litigantes, titulares de los derechos que fundamenten la legitimación de las partes conforme a lo previsto en el artículo 11 de esta Ley*».

[10] Art. 256.6, *Ley* 1/2000, "*Clases de diligencias preliminares y su solicitud*": «[...] *Todo juicio podrá prepararse* [...] (p)*or petición de quien pretenda iniciar un proceso para la defensa de los intereses colectivos de consumidores y usuarios al objeto de concretar a los integrantes del grupo de afectados cuando, no estando determinados, sean fácilmente determinables. A tal efecto el tribunal adoptará las medidas oportunas para la averiguación de los integrantes del grupo, de acuerdo a las circunstancias del caso y conforme a los datos suministrados por el solicitante, incluyendo el requerimiento al demandado para que colabore en dicha determinación*».

[11] Art. 519, *Ley* 1/2000, "*Acción ejecutiva de consumidores y usuarios fundada en sentencia de condena sin determinación individual de los beneficiados*": «*Cuando las sentencias de condena a que se refiere la regla primera del artículo 221 no hubiesen determinado los consumidores o usuarios in-*

ze da parte dei consumatori che non abbiano preso parte al giudizio collettivo.

Volendo sommariamente analizzare la normativa di che trattasi, va dato rilievo, in prima battuta, di come nell'ipotesi in cui i soggetti lesi non siano facilmente identificabili, la legittimazione ad agire è riconosciuta esclusivamente alle associazioni consumeristiche. Viceversa, qualora lo siano, ciascun consumatore è potenzialmente legittimato. In pratica, una sorta di soluzione di compromesso (o ibrida, se si preferisce) tra un'azione collettiva e un'azione di classe.

Nel caso di proposizione di un'azione di classe, è necessario che la proposizione dell'azione sia comunicata a tutti i soggetti interessati, in modo tale da porli nella condizione di intervenire; al contrario, ove si versi nell'ipotesi di azione di classe (*rectius*: collettiva) i cui soggetti interessati siano di difficile individuazione, ovvero indeterminati, la disciplina processualcivilistica richiede alle associazioni promotrici di comunicare la notizia della pendenza della lite mediante canali informativi. A tale ultimo riguardo, va precisato come la prassi sia orientata nel senso di limitare l'operatività del meccanismo di pubblicizzazione nei soli casi di richieste risarcitorie, e non anche laddove ad essere richiesto sia un provvedimento inibitorio [12].

Oltre che per quanto da ultimo riportato, il discrimine rappresentato dalla identificabilità dei soggetti interessati implica delle ripercussioni anche per quanto attiene alle modalità di intervento dei soggetti interessati nel procedimento: nel caso in cui questi siano identificati ovvero agevolmente individuabili, hanno la facoltà di intervenire in giudizio, potendo colà porre in essere tutti gli atti per i quali non siano già scattate preclusioni processuali; al contrario, nell'ipotesi di indeterminatezza o di difficile individuazione dei soggetti lesi, l'intervento è possibile entro un termine perentorio stabilito nel provvedimento di cui si è dato pubblicità. In tale ultimo caso – secondo il disposto dell'art. 15.3 della *Ley* n. 1/2000 – il giudizio viene sospeso sino alla scadenza di detto termine al fine di consentire l'intervento degli interessati.

Il regime della partecipazione in giudizio dei soggetti interessati è quello di *opt-in*, in linea con l'impostazione europea di *class action*. È connotato, però, da caratteri peculiari, sui quali vale la pena soffermarsi, specie con riferimento agli effetti della cosa giudicata.

---

dividuales beneficiados por aquélla, el tribunal competente para la ejecución, a solicitud de uno o varios interesados y con audiencia del condenado, dictará auto en el que resolverá si, según los datos, características y requisitos establecidos en la sentencia, reconoce a los solicitantes como beneficiarios de la condena. Con testimonio de este auto, los sujetos reconocidos podrán instar la ejecución. El Ministerio Fiscal podrá instar la ejecución de la sentencia en beneficio de los consumidores y usuarios afectados».

[12] Si tratta di un'impostazione assunta nella pronuncia dell'*Audencia Provincial Sevilla* del 24 gennaio 2004 e riportata da A. GIUSSANI, *Azioni collettive risarcitorie*, cit., 171, spec. nota 20.

Per quanto attiene, infatti, agli effetti *ultra partes* della pronuncia favorevole alla classe, i terzi non partecipanti sono messi nella condizione di poterne beneficiare (c.d. *secundum eventum litis*) incardinando apposito giudizio in sede esecutiva conformemente al disposto dell'art. 519. Si tratta, in effetti, di una soluzione che – per quanto si dirà successivamente – si è fatta breccia ed è stata accolta dal legislatore italiano nella recente riforma dell'azione di classe [13].

Al contrario, ove sia la classe a risultare soccombente occorre distinguere a seconda di quale conformazione abbia assunto l'azione di classe in concreto. Difatti, non merita accoglimento la tesi – più volte sostenuta dagli avvocati delle parti abituali – secondo cui la cosa giudicata sfavorevole abbia effetto in ogni caso anche nei confronti dei soggetti interessati che siano rimasti terzi rispetto al giudizio [14].

L'impostazione testé richiamata muove da un'interpretazione oltremodo letterale dell'art. 222.3. Vero è che questo stabilisce la vincolatività della cosa giudicata anche nei confronti dei *no litigantes* (e non esclusivamente per le parti, i loro eredi e gli aventi causa); tuttavia, la medesima norma limita la detta operatività ai soli terzi i cui diritti siano il titolo fondante la legittimazione ad agire delle associazioni consumeristiche ai sensi dell'art. 11.

È proprio la valorizzazione di tale ultimo inciso a costituire la smentita dell'estensione *sine limite* degli effetti della cosa giudicata sfavorevole nei confronti dei terzi.

Anzitutto, qualora a promuovere l'azione sia un gruppo di consumatori senza l'ausilio di un'associazione consumeristica, non può ritenersi che i terzi non partecipanti – egualmente lesi e interessati – debbano essere vincolati dalla *res judicata*: viene meno, infatti, il presupposto costituito dalla circostanza che sia un'associazione consumeristica a proporre l'azione, fondando la propria legittimazione sui diritti dei soggetti da essa rappresentati come richiesto dalla disciplina spagnola.

In seconda battuta, non potrà invocarsi la cosa giudicata qualora l'azione – pur proposta da un'associazione consumeristica – abbia ad oggetto gli interessi generali dei consumatori, facoltà riconosciuta espressamente dall'art. 11.1: infatti, l'art. 222.3 limita l'operatività della cosa giudicata alle sole ipotesi in cui i non litiganti siano titolari di «*derechos que fundamenten la legitimación de las partes conforme a lo previsto en el artículo 11*».

In terzo luogo, e nella misura in cui si versi nell'ipotesi di difficile ovvero im-

---

[13] Cfr. *infra*, Cap. VI, § 6.

[14] R. WENINGER, *The Spanish Class Action*, cit., 123, nota 134, e 124, nota 136, riporta come alcuni studi legali internazionali, in particolar modo *Freshfields Bruckhaus Deringer*, *Linklaters*, *Garrigues*, non sorprendentemente si prodigano nell'impegno di tentare a tutti i costi di sostenere l'indiscriminata efficacia *ultra partes* della pronuncia sfavorevole nei confronti della classe.

possibile determinazione dei soggetti interessati, non può ritenersi che la cosa giudicata operi anche nei confronti di tutti i terzi non partecipanti: in tale ultimo scenario, i soggetti non intervenuti entro il termine sono messi al riparo dalla possibilità di attivare autonomi giudizi. Questa conclusione è ricavabile, con argomento *a contrariis*, dall'art. 519, il quale si preoccupa di precisare come i terzi non intervenuti in un'azione di classe, i cui soggetti interessati fossero di difficile ovvero impossibile individuazione, abbiano facoltà di beneficiare della sentenza favorevole mediante l'instaurazione di apposito giudizio esecutivo. Fa riferimento esplicitamente solo all'ipotesi di sentenza favorevole: *expressio unius est exclusio alterius!* Ne deriva – nel silenzio del legislatore – come la sentenza sfavorevole non costituisca un ostacolo per la proposizione di autonome iniziative processuali.

In definitiva, l'unica ipotesi in cui opererebbe la cosa giudicata nei confronti dei terzi non partecipanti sembrerebbe essere quella in cui venga proposta un'azione collettiva risarcitoria (instaurata cioè da un'associazione rappresentativa) in favore di soggetti interessati individuati ovvero di facile identificazione. Solo così è assicurata la coerenza sistematica della disposizione con il sistema prescelto dell'*opt-in*.

Dunque, la ricostruzione proposta mette in luce l'autentica natura dell'art. 222.3: si tratta di norma eccezionale, dove l'estensione dell'operatività della *res judicata* si giustifica quale meccanismo di bilanciamento tra gli interessi dei terzi ad essere dotati di mezzi effettivi di tutela e quelli ordinamentali di impedire l'abuso dei meccanismi rimediali superindividuali.

Con riferimento alla operatività della cosa giudicata, va dato conto di un certo orientamento della prassi che sembrerebbe aver messo in discussione la tradizionale impostazione che imponeva la non proponibilità su territorio spagnolo delle *defendant class actions*.

La questione si è presentata nel caso *Opening*, risalente al 2003: alcuni studenti, per poter frequentare dei corsi di lingua presso uno dei più importanti istituti spagnoli, avevano ottenuto dei prestiti da alcuni istituti di credito (impegnandosi questi ad anticipare il versamento dell'intera somma del costo del corso), assumendosi l'obbligo a restituire quanto finanziato con rate mensili.

Tuttavia, la scuola era successivamente entrata in stato di insolvenza e aveva, di conseguenza, proceduto all'interruzione anticipata delle lezioni. Ciononostante, però, gli istituti di credito avevano continuato a esigere il versamento delle rate mensili, fondando tale richiesta sull'assenza di connessione tra i contratti di finanziamento e l'acquisto/frequenza dei corsi.

La vicenda è stata, quindi, portata all'attenzione dei giudici spagnoli mediante la proposizione da parte di alcune associazioni per la tutela dei consumatori di un'azione collettiva avente finalità risarcitorie.

La Corte adita, dando ragione agli studenti, ha ritenuto sussistente il vincolo tra i prestiti e i corsi linguistici, ordinando la restituzione delle somme versate successivamente all'interruzione anticipata delle lezioni. Degno di nota è che l'ordine sia stato rivolto non solo agli istituti di credito parti del giudizio, ma anche nei confronti di quelli terzi, la cui posizione era assimilabile a quella dei primi.

Con il caso *Opening*, pertanto, benché non si sia introdotta una vera e propria facoltà di instaurazione di *defendant class actions*, si è realizzato *de facto* l'obiettivo che esse perseguono: la concentrazione delle domande in un'unica controversia nei confronti di una molteplicità di soggetti resisi responsabili di condotte, sia pure non identiche, ma comunque analoghe e lesive dei medesimi interessi o diritti.

Da ultimo, va segnalato come, ad oggi, siano ammessi patti di quota lite: nel 2008 la Suprema Corte spagnola ha ritenuto che il divieto di tali accordi – contenuto all'art. 16 del codice di deontologia forense spagnolo – andava rimosso, poiché da considerarsi in aperto contrasto con la legislazione spagnola in materia di concorrenza [15].

2. *L'esperienza francese: dalla settoriale* action en représentation conjointe *alla generalizzata* action de groupe

In seno al contesto ordinamentale francese molteplici sono state le iniziative in proposito di azioni per la tutela aggregata di interessi superindividuali omogenei con rapporti, progetti e, infine, iniziative legislative [16].

---

[15] *Sentencia del Tribunal Supremo*, 4 novembre 2008, JUR\2009\2800. Non è chiaro se la decisione della Corte abbia risentito dell'introduzione – avvenuta qualche anno prima – della disciplina sull'azione di classe: per approfondimenti sul punto si veda S. WENINGER, *The Spanish Class Action*, cit., 126 ss.; più in generale D.R. HENSLER, "*The Future of Mass Litigation: Global Class Actions and Third-Party Litigation Funding*, in *Geo. Wash. L. Rev.*, 2011, fasc. 2, 306 ss., spec. 309, ove l'A. ha modo di porre in rilievo come: «(e)*xperience suggests that class action procedures adopted solely for certain types of cases are extended later to other case types. In some jurisdictions, the advent of class actions and group proceedings is contributing to changes in fee regimes: for example, the demise of restrictions on contingency fees and the introduction of one-way fee shifting. In other words, putting class action procedures on the books can exert pressure to remove or loosen the obstacles to using them*».

[16] Relativamente all'esperienza francese di *class action*, *ex multis*, cfr. V. MAGNIER, *L'opportunité d'une action de groupe en droit des sociétés*, Parigi, P.U.F., 2004, *passim*; L. BORE, "*L'action en représentation conjointe: class action française ou action mort-née?*", in *Dalloz*, 2005, 267 ss.; S. GUINCHARD, "*Une* class action *à la française?*", in *Dalloz*, 2005, 2180 ss.; Y. PICOD, "*Le charme discret de la* class action", in *Dalloz*, 2005, 657 ss.; ID., "*L'action de groupe: âge d'or des implants ou modèle français?*", in *Dalloz*, 2006, 2865 ss.; E. JEULAND, "*La France*", in AA.VV., *Les recours col-*

Ad oggi, tale strumento assume una struttura composita, tanto dal punto di vista degli avvicendamenti legislativi, quanto sotto un profilo di eterogeneità della relativa disciplina.

L'originario assetto in materia – risalente al 1992 con l'introduzione del *Code de la consommation* (d'ora in avanti, per semplicità, *Code Conso.*) – non ha subìto, quanto meno sino al 2014, particolari variazioni.

Preliminarmente, va fatto rilevare come il rimedio escogitato dai *conditores* francesi si atteggiasse quale tipico strumento rimedial-collettivo elaborato in seno ai sistemi della tradizione di *civil law* – *sub specie*, quella propria dell'Europa continentale – i quali – per lungo tempo – avevano manifestato vistose riluttanze ad accettare l'idea che una tutela collettiva potesse essere realizzata anche senza l'intervento di organi statali. Non sfugge come la ritrosia al *private enforcement* fosse avvertita massimamente nel Paese della Rivoluzione borghese, della quale uno degli obiettivi principe fu proprio l'eliminazione dei *corps intermédiaires*.

Oltre che per ragioni culturali, le incertezze dimostrate dalla Francia sono state dovute da ulteriori circostanze, ma stavolta di ordine pratico.

Innanzitutto, va segnalato come uno dei principali ostacoli all'introduzione di una disciplina sui rimedi superindividuali sia consistito nelle pressioni esercitate dal ceto imprenditoriale – le cc.dd. parti abituali – che ha, peraltro, avuto un ruolo rilevantissimo nel naufragio dei due progetti di riforma dei quali si darà conto *infra*.

In aggiunta a quanto da ultimo posto in evidenza, vanno segnalati ulteriori limiti – anch'essi di ordine pratico – da rinvenire stavolta in taluni congegni elaborati dalla tradizione processualcivilistica dell'Europa continentale. Essi possono così riassumersi: in primo luogo, doveva farsi i conti – e così è ancora oggi – con le difficoltà sistematiche incontrate nel giustificare l'estensione degli effetti della cosa giudicata; in secondo luogo, l'azione di classe si scontrava con il principio sulla legittimazione ad agire del "*nul ne plaide par procureur*", in virtù del quale nessuno può agire in giudizio per far valere i diritti di altri individui, se non in casi eccezionali esplicitamente previsti dall'ordinamento; infine, un fattore di grande limitazione era rappresentato, inizialmente, dal divieto dei patti di

lectifs: étude comparée, Parigi, Société de législation comparée, 2006, 77 ss.; M. VERPEAUX, "*L'action de groupe est-elle soluble dans la Constitution?*", in *Dalloz*, 2007, 258 ss.; C. PRIETO, "*Actions de groupe et pratiques anticoncurrentielles: perspectives d'évolution ... au Royaume-Uni*", in *Dalloz*, 2008, 232 ss.; P. CASSIA, "*Vers une action collective en droit administratif francais*", in *Revue française de droit administratif*, 2009, 657 ss.; V. REBEYROL, "*La nouvelle action de groupe*", in *Dalloz*, 2014, 940 ss. In lingua italiana, E. CORAPI, "*Il caso "classaction.fr". Class action "à l'américaine"?*", in *Analisi giuridica dell'economia*, 2008, fasc. 1, 245 ss.; S. RONCO, "*La tutela di classe o di gruppo nell'ordinamento francese*", in *Pol. dir.*, 2014, fasc. 1, 145 ss.; B. ZUFFI, "*La* bonne nouvelle de l'action de groupe. *La Francia si dota finalmente di una tutela collettiva risarcitoria-riparatoria a fronte di pregiudizi materiali di massa svincolata dal previo conferimento di formali mandati da parte dei consumatori lesi*", in *Int'l Lis*, 2014, fascc. 3-4, 138 ss.

quota lite – il che comprimeva non di poco, da un punto di vista dell'incentivazione economica, l'attrattività dello strumento in questione.

Ciascuno dei fattori dianzi menzionati ha contribuito ad informare la disciplina elaborata inizialmente e confluita all'interno del *Code Conso.*

Tale ultima legislazione contiene – sia pure con le modificazioni intervenute nel corso degli anni di cui si dirà nel prosieguo – al suo interno una serie di ipotesi nelle quali gli interessi dei consumatori trovano tutela mediante le associazioni rappresentative di questi ultimi.

A tale normativa è riconosciuto un ruolo di primaria importanza. Tale disciplina (artt. L621-1 ss.) prevede una tutela giudiziale di tipo diretto, nel senso che le anzidette associazioni possono sostituirsi ai consumatori stessi in giudizio (caso contemplato dall'art. L 621-1), ovvero fornendo ai soggetti lesi sostegno processuale, che si traduce nelle ipotesi della rappresentanza (art. L 622-1) o dell'intervento (art. L 621-7).

In dettaglio, l'art. L 621-1 del Code Conso. dispone che «*les associations régulièrement déclarées ayant pour objet statutaire explicite la défense des intérêts des consommateurs peuvent, si elles ont été agréées à cette fin [...], exercer les droits reconnus à la partie civile relativement aux faits portant un préjudice direct ou indirect à l'intérêt collectif des consommateurs*».

L'intervento delle associazioni presuppone due condizioni:

1. la circostanza che si versi in un'ipotesi di illecito penale commesso dal professionista nei confronti del quale si agisce, come suggerito dal riferimento testuale alla *partie civile*;

2. il fatto che l'illecito commesso abbia arrecato pregiudizio all'interesse collettivo dei consumatori rappresentati dall'associazione. Ciò sta a significare – fatalmente – che l'interesse leso debba rientrare tra quelli inclusi nell'ambito della tutela approntata dall'associazione [17].

---

[17] In uno scritto di qualche tempo avevo avuto modo di sollevare due criticità della disposizione da ultimo richiamata nel testo. Si faceva rilevare come – una volta individuato il campo operativo della sua azione – l'associazione avrebbe dovuto poter agire per conto non solo dei propri membri. Tuttavia, facevo presente come né la legge si esprimeva sul punto, né tanto meno un supporto poteva essere ritrovato nella giurisprudenza, tutt'altro che univoca. Altra problematica non affrontata dal testo menzionato riguardava il significato da dover attribuire all'endiadi "*interesse collettivo*". A primo acchito, l'interesse collettivo sembrava apparire una nozione inutile: non poteva identificarsi con l'interesse generale, appannaggio esclusivo dell'intervento dell'ufficio del pubblico ministero; non poteva essere considerato la somma degli interessi individuali, poiché l'associazione non agiva quale mandataria dei propri membri; da ultimo, anche la sola tutela di un unico interesse individuale avrebbe sortito gli effetti sperati, nel senso di porre il professionista nella condizione di non poter più nuocere al singolo leso e agli altri consumatori presenti e futuri, potenzialmente ovvero effettivamente lesi da quella determinata condotta. Allora rilevavo come – e le conclusioni sono qui ripetibili nella misura in cui la norma in esame non è stata soggetta a

I provvedimenti ottenibili dalla proposizione di un'azione *ex* art. L 621-1 sono anch'essi di non facile individuazione, e difficilmente l'associazione potrà stabilire con precisione l'ammontare del danno causato dall'operatore economico/professionista. D'altro canto, esso non può, evidentemente, essere uguale alla somma delle singole posizioni soggettive dedotte in giudizio, poiché non si tratta di un'azione a tutela di interessi omogenei superindividuali, e tuttavia, non può neppure essere ridotto a una mera somma simbolica. Giocoforza, quindi, i tribunali volgono lo sguardo alla posizione e al patrimonio dell'associazione attrice, accordandole – nella maggior parte dei casi – la liquidazione di una somma corrispondente alle spese processuali, e – in taluni altri – una forma di risarcimento che assume più una funzione sanzionatoria del professionista, che non riparatoria dell'interesse collettivo leso.

Ciò spiega, a ben vedere, la ragione per la quale risulta essere maggiormente satisfattiva per l'associazione attrice ottenere un provvedimento volto alla inibitoria della condotta lesiva: ad esempio, il ritiro della vendita di un prodotto messo in commercio in violazione di una norma penale, oppure la soppressione di una clausola abusiva che integra una fattispecie di illecito sanzionato penalmente e così via.

Con riferimento all'inibitoria, va sottolineato come essa sia concessa anche in via autonoma e a prescindere da un illecito penale: ai sensi dell'art. L 621-6 del *Code Conso.*, alle associazioni è riconosciuto che esse «*peuvent agir devant la juridiction civile pour faire cesser ou interdire tout agissement illicite au regard des dispositions transposant les directives mentionnées à l'article 1er de la directive* [*2009/22/ CE du Parlement européen et du Conseil du 23 avril 2009 modifiée relative aux actions en cessation en matière de protection des intérêts des consommateurs*]».

Nel corso degli anni la disciplina dell'inibitoria ha subìto un'espansione del proprio àmbito applicativo, sotto l'egida degli interventi euro-unitari in materia consumeristica: mentre, inizialmente, essa era limitata ad ottenere la soppressione delle clausole abusive inserite nei contratti proposti dai professionisti ai consumatori, ad oggi l'inibitoria può essere diretta contro un ventaglio più ampio di ipotesi, contemplato dalla Direttiva 2009/22/CE.

Alle associazioni a tutela dei consumatori, oltre alle due ipotesi di azioni fin qui analizzate, è riconosciuta la legittimazione ad intervenire a sostegno dei consumatori, sia in rappresentanza che con un intervento in senso tecnico.

---

modifiche – la nozione di interesse collettivo avrebbe potuto funzionare quale veicolo surrogatorio della più volte deplorata azione pubblica, specialmente nei reati contro l'economia (o il più generale ordine economico). In qualche misura, equidistante dal mero interesse individuale e dal più ampio interesse generale. Cfr. G. SCARCHILLO, *La* class action*: profili di diritto comparato*, cit., 1029 ss.

Nel caso di intervento in senso tecnico, l'associazione può agire a sostegno di uno o più consumatori intervenendo in un giudizio pendente che abbia come oggetto la domanda di riparazione di un pregiudizio subito da una molteplicità di consumatori (art. L 621-9). Tale tipologia di azione è esperibile unicamente davanti alle giurisdizioni civili e solo nelle ipotesi in cui la controversia verta sulla responsabilità di un professionista [18].

Nel caso della rappresentanza, invece, le associazioni sono legittimate ad agire in rappresentanza dei consumatori, in modo tale da consentire loro di ottenere la riparazione di un pregiudizio subito. Questa azione – che prende il nome di "*action en représentation conjointe*" (la cui disciplina è contenuta agli artt. L 622-1 ss. del *Code Conso.*) – ha per obiettivo la difesa di interessi omogenei superindividuali. Il codice francese del consumo subordina la proposizione di tale azione a due condizioni:

a) in primo luogo, è necessario che esista un pregiudizio arrecato dal medesimo professionista ad almeno due consumatori;

b) in secondo luogo, è richiesto che ciascun consumatore rilasci all'associazione un mandato scritto.

Alla disciplina fin qui descritta – rimasta sostanzialmente immutata fino ad oggi – devono aggiungersi alcune altre iniziative legislative susseguitesi dal 2004 in poi.

Proprio nel novembre 2004, infatti, la *Commision des Règles et Usages du Conseil National des Barreaux* si è pronunciata, all'unanimità, in favore dell'abolizione del divieto del patto di quota lite per la materia delle azioni collettive, così compiendo un passo verso l'incentivazione economica all'impiego di tale strumento.

Di poco successive, invece, sono le coeve iniziative legislative del 2006 – l'una presentata alla Camera, l'altra in Senato –, le quali avevano un'origine comune nel rapporto sulle "azioni di gruppo" presentato nel 2005 [19].

---

[18] Al contrario, il *décret* n. 96/625 ha introdotto una differente disciplina la quale legittima le associazioni dei consumatori – previo ottenimento di mandato all'uopo rilasciato – di agire presso tutti i plessi giurisdizionali per far incardinare un'azione per la tutela ambientale.

[19] Il rapporto è la risposta che l'allora in carica Ministro guardasigilli e Ministro dell'economia, della finanza e dell'industria e quello delle piccole e medie imprese, del commercio, dell'artigianato, delle professioni e del consumo hanno dato all'auspicio del Presidente Chirac di voler introdurre delle procedure di azioni collettive anche nell'ordinamento francese. All'uopo, è stato istituito un gruppo di lavoro – composto da giuristi e da rappresentanti dei consumatori e delle imprese, sotto la direzione del direttore generale della Concorrenza, del consumo e della repressione delle frodi e del direttore degli affari civili e del guardasigilli che ha avuto l'obiettivo di studiare le esperienze straniere di *class action*, così da formulare alcune proposte adeguate al sistema francese. Il rapporto di che trattasi è consultabile in *https://www.ladocumentationfrancaise.fr/var/storage/rapports-publics/054004458.pdf*.

In tale rapporto, il gruppo di lavoro aveva formulato due proposte possibili e alternative cui il legislatore francese avrebbe potuto attingere per modulare i procedimenti collettivi: 1) la c.d. *action de groupe* (più marcatamente orientata all'esperienza madre di *class action*, e – a cascata – all'esperienza quebecchese), ovvero 2) l'azione per la responsabilità da *préjudice de masse*[20].

La prima iniziativa è stata promossa da alcuni senatori provenienti dalle fila del Partito Socialista nel 25 aprile 2006 (si tratta de "*La proposition de loi sur le recours collectif*" n. 332/2006). Al contrario, la seconda – risalente anch'essa all'aprile del 2006 e che prende il nome dal deputato che l'ha presentata, tale Luc-Marie Chatel – è stata appoggiata e promossa anche dal Governo francese.

Le soluzioni offerte dalle iniziative erano agli antipodi: mentre la prima rispettava lo stilema classico del necessario rilascio del mandato, al contempo – però – estendendo il campo applicativo dell'azione al di là della materia del consumo (nella direzione di una disciplina *transsubstantive*), la seconda eliminava la necessità del mandato, confinando tuttavia l'azione di classe alla tutela del consumatore.

Oltre all'origine comune, le due iniziative hanno condiviso un infausto destino: entrambe si sono arenate, molto probabilmente per ragioni elettorali, essendosi in piena campagna elettorale per le elezioni presidenziali, di talché non si voleva introdurre uno strumento malaccetto dall'imprenditoria.

Successivamente, il dialogo tra i vari *stakeholders* circa l'opportunità di rendere maggiormente efficace lo strumento della tutela collettiva è stato svolto dal gruppo di lavoro istituito in seno alla *Commision des lois constitutionnelles, de législation, du suffrage universel, du Règlement et d'administration générale*. In particolare, un rapporto pubblicato ha posto in rilievo l'inefficienza dell'azione come congegnata dal legislatore francese, in ragione della sua inadeguatezza ad offrire un'effettiva tutela in special modo in quelle controversie di modesta entità: dal 1992 al 2010 erano state promosse in Francia solo 5 *actions en représentation conjointe*, con un numero di consumatori variante compreso tra i 2 e i 60[21].

Da qui, e una volta preso atto dello scarso successo riscosso da tale strumento nella prassi giudiziaria, è maturata concretamente l'esigenza di un ripensamento dell'intera disciplina, che ha condotto all'approvazione della *Loi* n. 344/2014 (c.d. *Loi Hamon*) con cui si è introdotta l'*action de groupe*[22].

---

[20] Sul punto, e per una più ampia disamina del rapporto, nonché dei conseguenti disegni di legge, cfr. V. PANZIRONI, "*Le proposte di legge francesi sull'azione collettiva risarcitoria presentate all'Assemblée Nationale e al Sénat nell'aprile 2006*", in *CERADI – L.U.I.S.S.*, febbraio 2007, consultabile in *http://static.luiss.it/siti/media/5/20070223-Panzironi_azione_collettiva.pdf*.

[21] Si tratta del *Rapport d'information constitutionelles* n. 499 del maggio 2010 redatto per la *Commision des lois, de législation, du suffrage universel, du Règlement et d'administration générale* da L. Béteille e R. Yung e consultabile in *https://www.senat.fr/rap/r09-499/r09-4991.pdf*.

[22] Cfr. sul tema S. RONCO, *La tutela di classe o di gruppo nell'ordinamento francese*, cit. e i rife-

Lo strumento da ultimo richiamato, inserito nel *Code Conso.* agli artt. L 632-1 ss., non abroga l'azione in rappresentanza congiunta, ma vi si affianca.

Ciononostante, da un punto di vista pratico, la portata applicativa di tale ultima azione ne risulta fortemente compressa, se non finanche annullata: infatti, l'ambito applicativo dell'*action de groupe* coincide con quello dell'*action en représentation conjointe*, presentando però il non trascurabile vantaggio di non richiedere per la promozione dell'azione di classe il previo rilascio di appositi mandati da parte dei consumatori asseritamente lesi dalle condotte poste in essere dal professionista.

In ciò risiede la maggiore novità dello strumento approvato nel 2014, nell'aver – pur nel rispetto della tradizionale impostazione secondo cui la legittimazione ad agire è riservata esclusivamente alle azioni accreditate – eliminato il requisito del mandato scritto, in un'ottica di bilanciamento tra le esigenze proprie dei sistemi di *opt-in* ed il concorrente, ma altrettanto pregevole, bisogno di rendere il sistema delle azioni metaindividuali più efficiente per una tutela maggiormente effettiva.

Da un punto di vista procedurale, l'*action de groupe* si presenta come bifasica: una prima, deputata all'accertamento della responsabilità del professionista convenuto, tesa a provocare – in altri termini – il *jugement sur la responsabilité* (ma non nel caso in cui trovi applicazione la procedura semplificata, ove l'accertamento della responsabilità e l'individuazione dei componenti del gruppo cui è rivolto l'indennizzo sono contestuali); una seconda, condizionata all'esito positivo dell'accertamento della responsabilità, finalizzata alla liquidazione e all'esecuzione delle singole pretese riparatorie, nonché al loro coordinamento.

I *conditores* del 2014 avevano prefigurato l'eventualità che – al termine del primo triennio di operatività dell'azione di gruppo – il perimetro di applicazione avrebbe potuto essere esteso oltre la materia del consumo e a settori quali l'ambiente, la salute etc. (cfr. art. 2, § 6 della *Loi Hamon*).

Un primo passo in questa direzione è stato compiuto nel gennaio 2016, con la *Loi n. 2016-41*, che ha introdotto l'*action de groupe* nel *code de la santé publique* (artt. L 1143-1 ss.), consentendo la proposizione della tutela rimediale collettiva anche nelle ipotesi di danni provocati da un produttore, venditore ovvero di qualunque utilizzatore di dispositivi medici.

Tuttavia, è con la *Loi du 18 novembre 2016 de modernisation de la justice du 21e siècle* – entrata in vigore il 21 novembre del medesimo anno –, che si è ottenuto il massimo ampliamento dell'operatività dell'*action de groupe*.

La disciplina del 2016 ha operato su due livelli differenti: per un verso, ha reso possibile la proposizione delle azioni di gruppo in materia di controversie di

---

rimenti ivi; per un'analisi più marcatamente orientata alla comprensione delle maggiori novità da un punto di vista processualcivilistico cfr. B. ZUFFI, *La* bonne nouvelle de l'action de groupe, cit.

lavoro, di protezione dei dati personali e di tutela ambientale; per un altro, che costituisce cosa ben più rilevante, la legge di ammodernamento della giustizia francese ha fornito un quadro generale e sistematico per l'azione di gruppo (agli artt. 62 ss.).

Dal panorama ricostruttivo fornito consegue che, ad oggi, l'azione di gruppo è proponibile in Francia potenzialmente per qualsiasi controversia, in perfetta concordanza con le tendenze euro-unitarie, le quali propendono per una modulazione *transsubstantive* delle azioni di tutela aggregata.

3. *La* grupprattegang *in Svezia*

Dopo un acceso dibattito, anche in Svezia è entrata in vigore – nel 1° gennaio 2003 – la legge introduttiva dell'azione di classe, denominata *Lagen om grupprattegang*.

L'importanza dell'esperienza svedese risiede nel fatto che il legislatore italiano ha guardato a quest'ultima per introdurre l'azione risarcitoria collettiva nel 2008[23].

Tale legge prevede tre differenti strumenti rimediali aggregati in ambito civile ed ambientale: la c.d. "*Class Action Privata*", "*Class Action Organizzativa*" e "*Class Action Pubblica*". Benché si solga riferirvisi con il termine "*class action*", dai rilievi qui di seguito svolti emergeranno con chiarezza le vistose differenze con quest'ultimo istituto.

Relativamente alla prima tipologia di azione (*Class Action Privata)*, una persona può presentare una richiesta di risarcimento per danni davanti al giudice a nome di un gruppo di persone le cui richieste sono basate sullo stesso evento o su simili fatti e circostanze. Il rappresentante della classe deve essere in grado di condurre la causa alla luce del proprio interesse nella materia e dei mezzi finanziari necessari a portarla a termine.

La rappresentanza di un consulente legale è obbligatoria in questi procedimenti in modo da poter proteggere gli altri membri della classe e costituisce una

---

[23] Sul punto, cfr. C. CONSOLO, "*È legge una disposizione sull'azione collettiva risarcitoria: si è scelta la via svedese dello* "opt-in" *anziché quella danese dello* "opt-out" *e il filtro ("L'inutil precauzione")*", in *Corr. giur.*, 2008, fasc. 1, 5 ss. In materia di controversie di gruppo in Svezia, cfr. P.H. LINDBLOM, "*Sweden*", in *The Annals of the American Academy of Political and Social Science*, 2009, 231 ss.; si veda, inoltre, il *national report* realizzato nel contesto dello *Stanford-Oxford project*, consultabile in: *http://globalclassactions.stanford.edu/sites/default/files/documents/Sweden_National_Report.pdf*. E pure la postilla di aggiornamento del 2008 in *http://globalclassactions.stanford.edu/sites/default/files/documents/Sweden_Update_paper_Nov%20-08.pdf*. Si veda, altresì, A. GIUSSANI, *Azioni collettive risarcitorie*, cit., 168 s., spec. 168 e i riferimenti bibliografici riportati in nota 15.

particolarità di questo istituto, dal momento che normalmente, in Svezia, non è una figura necessaria nei processi civili.

L'accettazione da parte del giudice di una "*class action*" è in questo caso soggetta a condizioni, essendo questa la più efficiente alternativa processuale.

Non appena la richiesta di una "azione di classe" viene portata in tribunale, le persone colpite possono unirsi alla classe fino alla data prevista dal giudice come termine ultimo per compiere questa operazione.

La Svezia ha, infatti, adottato un sistema di *opt-in*; il giudice considererà come parti interessate, successivamente ad una sua pronuncia, solamente coloro che per iscritto avessero per tempo comunicato la loro intenzione di voler partecipare al processo in questione.

Il giudizio scaturito successivamente ad una azione di classe sarà vincolante per tutte le parti facenti parte del gruppo determinato. È importante sottolineare come la conclusione del giudizio non necessiti di una pronuncia giudiziale, essendo altresì possibile il raggiungimento di un intendimento tra le parti – un accordo transattivo – che prenderà luogo della sentenza previa però l'approvazione del giudice.

La sentenza avrà valore per tutti i membri della classe, tanto per il suo rappresentante, quanto per ognuno dei membri che la costituisce.

La possibilità, invece, di aver una *Organizational class action* è limitata a due specifici settori: la protezione dei consumatori e la tutela ambientale.

L'organizzazione di una *class action* avviata sotto la legge di tutela dei consumatori deve riferirsi necessariamente a controversie legali relative a beni o servizi. L'associazione che intraprende l'azione deve essere riconosciuta dal giudice come idonea rappresentante della classe. In tal caso, l'organizzazione sarà legittimata ad agire in giudizio in nome dei suoi membri e di tutte le altre parti lese.

Infine, occorre evidenziare un ultimo punto, riguardante la possibilità che autorità nominate dal governo possano perseguire la così detta "*Public Class Action*".

Tra le *class action* proposte dal momento dell'adozione della legge una ha senz'altro ottenuto parere negativo, ci riferiamo a quella proposta contro il quotidiano *Aftonbladet* quando lanciò, dietro pagamento, una competizione in cui successivamente non vi furono vincitori a causa di problemi tecnici; negli altri casi, si è ancora in attesa di un verdetto che stabilisca l'eventuale possibilità di poter adire ad una azione di classe.

In accordo alle dichiarazioni fornite dal Ministro della giustizia, l'atto con cui si introduce la "*class action*" è oggetto di analisi e potrebbe essere rivalutato o modificato sulla base di queste prime esperienze.

Le organizzazioni dei lavoratori lamentano, tuttavia, che non ha avuto l'effetto desiderato grazie al sistema di "*opt-in*", ossia di volontaria immissione all'interno di una classe che ha di fatto spuntato l'arma a disposizione dei consumatori per fornire maggiore forza nei confronti delle eventuali parti convenute.

Alla luce delle "*class actions*" che è stato possibile riscontrare come "accettate", i rappresentanti delle società e gli avvocati dei convenuti invece discutono su quelli che sono i problemi che nascono con la valutazione delle condizioni di ammissibilità. La critica principale alla legge è di non avere una modalità precisa per compiere tale valutazione e di essere, a volte, eccessivamente vaga.

Un ulteriore aspetto rilevante è quello per cui anche in Svezia vige il principio per cui la parte soccombente paga le spese del processo. Con lo scopo di ridurre il rischio di dover addossare queste spese fra le parti, il "*Class Action Act*" svedese prevede una specifica disposizione riguardo i possibili accordi sul pagamento degli avvocati e del rappresentante della classe. Nel caso in cui l'azione dovesse aver esito positivo, l'avvocato ha facoltà di richiedere il doppio della parcella oraria che gli sarebbe dovuta sulla base della scala che regola il valore del proprio lavoro.

Nel caso in cui la *class action* fosse rigettata vi è la possibilità che l'avvocato promotore possa non ricevere compenso.

4. *Dalla* Verbandsklage *al c.d. processo modello: prospettive tedesche*

Analogamente a quanto accaduto in Francia, anche la Germania ha manifestato non poche ritrosie nei confronti della *class action*, avendo tradizionalmente prediletto lo strumento della *Verbandsklage*[24].

---

[24] L'esperienza tedesca ha interessato da sempre la dottrina italiana: in generale, si veda M. TARUFFO, "*Modelli di tutela giurisdizionale degli interessi collettivi*", in L. LANFRANCHI (a cura di), *La tutela giurisdizionale degli interessi diffusi e collettivi*, Torino, Giappichelli, 2003, 53 ss.; in prospettiva comparata R. CAPONI, "*Modelli europei di tutela collettiva nel processo civile: esperienza tedesca e italiana a confronto*", in *Riv. trim. dir. proc. civ.*, 2007, fasc. 4, 1229 ss.; A. MARCIANÒ, "*Azione collettiva: diverse esperienze a confronto*", in *Lavoro nella Giur.*, 2011, fasc. 3, 269 ss.; per un'analisi della più recente legislazione sul c.d. processo modello (c.d. *KapMuG*) cfr. A. CARRATTA, "*Dall'azione collettiva inibitoria a tutela di consumatori e utenti all'azione collettiva risarcitoria: i nodi irrisolti delle proposte di legge in discussione*", in *Giur. it.*, 2005, fasc. 3, 3 ss.; ID., "*L'azione collettiva risarcitoria e restitutoria: presupposti ed effetti*", in *Riv. dir. proc. civ.*, 2008, fasc. 3, 723 ss.; ID., "*L'abilitazione all'esercizio dell'azione collettiva*", in *Riv. dir. proc. civ.*, 2009, fasc. 2, 315 ss.; C. CONSOLO-D. RIZZARDO, "Class actions *fuori dagli USA*", cit., 38 ss.; ID., "*Due modi di mettere le azioni collettive alla prova*", cit., 891 ss. Ne danno conto C. PONCIBÒ, *op. cit.*, 124 ss.; P.F. GIUGGIOLI, "*L'azione collettiva risarcitoria: una prima lettura*", in *Corr. giur.*, 2008, fasc. 3, 430 ss.; C. MOREO, "*L'azione collettiva risarcitoria: luci ed ombre di una recente novella*", in *Nuova Giur. civ.*, 2008, fasc. 6, 2180 ss.; C. PUNZI, "*L'"azione di classe" a tutela dei consumatori e degli utenti*", in *Riv. dir. proc. civ.*, 2010, fasc. 2, 253 ss. Nella letteratura tedesca *ex multis* P. REINER, *Die Ver-*

In parte, la cautela tedesca proviene da perplessità simili a quelle dei cugini d'oltralpe: non solo, e non tanto, per limiti provenienti dalla tradizione processualcivilistica, ma più per il timore di ricreare tensioni con i grandi operatori economici tedeschi.

Per tale ragione, ha, da sempre, trovato un più ampio plauso la più modesta figura dell'azione di gruppo mediata dalle associazioni rappresentative degli interessi via via coinvolti.

La già menzionata *Verbandsklage* ha un'origine storica ben precisa, individuabile nel periodo di tempo a cavallo tra il XIX e il XX secolo. I fattori che hanno condotto alla relativa elaborazione vanno ricercati nello scioglimento delle corporazioni delle arti e dei mestieri, e nella contemporanea soppressione delle giurisdizioni speciali preposte a dirimere le liti insorte in seno a tali corporazioni: nel mutato scenario, si era reso necessario elaborare un congegno parimenti efficiente per la vigilanza e il controllo delle condotte dei soggetti operanti nel mercato[25].

Il precipitato normativo delle intenzioni sistematiche è rinvenibile nell'attribuzione – ad opera della legge del 1896 sulla concorrenza sleale – della legittimazione ad agire in giudizio in capo alle associazioni di categoria per adempiere a compiti latamente riconducibili ad obiettivi di "polizia commerciale".

Sul punto, va segnalato come, mentre in Francia la legittimazione riconosciuta alle associazioni abbia costituito un punto di arrivo, a seguito di non poche cessioni di potere effettuate dall'organismo pubblico in favore dei fenomeni di *private enforcement*, in Germania l'azione mediata dalle associazioni di categoria rappresenta un'esigenza originaria dell'ordinamento, che ha fatto assurgere queste ultime a ruolo di veri e propri controllori del buon funzionamento del mercato.

Dunque, la tutela di gruppo ha una specifica origine nel diritto della concorrenza sleale, distaccandosi di molto rispetto alla coeva elaborazione statunitense di *class action*, la quale si orientava invece verso un approccio non già settoriale, ma – come ripetuto ampiamente – *transsubstantive*.

Nel 1965, con un'emenda, è stata attribuita la legittimazione ad agire anche in capo alle associazioni consumeristiche, e – dal 2004 – la disciplina è confluita nel *Gesetz gegen den unlauteren Wettbewerb* (*UWG*).

---

bandsklage nach dem AGBG: Voraussetzungen, Entscheidungswirkungen und dogmatische Einordnung, Köln-Berlin-Bonn-München, Heymann, 1979, *passim*; J. BASEDOW, *Die Bundelung gleichgerichteter Interessen im Prozess: Verbandsklage und Gurppenklage*, Tubingen, Mohr, 1999, *passim*; R.M. HEYDEN-T.J. FRANKLIN, "*KapMuG: Class Actions vor deutschen Gerichten?*", in *Zeitschrift für Vergleichende Rechtswissenschaft*, 2006, fasc. 3, 313 ss; K. MURER, "*L'Allemagne*", in AA.VV., *Les recours collectifs*, cit., 71 ss.; A. STADLER, "*What's New In The 'New German KapMuG'?*", in *E.B.L.R.*, 2013, fasc. 6, 731 ss.

[25] Sulle radici storiche della *Verbandsklage* più diffusamente R. CAPONI, *Modelli europei di tutela collettiva*, cit., 17 e i riferimenti ivi.

Originariamente la disciplina tedesca si limitava a concedere unicamente una tutela inibitoria all'associazione richiedente (quella cui vi si è soliti riferire con il sintagma "*injunctive class action*"), il cui evidente limite era quello di funzionare unicamente *pro futuro*, mettendo al riparo da pretese risarcitorie/riparatorie l'operatore economico che dalle condotte illecite oggetto dell'inibitoria avesse lucrato.

Un intervento legislativo risalente al 2004 aveva tentato di introdurre un correttivo mediante il quale consentire alle associazioni (di categoria ovvero rappresentative) e alle camere di commercio di promuovere azioni volte ad ottenere tutele risarcitorie nei confronti dei professionisti. La peculiarità di tale meccanismo risiedeva nel fatto che, pur richiedendosi agli attori di dedurre in giudizio la lesione di diritti soggettivi, il risarcimento riconosciuto andasse ad alimentare un fondo statale.

Dalla disciplina della concorrenza sleale, la *Verbandsklage* si è ben presto emancipata, giungendo ad essere impiegata in materia ambientale e consumeristica.

Quanto da ultimo rilevato pone in evidenza la natura settoriale dell'esperienza della tutela aggregata in Germania, impostazione peraltro riverberatasi anche nel campo della tutela degli investitori nei mercati di capitali della quale ci accingiamo a parlare.

Con legge del 2005, il legislatore tedesco ha per l'appunto introdotto la *Gesetz zur Einfuhrung von Kapitalanleger-Musterverfahrensgesetz* (di seguito, semplicemente, *KapMuG*). L'origine storica della legislazione in questione va ricercata in un caso concreto verificatosi nella prassi giudiziaria. Si tratta della controversia *Deutzsche Telekom*, i cui tratti fondamentali possono così riassumersi: sul finire degli anni '90 del secolo scorso, e fino all'inizio degli anni 2000, la *Telekom* – società di diritto tedesco operante nel settore delle telecomunicazioni – aveva offerto le proprie azioni sul mercato dei valori mobiliari e queste erano state acquistate da una moltitudine di investitori privati.

A seguito dell'operazione – tuttavia – il valore delle azioni aveva subìto un notevole ribasso, ingenerando il malcontento degli azionisti/acquirenti. Conseguentemente, gli investitori – dal 2001 – hanno agito contro la *Telekom* per far valere le proprie ragioni, in particolar modo dolendosi della falsità dei prospetti informativi forniti dalla società e lamentando come fossero stati questi la determinante per la conclusione dei relativi contratti di acquisto.

Per comprendere la portata del fenomeno è opportuno fornire qualche dato: si stima che le cause proposte fossero circa 2.500, con 17.000 acquirenti coinvolti e 700 avvocati – è stato definito un *Mammut-Prozess*[26].

[26] Cfr. C. CONSOLO-D. RIZZARDO, "Class actions *fuori dagli USA*", cit.

Tutte le controversie – giusta i § 44 ss. del *BörsG* ed il § 13 del *VerkProspG* – erano state incardinate presso il Tribunale di Francoforte, il quale si era visto sommerso da un'infinità di domande senza, tuttavia, gli strumenti per poterle gestire efficacemente.

Da principio, in virtù di un provvedimento emanato dal presidente del tribunale anzi detto, si era optato per l'impiego dei "casi pilota", il cui scopo era quello di individuare alcuni casi dotati di una certa tipicità, la decisione dei quali avrebbe fornito la base sulla quale elaborare le successive decisioni involgenti questioni simili.

Medio tempore, tuttavia, il legislatore tedesco è intervenuto con l'introduzione della *KapMuG*, discostandosi dall'*escamotage* dei casi pilota, e facendo ricorso invece al c.d. processo modello.

Si tratta di una disciplina estremamente peculiare almeno per due ordini di ragioni: per l'essere limitata alle controversie riguardanti le richieste di risarcimento danni causato da false, ingannevoli od omesse informazioni destinate al pubblico e relative al mercato dei capitali, richieste di adempimento di contratti fondati su di un'offerta regolata dalla legge sull'acquisto di strumenti finanziari (come stabilito dal § 1 della citata legge); e in ragione del fatto di essere a termine (inizialmente individuato nel novembre 2010, ma poi prorogato per le ragioni e con le modifiche di cui si dirà).

Come concepita dal legislatore del 2005, il relativo funzionamento può riassumersi nel modo che segue: tutti i soggetti lesi sono parti del procedimento (discostandosi vistosamente dal fenomeno rappresentativo proprio della *class action à l'americaine*); l'iniziativa è lasciata al singolo, sul cui capo incombe l'onere di indicare già nel momento introduttivo della controversia i mezzi di prova di cui vorrà avvalersi, nonché quello di dover dare prova del fatto che le questioni da lui prospettate siano utili per la risoluzione di pretese che abbiano un analogo tenore. Ciò non è neppure sufficiente, nel senso che sarà necessario – entro quattro mesi dalla data di proposizione del primo *Musterfeststellung* – che ne siano proposti almeno altri nove sulle medesime questioni.

Solo a questo punto, il tribunale di primo grado – investito della controversia – potrà emanare il provvedimento di abilitazione all'esercizio dell'azione in forma collettiva (c.d. *Vorlagebeschluss*), con il quale sceglierà quale tra i procedimenti rappresenterà quello modello e formulerà una lista di questioni meritevoli di trattazione unitaria in quanto comuni. Con tale ultimo provvedimento, inoltre, il giudice investito del primo grado deferirà le questioni comuni al giudice del secondo grado, organo competente a conoscerne il merito, incontrando costui l'unico limite di non poter rimettere in discussione il provvedimento abilitativo.

L'emanazione del *Vorlagebeschluss* di cui trattasi ha degli effetti di notevole portata, finanche dirompenti, sulle controversie contemporaneamente pendenti sulle medesime questioni: queste ultime, infatti, devono essere sospese *ex officio* dal giudice sino alla pronuncia della Corte d'Appello; e fungono, in secondo luogo, da chiamata in causa, di modo che coloro i quali vogliano agire per identiche questioni diventano – per effetto automatico – parti del procedimento collettivo.

La decisione della Corte d'Appello – c.d. *Musterentscheid* – vincola (*rectius*, ha efficacia di giudicato laddove decida nel merito delle questioni sottopostele nei confronti di) tutte le parti del procedimento, anche quelle che – nonostante chiamate in giudizio – non abbiano attivamente svolto difese, così aprendo l'ultima fase del procedimento deputata alla soddisfazione delle singole pretese risarcitorie.

L'impostazione descritta – evidentemente – è ispirata dalla *ratio* di realizzare, nelle controversie seriali instaurate contro un unico convenuto, la trattazione unitaria delle questioni comuni, così da risolverle, *una tantum*, mediante una decisione del giudice d'appello.

L'esperienza della *KapMuG* – nel complesso – non ha riscosso il successo sperato: i lavori di un gruppo di studio – incaricato dal Ministro della giustizia tedesco e composto da alcuni ricercatori come Halfmeier, Rott, Feess – pubblicati nel 2009, hanno dimostrato la scarsità dell'impiego nella prassi per la risoluzione delle controversie che presentassero profili "collettivi". Lo studio menzionato ha riportato come – sino al 2009 – il processo modello abbia trovato applicazione in un limitato numero di casi (24 per la precisione), solo in due dei quali il giudice del secondo grado ha reso la decisione sulle questioni comuni. Un più recente studio, risalente al 2013, ha confermato questo *trend*, enfatizzando come, dal 2009 al 2012, solo altri due casi avevano superato la seconda fase[27]. Peraltro, lo studio ha riportato l'evidenza statistica dimostrante come il contenzioso dei tribunali tedeschi non ne avesse beneficiato dato che il carico delle controversie non era diminuito successivamente al 2005.

Al fine di dare una spiegazione allo scarso impiego del processo modello, lo studio ha avanzato alcune proposte di emenda, ponendo in rilievo alcune criticità della disciplina analizzata qui di seguito elencate.

In primo luogo, si è messo in risalto come l'approccio dirigistico assunto dal legislatore tedesco producesse finanche effetti più drastici dei sistemi di *opt-out*. La tesi è condivisibile, nella misura in cui appariva non del tutto ragionevole che il *Vorlagebeschluss* avesse l'effetto di sospendere tutti i giudizi pendenti vertenti sulle questioni comuni prescelte per la trattazione unitaria, anzi tutto nei confronti di coloro i quali non avevano espresso la volontà di partecipare, ma – cosa ancor più pittoresca – senza concedere ai singoli di poter esercitare – qui sì – una forma di *opt-out*.

Sul punto, il gruppo di studio proponeva di introdurre un meccanismo me-

---

[27] A. STADLER, *The New German KapMuG*, cit., spec. 738 ss.

diante il quale attribuire alle parti la facoltà – entro un termine prestabilito – di esercitare il recesso, così da poter proseguire i propri giudizi separatamente e individualmente [28].

Accanto a tale modifica, venivano rappresentati ulteriori interventi ritenuti utili per un miglioramento del processo modello, senza tuttavia stravolgerne i tratti caratteristici: opportuna sarebbe stata una migliore collaborazione tra i giudici del primo grado e dell'appello; il caso modello sarebbe dovuto essere scelto seguendo criteri diversi, anche sulla base della circostanza di fatto che uno degli attori si fosse avvalso dell'assistenza legale di un avvocato con esperienza nella materia dei processi modello.

Accanto agli interventi di cosmesi normativa, lo studio dava atto di alcuni *deficit* strutturali, senza l'emenda dei quali – almeno nelle sue prospettazioni – la *KapMuG* sarebbe destinata a fallire nell'obiettivo di incrementare il *private enforcement* nel settore finanziario.

La proposta sul punto, che mirava a limitare i rischi connessi all'instaurazione del contenzioso, avrebbe voluto modificare l'assetto del processo modello prevedendo un sistema di *opt-in* in combinato disposto con la possibilità di beneficiare del giudicato favorevole sulle questioni comuni (quello cui si suole riferirsi con l'endiadi "giudicato *secundum eventum litis*"). In tale prospettiva, non sarebbe stata richiesta la previa instaurazione di un giudizio, ma sarebbe risultato sufficiente che il soggetto interessato avesse presentato una richiesta di *opt-in*, rimanendo però estraneo al giudizio – essendo, infatti, la manifestazione di volontà destinata esclusivamente a sospendere il decorso del termine prescrizionale sino alla futura pronuncia del giudice di secondo grado.

Nel 2012, il Parlamento tedesco ha emendato la *KapMuG*, accogliendo parzialmente le proposte avanzate dal gruppo di studiosi. In particolare, è stato ibridato il meccanismo dell'adesione con la possibilità di beneficiare *secundum eventum litis*. In secondo luogo, si è predisposto un meccanismo facilitatore per il raggiungimento di un accordo transattivo della lite. Difatti, nella vigenza della precedente disciplina, ciò risultava estremamente difficoltoso in ragione del fatto che tutte le parti in giudizio avrebbero dovuto prestare il loro consenso all'accordo. Ad oggi, invece, il § 17-19 fornisce alle parti (quand'anche fosse una sola) di proporre un accordo. Tale accordo dovrà poi essere approvato dal giudice, ma ciò non basterà a renderlo produttivo di effetti: l'efficacia, infatti, è subordinata al fatto che – entro un termine prestabilito dall'organo giudicante – non più del 30% delle parti eserciti il recesso.

[28] Il suggerimento del gruppo di studio, per quanto suggestivo, si scontrava palesemente con le tendenze euro-unitarie – in particolare contenute nella Comunicazione dell'11 giugno 2013, COM(2013) n. 401 – le quali, da sempre, in punto di ricorsi collettivi prediligono i sistemi di *opt-in*. In termini *ivi*, 739.

Con il medesimo intervento del 2012, il legislatore tedesco ha prorogato la vigenza della *KapMuG* sino al 2020, con l'auspicio – ancorché inespresso – che *medio tempore* potesse essere adottata una disciplina organica dei ricorsi collettivi, magari da introdurre nella *Zivilprozessordnung*.

Nel 2014, il partito dei Verdi ha presentato un progetto per l'introduzione di azioni di classe fondata sul modello dell'*opt-in*, che ha però trovato la ferma opposizione dei partiti di maggioranza (CDU e SPD).

Curiosamente, a seguito dello scandalo del *Dieselgate* nel 2017, sono stati proprio questi ultimi a stimolare nuovamente il dibattito in materia, e finanche la cancelliera Angela Merkel ha reso una dichiarazione manifestando la propria insoddisfazione causata dall'inefficienza della legislazione tedesca. La riforma dei processi modello è stata quindi inserita come punto di governo nell'Accordo siglato dai cristiano-democratici e dai socialdemocratici.

La bozza di tale riforma è stata presentata dal Ministro della giustizia il 9 maggio 2018, ed è entrata in vigore il successivo 1° novembre, trovando collocazione nei paragrafi da 606 a 615 della *ZPO*.

Sull'onda lunga dello scandalo che ha coinvolto il gruppo Volkswagen, la riforma si limita ad introdurre una forma di azione rappresentativa – prevedendosi quindi la legittimazione esclusiva delle associazioni rappresentative – e limitata alla materia del consumo.

Già dal nome della nuova azione rappresentativa si comprende chiaramente come essa sia una crasi tra l'esperienza della *Verbandsklage* e quella del *Musterfeststellung*: difatti, prende il nome di *Musterfeststellungklage*.

Dall'azione rappresentativa elaborata originariamente in seno alla disciplina della concorrenza sleale viene ripresa la necessità che a proporre l'azione sia un'associazione rappresentativa degli interessi coinvolti, che in questo caso sono esclusivamente quelli dei consumatori[29].

Per converso, dall'esperienza del processo modello vengono ripresi alcuni tratti caratteristici da un punto di vista procedurale: è richiesta all'associazione attrice di provare che almeno dieci possibili controversie dipendano dalla risoluzione delle questioni dedotte. I consumatori interessati potranno esercitare l'*opt-in*, iscrivendosi in un apposito registro, senza dover sopportare spese processuali di sorta. Il processo modello sarà ammesso solo ove nell'arco di due mesi vi saranno almeno 50 iscritti. Solo a quel punto, il giudice adito deciderà

[29] Si tratta delle associazioni maggiormente rappresentative, le quali siano registrate conformemente al § 1-1 dell'*UKlaG*, che richiede una serie di requisiti: necessità che abbiano almeno 350 iscritti; che siano state istituite da almeno quattro anni; che l'attività di tutela del consumatore sia *non-profit*; che dal contenzioso non lucrino economicamente; che non siano finanziate da società private per più del 5%. Per il *dieselgate*, la federazione tedesca dei consumatori (VZBV) ha utilizzato l'azione di accertamento tipo per tutelare gli automobilisti interessati alla prima vera applicazione della *class action* germanica contro il gruppo Volkswagen.

sul fondamento fattuale e giuridico della controversia, e la decisione così resa sarà vincolante per coloro i quali (o le quali) avranno aderito. A questo punto, si aprirà la fase nella quale ogni singolo consumatore avanzerà le singole pretese risarcitorie contro il convenuto comune, fermo restando che in questa sede il giudice sarà vincolato dalla decisione sulle questioni comuni.

A primo acchito, si sarebbe portati a credere che l'inserimento tassonomico della *Musterfeststellungklage* nella *ZPO* stia a significare un compasso applicativo generalizzato della misura in esame. A ben vedere, tuttavia, non è la *transsubstantivity* il tratto peculiare, dato che la legittimazione ad agire è limitata alle associazioni la cui missione sia la protezione dei consumatori, conseguendone fatalmente un ambito più ristretto. Ciononostante, deve segnalarsi come la *ZPO* non limiti l'oggetto della controversia alla tutela del consumatore *tout court* (ossia quella contenuta nell'*UKlaG*), ben potendosi promuovere processi modello fondati – ad esempio – sulla pretesa violazione della disciplina dei dati personali (ormai, notoriamente, confluita nella regolamentazione euro-unitaria del c.d. *GDPR*).

È opportuno segnalare che nel marzo del 2020, dopo circa 5 anni di travagliata vicenda giudiziaria, la Volkswagen e i circa duecentomila consumatori lesi dall'alterazione dei dati sull'emissione di carburante hanno raggiunto un accordo transattivo con il quale il produttore si è impegnato a riconoscere un risarcimento che va da 1.350 € a 6.257 €. Tuttavia, a complicare ulteriormente il quadro è sopraggiunta una sentenza della Corte di Cassazione tedesca nel maggio dello stesso anno[30], nella quale la Volkswagen è stata condannata a risarcire a un individuo il valore per intero dell'automobile acquistata (al netto della diminuzione dello stesso in ragione dell'uso fatto del bene). Il mancato coordinamento tra le azioni individuali e quelle collettive, inevitabile frutto della scelta dei legislatori europei di orientarsi verso un sistema di *opt-in* anziché di *opt-out*, è la riprova dell'urgenza nel contesto europeo, sia a livello nazionale che sovranazionale, della necessità di predisporre meccanismi di collegamento volti a limitare esiti contraddittori delle liti su medesimi fatti.

Per concludere sull'esperienza tedesca, va segnalato come essa continui a presentare forti incertezze concernenti la materia degli strumenti di tutela aggregata, dovendosi prendere atto di come le recenti novelle (anche giurisprudenziali) siano la risposta a contingenze sociopolitiche, più che elaborazione di un progetto a lungo termine volto alla predisposizione di un quadro uniforme e generalizzato che consenta un'effettiva tutela seriale. Il che, giova dirlo, sarebbe auspicabile alla luce delle indicazioni provenienti dall'Unione europea in materia, per le ragioni che si dirà nel prosieguo.

---

[30] Bundesgerichtshof, sent. 25 maggio 2020, VI ZR 252/19, reperibile in *https://juris.bundesgerichtshof.de/cgibin/rechtsprechung/document.py?Gericht=bgh&Art=pm&Datum=2020&anz=73&pos=10&nr=106368&linked=urt&Blank=1&file=dokument.pdfdokument.pdf.*

5. *L'Austria e il c.d.* Modell der Sammelklage

Un approccio al diritto comparato che si limitasse allo studio delle legislazioni degli ordinamenti stranieri dovrebbe condurre alla conclusione che l'Austria non conosce una disciplina sull'azione di classe, se non per quella inibitoria in materia di consumo imposta dal diritto dell'Unione.

Tuttavia, non costringendo la propria prospettiva alla mera osservazione delle legislazioni di Paesi terzi, il comparatista più accorto si avvedrebbe sin da subito di come il sistema austriaco offra sulla materia dei ricorsi collettivi un quadro assai composito e del tutto peculiare[31].

Ai fini di una più esaustiva esposizione, occorre richiamare l'attenzione del lettore sulla circostanza che la disciplina processualcivilistica colà vigente – e che trova espressione nella *ZPO* e nella *Jurisdiktionnorm* – risale al 1895, periodo in cui l'esigenza di predisporre strumenti per la risoluzione di controversie *en masse* era praticamente inesistente.

Non v'è dubbio come i tempi siano mutati, e con loro la temperie culturale, nonché quella economico-giuridica: è fatto notorio che il capitalismo maturo come sistema economico necessiti meccanismi di tutela aggregata.

Conseguentemente, la prassi austriaca – e non già il legislatore – si è adoperata al fine di individuare negli istituti processuali classici soluzioni efficaci a tal fine: tradizionalmente, si è fatto ricorso alla riunione delle cause, ai vari tipi di intervento, ma si è pure adottato lo schema dei cc.dd. casi pilota.

Maggiormente degno di nota, però, è il fatto che gli operatori del diritto austriaci abbiano escogitato forme del tutto nuove a partire dalla combinazione degli istituti classico-canonici testé menzionati: in particolare, si fa riferimento a quello che – nel corso del tempo – ha assunto il nome di "modello austriaco di *Class Action*", cui si ritiene più opportuno riferirsi con il termine austriaco di *Österreichisches Modell der Sammelklage.*

Lo strumento in esame è il combinato dell'istituto di diritto sostanziale della cessione del credito con il finanziamento del contenzioso: in altri termini, coloro i quali si ritengano lesi nelle loro rispettive posizioni soggettive cedono il credito

---

[31] Sul punto *ex plurimis*, G.E. KODEK, "*Gesetzliche Möglichkeiten zur Regelung von Massenverfahren*", in B. PIRKER-HÖRMANN-T. GABRIEL (a cura di), *Massenverfahren-Reformbedarf für die ZPO*, Vienna, Verl. Österreichisches, 2005, 311 ss.; cfr. ID., "*Collective Redress in Austria*", in *The Annals of the American Academy of Political and Social Science*, 2009, 86 ss. Merita di essere posto in particolare rilievo come nei due scritti citati, l'A. riporti come – invero – vi fosse a livello governativo l'interesse per la redazione di una riforma del processo civile che prevedesse uno schema di ricorsi collettivi. Tanto ciò è vero che, nel 2005, il Ministro di giustizia austriaco aveva incaricato un gruppo di lavoro – di cui faceva parte il medesimo A. – a tal fine. Tuttavia, ciò si è tradotto in un nulla di fatto e, ancora ad oggi, non esiste – a livello legislativo – una disciplina all'uopo predisposta.

litigioso a un soggetto – un'associazione rappresentativa di interessi settoriali, ma una persona fisica (come d'altro canto dimostra un caso della prassi di cui si dirà *infra*) – il quale si propone di proporre e di coltivare il giudizio, obbligandosi a versare il ricavato proveniente dal giudicato favorevole, al netto delle spese e trattenuta una quota lite che si aggira intorno al 30 e il 40% del ricavato medesimo.

Come si diceva, si tratta di una figura affiorata nella prassi giudiziaria e che ha ottenuto il beneplacito anche dalla giurisprudenza della Suprema Corte austriaca. Quest'ultima, con una pronuncia del 2005, ha ritenuto essere il modello austriaco di "azione di classe" meritorio per almeno due ordini di motivi: a) per la soddisfazione di esigenze di economia processuale; b) per l'abbattimento dei casi di contrasto tra giudicati. L'unico limite individuato dalla Corte consiste nella necessità che le pretese fatte valere siano omogenee, solo così potendosi rispettare l'economia processuale perseguita proprio dallo strumento in analisi.

Il fatto che l'esperienza austriaca sia frutto ed elaborazione della giurisprudenza non significa certo che essa non trovi una qualche forma di fondamento normativo – *sub specie* processuale: trattasi del § 227 della *ZPO*, il quale prevede come «*più azioni dell'attore poss[a]no farsi valere nei confronti dello stesso convenuto, nella stessa causa, anche se non devono essere riunite se, per tutte le singole pretese: 1. è competente il medesimo organo giudiziario; 2. il giudizio è parimenti ammissibile per tutte le pretese*».

Originariamente, il settore in cui si è sviluppato maggiormente l'*Österreichisches Modell der Sammelklage* è stato quello relativo alle controversie nel settore finanziario. Tuttavia, più di recente, vi si è fatto ricorso – con discreto successo – anche in alcune controversie relative alla violazione dei dati personali commesse da multinazionali operanti nel settore dei servizi dell'informazione.

Di particolare rilievo, anche per la vasta eco mediatica e per la circostanza di aver provocato il sindacato della Corte di Giustizia dell'Unione Europea su di un tema assai delicato riguardante l'applicabilità del foro esclusivo del consumatore allorché si sia in presenza di ricorsi collettivi, è la controversia *Schrems v. FB Vol. II*[32], a cui si è già accennato. Lo schema seguito per la proposizione dell'azione è quello descritto poc'anzi: l'azione incardinata da Maximilian Schrems – avvocato e attivista per la protezione dei dati personali – era rivolta a far valere tanto propri diritti, quanto quelli cedutigli da terzi, sia cittadini europei, che non per conto anche di altri a mo' di rappresentante. La peculiarità del caso di specie risiede nel fatto che l'attore si sia avvalso della facoltà riconosciutagli

[32] Su tale decisione cfr. M. MORANI, "*L'azione di classe in Europa, aspettando la Corte Di Giustizia Europea sul caso Schrems vs. Facebook*", in *Int'l Lis*, 2016, fascc. 3-4, 120 ss. e il più recente contributo di L. SERAFINELLI, "*Ancora sulla tutela del consumatore, anche in forma collettiva*", cit., 613-5 e i riferimenti bibliografici ivi.

dall'art. 16, par. 1, del Reg. n. 44/2001 per l'instaurazione, non già di un ricorso individuale, bensì dell'azione di classe *à la* austriaca.

Come si è avuto modo di osservare e si avrà modo di esplicitare nel prosieguo dell'opera, la Corte di Giustizia ha ritenuto inapplicabile la disposizione da ultimo richiamata ai ricorsi collettivi[33].

In chiusura della breve disamina svolta, va fatto rilevare come non v'è dubbio che urga l'intervento del legislatore austriaco, che realizzi una compiuta disciplina sull'azione di classe, oltre che per l'importanza del fenomeno *class action* avuto nella prassi, anche per i seguenti e ulteriori ordini di ragioni: non v'è dubbio come lo scandalo del *Dieselgate* abbia fornito un'accelerata ai *policymakers* di tutta l'Unione europea, per cui è forse il momento più opportuno per dotarsi di una disciplina unitaria, quand'anche si traduca in una cristallizzazione della pratica giudiziaria; in secondo luogo, ma intimamente collegata al primo punto, va segnalato come, almeno negli ultimi tempi, l'attività dell'UE in punto di ricorsi collettivi sia incrementata di molto, e in particolar modo con la proposta di emenda della Direttiva 2009/22/CE, che mirerebbe all'introduzione di un'azione di classe risarcitoria europea.

6. *Brevi cenni sulla recente esperienza ungherese*

Nell'ambito del 18th *International Congress of Comparative Law* – tenutosi a Washington nel 2010[34] – e riguardante la materia della *class action*, i reporter nazionali per l'Ungheria – la professoressa Zsuzsa Wopera ed il suo collaboratore, Andrienn Nagy, esordivano prendendo atto del fatto che «(i)*n Hungary collective redress proceedings do not exist*»[35].

Molto è cambiato da allora, e le parole riportate non valgono più a descrivere la situazione attuale in Ungheria, che – dal 1° gennaio 2018 – si è dotata di una disciplina in materia di ricorsi collettivi[36].

---

[33] Cfr. *infra*, Cap. VII, § 1.

[34] Per la tematica relativa alla *Class Action* il *General Reporter* fu il mio Maestro Prof. Diego Corapi, Emerito di Diritto Privato Comparato della Facoltà di Giurisprudenza, Sapienza Università di Roma.

[35] Z. Wopera-A. Nagy, "*National Report of Hungary*", in *18th International Congress on Comparative Law – Class Actions/Les actions collectives*, Washington 2010, 1 ss., spec. 1. Si segnala come la medesima Wopera abbia poi assunto il ruolo di coordinare i lavori del nuovo codice del processo civile ungherese, di cui si dirà nel prosieguo nel corpo del testo.

[36] Sul tema cfr. K. Bencsik, "*A class action eredete és kialakulása a polgári perjogi kodifikáció tükrében*", 2014, 655 ss., consultabile in: *http://epa.oszk.hu/02600/02687/00006/pdf/EPA02687*

Per vero, è importante segnalare come già in precedenza fossero state intraprese delle iniziative in tal senso: si fa riferimento ad un progetto avviato nel 2010, poi arenatosi[37]. Il passo più importante, però, è stato realizzato nel 2013 dal Governo ungherese, il quale ha approvato una decisione mediante cui ci si proponeva di riformare l'intero diritto processuale civile nazionale. L'azione riformatrice era dettata dall'esigenza di rendere la giustizia civile di questo Paese adeguata agli standard internazionali, e, in primo luogo, a quelli dei Paesi Membri dell'Unione europea. Ciò comportava, quasi fatalmente, la necessità di dotarsi anche di meccanismi volti a dirimere controversie di interessi aggregati, aventi a oggetto cioè i cc.dd. diritti conculcati.

Durante i lavori preparatorî, i compilatori hanno attinto da altre esperienze: per un verso, e per i legami storici intercorsi con questi sistemi, è stata prestata particolare attenzione al diritto processuale civile tedesco, austriaco e alla più recente legislazione svizzera; per un altro, e qui invece più per ragioni geografiche, l'Ungheria ha volto il proprio sguardo ai sistemi dell'Europa orientale come Slovenia, Lituania, Croazia e Romania.

Il nuovo codice del processo civile è stato approvato il 22 novembre del 2016, ed è entrato in vigore, come si diceva poc'anzi, il primo giorno dell'anno 2018.

La circostanza che si siano introdotti nel processo civile i ricorsi collettivi costituisce un'assoluta novità nell'àmbito del contesto ordinamentale ungherese.

Il legislatore ha predisposto due tipologie: 1) un'azione collettiva promossa per la tutela di interessi pubblici[38]; e 2) una, invece, orientata alla tutela di diritti individuali omogenei[39].

L'essenza della prima consiste nella legittimazione ad agire di determinate associazioni e soggetti autorizzati per la proposizione di un'azione finalizzata alla tutela di un interesse pubblico. L'efficacia della *res judicata* contenuta nella pronuncia emessa all'esito dell'azione così incardinata si estende anche ai soggetti interessati nei confronti dei quali la parte convenuta abbia notificato la pendenza del giudizio, e a meno che – una volta notificati – questi non abbiano espresso la volontà di riservarsi il diritto di agire individualmente in un secondo momento. Al contrario, il secondo strumento – alla stregua dell'esperienza tede-

---

_jogi_tanulmanyok_2014_654–663.pdf; B. TÓTH, "*Collective Redress as New Institution of Civil Procedure Code and Its Applicability to Protect Environment – A kollektív igényérvényesítés, mint új eljárásjogi jogintézmény alkalmazhatósága környezet védelmében*", in *Journal of Agricultural and Environmental Law – Agrár – és Környezetjog*, 2017, fasc. 23, 182 ss.; L. PRIBULA, "*The New Civil Procedure Code in Hungary*", in *S.U.B.B. Jurisprudentia*, 2017, fasc. 1, 79 ss., spec. 89.

[37] Progetto di legge n. T/11332 del 2010.

[38] Si tratta dei §§ 571-9 del nuovo c.p.c. ungherese.

[39] Cfr. i §§ 580-91 del nuovo c.p.c. ungherese.

sca – consente ad almeno dieci soggetti interessati che deducano in giudizio situazioni omogenee di incardinare un'azione collettiva risarcitoria nell'ambito della tutela consumeristica, nelle controversie di lavoro, e, inoltre, in materia ambientale. Sarà un unico soggetto – sulla falsa riga della *KapMuG* – a rappresentare le altre parti, e a porre in essere gli atti processuali necessari per coltivare il giudizio. Analogamente, ancora una volta, al processo-modello tedesco, essendo tutti i promotori dell'azione parti del giudizio, nei loro confronti ha effetti di cosa giudicata la sentenza resa dal giudice adito.

VI
LA *CLASS ACTION* E L'ITALIA

1. *Origini storiche delle azioni collettive in Italia*

L'approdo dell'esperienza italiana in materia di azione di classe è – indubbiamente – rappresentato dalla recente novella del Codice di Procedura Civile, che ha aggiunto il Titolo VIII-*bis* nel Libro IV del c.p.c. ed ha generalizzato l'operatività di tale strumento, ora non più limitato al solo settore consumeristico.

Tuttavia, non è stato sempre così. L'ordinamento italiano, d'altronde, si è attardato – storicamente – a dare risposta a quelle istanze sociali che richiedevano strumenti efficaci per la gestione di controversie caratterizzate da un elevatissimo numero di soggetti interessati (cc.dd. *seriali*).

Le perplessità nutrite dai giuristi italiani non erano dissimili da quelle che avevano dato tormento alla cugina Francia, in special modo impallidendo dinanzi all'idea di un'estensione *ultra partes* degli effetti del giudicato. Così ragionando, comunque, si lasciava problematicamente aperta la questione di un coordinamento tra due esigenze pratiche: per un verso, l'alto numero di soggetti interessati; per un altro, la corretta delimitazione dell'ambito soggettivo degli effetti della sentenza.

In realtà, la tradizione giuridica italiana più risalente aveva già elaborato un'embrionale forma di tutela aggregata, ancorché limitata a specifici settori e ispirata dall'istituto romanistico dell'*actio popularis*: si tratta di un embrionale tentativo di coordinare la necessaria iniziativa processuale del singolo con la superindividualità degli interessi in gioco. La soluzione data dallo strumento dell'azione popolare era nel senso di porre in condizione il colegittimato di coltivare il giudizio, qualora l'originario attore popolare se ne fosse *medio tempore* disinteressato. Tale strumento è rinvenibile in due distinte legislazioni: nell'ambito del contenzioso elettorale, segnatamente nell'art. 100 della Legge n. 5921/1889, in virtù del quale «*qualunque elettore* [era messo nella condizione di] *promuovere l'azione penale, costituendosi parte civile*» in presenza di certi reati contemplati dalla medesima legge. Ritrovandosi una formulazione analoga nel di poco successivo R.D. n. 99/1891 [1].

Anche l'esperienza giuridica del ventennio fascista non ha completamente ignorato – benché limitatamente al settore laburistico – una forma di tutela di interessi superindividuali: trattasi della Legge n. 563/1926, la quale *expressis verbis* ammetteva l'operatività degli effetti del giudicato *ultra partes*, al contempo – tuttavia – limitando la legittimazione ad agire alle sole associazioni previamente autorizzate, in modo tale da garantire il controllo statale sui soggetti promotori.

La tutela superindividuale, però, ha conosciuto una battuta d'arresto con l'entrata in vigore della Costituzione repubblicana. Difatti, mediante un'interpretazione della stessa, si forniva una lettura oltremodo restrittiva dell'art. 2909 c.c., stabilendosi come neppure la sentenza favorevole potesse essere ritenuta produttiva di effetti *ultra partes*.

La ripresa del dibattito sull'esigenza di offrire un quadro per la tutela collettiva di alcuni interessi superindividuali si è avuta negli anni '70, per una molteplicità di fattori, primo fra tutti l'affermarsi del movimento consumeristico.

Ancora, un'importante occasione è stata, senza ombra di dubbio, l'approvazione dello Statuto dei lavoratori, il cui art. 28 attribuisce alle organizzazioni locali delle associazioni sindacali nazionali il diritto di agire per la repressione delle condotte antisindacali eventualmente poste in essere dal datore di lavoro.

Alla crescita dell'interesse per questa tematica ha contribuito, altresì, la dottrina processualcivilistica italiana, che ha volto lo sguardo oltreoceano alla esperienza di *class action*: ci si riferisce alle opere di quegli autori – in special modo

[1] Sul punto, si veda D. BORGHESI, *Il contenzioso in materia di eleggibilità*, Milano, Giuffrè, 1979, 95 ss. In generale, per una ricostruzione delle origini e delle varie forme di azione popolare, cfr. ID., voce *"Azione popolare"*, in *Enc. giur. Treccani*, IV, Roma, 1 ss.; inoltre, L. PALADIN, voce *"Azione popolare"*, in *Nss. D. I.*, II, Torino, Utet, 1958, 88 ss. A. GIUSSANI, *Azioni collettive risarcitorie*, cit., 182, spec. nota 3, dà conto di come il legislatore italiano sia intervenuto ancora sull'azione popolare con l'art. 146 del D.Lgs. n. 42/2004. Peraltro, la figura dell'*actio popularis* ha trovato un fervente sostenitore in Salvatore Settis, noto storico d'arte prestato alla scienza del diritto, il quale ha auspicato l'introduzione di una forma popolare di azione per la tutela dell'ambiente: cfr. il già richiamato S. SETTIS, *Azione popolare*, cit., *passim*.

Mauro Cappelletti, Vittorio Denti, Michele Taruffo e Vincenzo Vigoriti[2] – già citati nel contesto dell'analisi dell'esperienza brasiliana.

Come si accennava poc'anzi, nondimeno, gli sviluppi maggiori si sono avuti grazie alle varie iniziative di carattere legislativo imposte dall'allora Comunità europea nell'ambito della tutela del consumo e dei consumatori.

2. *I primi interventi legislativi: l'azione di classe di natura inibitoria per la tutela dei consumatori*

Più specificamente, due sono stati gli interventi decisivi sul punto: l'art. 25 della Legge n. 52/1996 e la successiva Legge n. 281/1998, con le quali si è, rispettivamente, introdotta una forma di azione di classe inibitoria e ampliatone il perimetro applicativo.

Il primo intervento – realizzato in attuazione della Direttiva 93/13/CE – ha novellato il codice civile, aggiungendovi gli artt. da 1469-*bis* a 1469-*sexies*, con lo scopo di tutelare il consumatore dagli abusi da parte delle imprese costituiti dall'inserimento di clausole abusive nei contratti conclusi con la parte debole.

Tali norme andavano ad affiancare le disposizioni previste dagli artt. 1341 e 1342 concernenti rispettivamente le condizioni generali di contratto ed il contratto concluso mediante moduli o formulari.

La disciplina si proponeva, evidentemente, di evitare che al contraente ritenuto parte debole fossero imposte clausole sfavorevoli, denominate vessatorie, a tal fine, legittimando le associazioni rappresentative dei consumatori e dei professionisti (nonché le camere di commercio) a chiedere l'inibitoria giudiziale di dette clausole.

In generale, deve dirsi come nel nostro ordinamento fossero già riconosciute molteplici ipotesi nelle quali poter chiedere una tutela di tipo inibitorio[3], volta a

[2] Cfr. i già menzionati M. TARUFFO, *I limiti soggettivi del giudicato e le* Class Actions, cit.; V. DENTI, *Le azioni a tutela degli interessi collettivi*, cit.; M. CAPPELLETTI, *Formazioni sociali e interessi di gruppo davanti alla giustizia civile*, cit.; ID., *La protection d'intérêts collectifs et de groupe dans le procès civil*, cit.; M. CAPPELLETTI-B. GARTH, *The Florence Access-to-Justice Project*, cit.; V. VIGORITI, *Interessi collettivi e processo: la legittimazione ad agire*, cit. E ci si riferisce pure alle due ben note iniziative convegnistiche risalenti a quel torno di anni: "*Le azioni a tutela degli interessi collettivi*", Padova, 1976 e "*La tutela degli interessi diffusi nel diritto comparato*", Milano, 1976.

[3] Ipotesi di inibitoria sono contemplate dagli artt. 96, 97 e 156 della Legge sul diritto d'autore (Legge n. 633/1941). Inoltre, anche il codice civile ne contiene molteplici: cfr. artt. 7, 8, 9, 10, 844, 949, 1079, 1170, 2599, 2813 c.c. In generale, sull'azione inibitoria si rinvia a A. FRIGNANI, voce "*Inibitoria (azione)*", in *Enc. dir.*, XXI, Milano, Giuffrè, 1971, 559 ss.

impedire «*il verificarsi o il ripetersi degli effetti di un comportamento illecito*»[4].

I risultati conseguenti all'emanazione del provvedimento inibitorio sono due: da un lato, la cessazione del comportamento illecito già posto in essere; dall'altro, l'imposizione all'autore dell'illecito di un obbligo di astensione – operante *pro futuro* – dal compimento di ulteriori atti di cui sia stata accertata l'illegittimità.

Tale funzione preventiva risulta rafforzata dal momento che il nostro ordinamento consente la proposizione dell'azione da parte di chi si senta anche solo minacciato da una determinata condotta, e ancorché, quindi, l'illecito non sia stato commesso.

L'azione inibitoria contemplata dall'art. 1469-*sexies* era preordinata, dunque, a compensare la collettività dei consumatori dalla mancata partecipazione alla redazione delle condizioni generali, donde l'esigenza della tempestività del rimedio, che tanto prima giunge, tanto più pone al riparo i potenziali altri consumatori dalla conclusione di contratti contenenti clausole vessatorie.

Come si accennava *supra*, l'art. 1469-*sexies* legittimava a richiedere l'inibitoria non già i singoli consumatori, bensì esclusivamente le associazioni rappresentative dei consumatori, dei professionisti, ma anche le camere di commercio, di industria, artigianato e agricoltura. Sul punto deve essere posto in rilievo come la limitazione a tali soggetti non sembrasse provenire dalla Direttiva 93/13/CE, che – a ben guardare – lasciava ai singoli Stati Membri la valutazione circa l'opportunità di estendere anche ai singoli consumatori la legittimazione attiva.

Con riferimento alle associazioni rappresentative dei consumatori, si era ben presto posta nella prassi la questione di accertarne l'effettiva rappresentatività degli interessi dedotti in giudizio. L'accertamento sul punto, non essendovi criteri stabiliti *ex lege* e operanti *ex ante*, era svolto dal giudice, tenuto conto dell'esistenza di elementi idonei a stabilire la capillarità di diffusione sul territorio, la consistenza numerica degli associati etc. Sotto un profilo più squisitamente processuale, pareva opportuno ritenere come la rappresentatività dovesse formare oggetto di mera allegazione da parte dell'associazione attrice; al contrario, il difetto della stessa avrebbe dovuto essere introdotta per mezzo di un'eccezione sollevata da parte del convenuto.

Ci si è pure domandati quali effetti producesse il provvedimento emanato dal giudice all'esito della domanda inibitoria. In punto di corretta individuazione dell'efficacia della cosa giudicata occorre distinguere a seconda che si tratti di colegittimati ovvero di singoli consumatori.

Per quanto attiene ai primi, alcuni hanno avanzato la tesi per la quale ai colegittimati all'azione rimasti estranei al giudizio si debba applicare l'art. 2909 cod.

---

[4] Così, V. DENTI, *La giustizia civile*, Bologna, Mulino, 1989, 123.

civ., nonostante la controversia non vertesse su posizioni individuali[5]. Altri, invece, hanno ritenuto che il giudicato, in ragione della peculiarità degli interessi in gioco, si dovesse estendere a favore o contro i colegittimati[6]. Nessuna delle due soluzioni convince a pieno, dovendosi prediligere, invece, la soluzione intermedia per la quale il giudicato si estende ai terzi estranei solo ove favorevole (*secundum eventum litis*)[7].

Relativamente alla operatività della *res judicata* nei confronti dei singoli consumatori, una lettura della disciplina che consentisse al professionista di rimettere in dubbio quanto statuito dal giudice comporterebbe un'inaccettabile rimessione in discussione dell'oramai accertata abusività della clausola.

Originariamente, si erano posti problemi in ordine all'attuazione del provvedimento inibitorio: si diceva, infatti, come la possibilità – prevista dal terzo comma dell'art. 1469-*sexies* – per il giudice di ordinare la pubblicazione del provvedimento in uno o più giornali, di cui almeno uno a diffusione nazionale, fosse non del tutto soddisfacente. Difatti, pur apparendo pregevole la diffusione a mezzo stampa da un punto di vista informativo, essa non assicurava che il professionista si conformasse alla pronuncia.

Ad oggi il problema può dirsi risolto grazie all'introduzione nel nostro ordinamento processuale civile della misura dell'*astreinte*, mediante la quale il giudice può ordinare il pagamento di una somma di danaro per l'inadempimento delle statuizioni contenute in sentenza (si tratta dell'art. 614-*bis* c.p.c.).

La già menzionata Legge n. 281/1998 – attuativa della Direttiva 98/27/CE e recante disposizioni sulla "*Disciplina dei diritti dei consumatori*" – è intervenuta a modificare l'àmbito applicativo della descritta azione inibitoria.

Tale ultimo intervento legislativo mirava – come espressamente previsto dall'art. 1 – a tutelare i diritti fondamentali, quali la salute, la sicurezza e la qualità dei prodotti, ma anche a garantire un'adeguata informazione, una corretta pubblicità per educare al consumo, alla correttezza, alla trasparenza e all'equità nei rapporti contrattuali concernenti beni e servizi, alla promozione e allo sviluppo dell'associazionismo libero, volontario e democratico tra i consumatori e gli utenti e all'erogazione di servizi pubblici secondo standard di qualità ed efficienza.

Sono due le novità maggiormente significative.

In primo luogo, ha fornito una definizione restrittiva delle "associazioni rappresentative degli interessi dei consumatori", stabilendo come tali vadano con-

---

[5] Così C. FERRI, voce "*L'azione inibitoria prevista dal 1469* sexies *c.c.*", in *Riv. dir. proc.*, 1996, fasc. 4, 936 ss.

[6] Cfr. G. TARZIA, "*La tutela inibitoria contro le clausole vessatorie*", in *Riv. dir. proc.*, 1997, fasc. 3, 639 ss.

[7] Per tutti, V. DENTI, *La tutela degli interessi collettivi*, cit., 533 ss.

siderate quelle formazioni sociali che abbiano quale scopo statutario esclusivo la tutela dei diritti e degli interessi dei consumatori o degli utenti. A tal riguardo, istituendo un elenco nazionale – curato dal Ministero dello sviluppo economico – delle associazioni rappresentative a livello nazionale, e quindi legittimate a promuovere giudizi inibitorî. Così facendo, si è sottratto all'organo giudicante il compito di dover stabilire – di volta in volta – l'adeguata rappresentatività dell'associazione attrice.

In secondo luogo, la Legge n. 281/1998 ha generalizzato l'inibitoria, sganciandola dalla vessatorietà delle clausole nei contratti dei consumatori e prevedendo che le associazioni di cui s'è detto siano legittimate ad agire a tutela degli interessi collettivi richiedendo al giudice competente di inibire gli atti e i comportamenti lesivi degli interessi dei consumatori e degli utenti, nonché di adottare misure idonee a correggere o eliminare gli effetti dannosi delle violazioni accertate.

Per chiarezza espositiva, va detto come gli interventi legislativi di cui s'è dato conto siano, a seguito dell'approvazione del D.Lgs. n. 5/2006 (noto con il nome di "*Codice del consumo*"), in esso rifluiti senza modifiche, trovandovi – ancor oggi – collocazione, in special modo all'art. 37, rubricato "*Azione inibitoria*".

Per quanto l'introduzione di un'"*injunctive class action*" fosse accolta come una novità assoluta nel sistema italiano, permaneva l'insoddisfazione di fondo determinata dall'assenza di un meccanismo aggregativo delle pretese di natura, non già meramente inibitoria, bensì risarcitoria.

3. *Il dibattito sull'esigenza di un'azione collettiva risarcitoria e i varî progetti di legge in materia*

La presa di coscienza dell'incompletezza ordinamentale è occasionata da un caso verificatosi nella prassi, del quale conviene ripercorrere i punti salienti.

Il 26 luglio del 2000, l'A.G.C.M., con provvedimento n. 8546, sanzionava alcune compagnie assicurative dopo aver accertato che queste, sulla base di cartello concluso per uniformare i prezzi delle polizze RC auto, avevano applicato aumenti dei prezzi assicurativi superiori a quelli propri di un regime in libera concorrenza. La pronuncia dell'*authority* veniva, quindi, impugnata dinanzi agli organi di giustizia amministrativa: dapprima il T.A.R. Lazio, con sentenza n. 6139 del 2001, dipoi il Consiglio di Stato, con pronuncia della IV sezione n. 2199 del 26 febbraio dell'anno successivo, confermavano l'esistenza degli accordi limitativi della concorrenza, nonché il regime anticoncorrenziale determinatosi in seguito alla violazione della disciplina *antitrust* e il conseguente danno per gli assicurati.

Sulla base delle richiamate decisioni, un cospicuo numero di consumatori ha chiesto al giudice ordinario il risarcimento per i danni subìti, ottenendo sentenze favorevoli.

Le compagnie, dolendosi dell'incompetenza del giudice di primo grado a conoscere delle questioni risarcitorie derivanti da illeciti *antitrust*, dovendo – al contrario – ritenersi competente la Corte d'Appello, hanno proposto ricorso per cassazione.

In rigetto del proposto ricorso, la sezione I della Suprema Corte – con sentenza 9 dicembre 2002, n. 17475 – ha negato la competenza della Corte d'Appello, affermando come, in presenza di intese restrittive della concorrenza, per ciò sanzionate dalla Legge n. 287/1990, e di ricadute di queste sul consumatore finale, con conseguenti, per lui, maggiori oneri, l'azione risarcitoria eventualmente spettante al detto consumatore assume i caratteri di un'ordinaria azione di responsabilità soggetta agli ordinari criteri di competenza, e non già a quelli dell'azione *ex* art. 33 della citata legge del 1990, nel qual caso la cognizione esclusiva in unico grado di merito appartiene alla Corte d'Appello.

Strizzando l'occhio alle compagnie assicurative, con D.L. n. 18/2003, il Governo interveniva modificando l'art. 113, secondo comma, c.p.c., nel senso che le controversie relative ai contratti di cui all'art. 1342 c.c. non possono essere decise secondo equità. Così facendo, si andava a produrre una notevole dilatazione dei tempi e dei costi processuali, avendo ciò ricadute sensibilmente negative sulle controversie di modico valore.

A tutto ciò si sono aggiunti alcuni ben noti episodi verificatesi nel 2003: ci si riferisce ai *cracks* finanziari della Parmalat e della Cirio, nonché alla vicenda dei *bonds* argentini.

Questi fatti hanno spinto le associazioni dei consumatori *in primis*, ma anche l'opinione pubblica, a sollecitare il Parlamento e le istituzioni affinché anche l'Italia si dotasse di nuovi strumenti di tutela in forma aggregata.

Il primo significativo tentativo del Parlamento si era avuto nel corso della XIV Legislatura[8]: il 21 luglio 2004, la Camera dei Deputati aveva approvato il

---

[8] Sui progetti della XIV legislatura in dottrina cfr. C. CONSOLO, "*Fra nuovi riti civili e riscoperta delle* class actions, *alla ricerca di una «giusta» efficienza*", in *Corr. giur.*, 2004, fasc. 5, 568 ss.; ID., "*Una strategia per l'efficienza giurisdizionale come base del «giusto» processo civile anche «collettivo»*", in *Resp. civ. prev.*, 2004, fasc. 3, 655 ss.; A. CARRATTA, "*Dall'azione collettiva inibitoria*", cit., 662 ss.; S. CHIARLONI, "*Appunti sulle tecniche di tutela collettiva dei consumatori*", in *Riv. trim. dir. proc. civ.*, 2005, fasc. 2, 385 ss.; M. RESCIGNO, "*L'introduzione della* class action *nell'ordinamento italiano. Profili generali*", in *Giur. comm.*, 2005, fasc. 1, 407 ss.; A.D. DE SANTIS, "*I disegni di legge italiani sulla tutela degli interessi collettivi e il* «Class Action Fair Act of 2005»", in *Riv. trim. dir. proc. civ.*, 2006, fasc. 2, 601 ss.; P.F. GIUGGIOLI, «Class Action» *e azione di gruppo*, Padova, Cedam, 2006, spec. 21 ss., 54 ss., 62 ss.; C. PETRILLO, "*La tutela degli interessi collettivi e individuali omogenei nel processo societario*", in *Riv. dir. proc. civ.*, 2006, fasc. 1, 135 ss.; V. VIGO-

disegno di legge n. 3058/S/14, frutto dell'unificazione dei d.d.l. n. 3838/c[9] e n. 3839/c[10].

Il progetto era incentrato intorno al sostanziale incremento del ruolo e delle prerogative delle associazioni dei consumatori, a scapito di una trasposizione integrale della *class action à l'americaine*, ritenuta essere fortemente in contrasto con numerosi aspetti dell'ordinamento italiano. Tanto ciò è vero, che il testo consolidato parlava dell'«*introduzione dell'azione di gruppo a tutela dei diritti dei consumatori e degli utenti*».

Lungi dal voler trapiantare in Italia l'azione di classe, quindi, l'iniziativa intendeva raggiungere il ben più modesto obiettivo di espandere l'operatività delle azioni collettive al «*risarcimento dei danni e* [al]*la restituzione di somme dovute direttamente ai singoli consumatori e utenti interessati, in conseguenza di atti illeciti plurioffensivi* [lesivi dei] *diritti di una pluralità di consumatori e utenti*».

Tale proposta aveva attratto numerose critiche per le molte lacune che presentava, tra le quali spiccavano quella di non consentire ai singoli interessati di aderire all'azione, di non assicurare un meccanismo di controllo/omologazione degli accordi transattivi eventualmente raggiunti, infine, per il fatto di non individuare i destinatari della pronuncia[11].

Nonostante la Camera dei Deputati avesse approvato il progetto quasi all'unanimità, l'*iter* parlamentare si arenò in Senato ancor prima di essere discusso nelle Commissioni competenti.

Successivamente, nel corso della XV Legislatura, sono passati al vaglio del Parlamento ben nove nuovi progetti di legge raggruppabili in due distinte tipologie[12].

RITI, "*Impossibile la* «class action» *in Italia? Attualità del pensiero di Mauro Cappelletti*", in *Resp. civ. prev.*, 2006, fasc. 1, 31 ss.; L.P. COMOGLIO, "*Aspetti processuali della tutela del consumatore*", in *Riv. dir. proc.*, 2007, fasc. 2, 307 ss.; A. GIUSSANI, *Azioni collettive risarcitorie*, cit., 191 ss.

[9] Disegno di legge n. 3838 (Camera), presentato il 27 marzo 2003, dei deputati Bonito ed altri.

[10] Disegno di legge n. 3839 (Camera), presentato il 27 marzo 2003, dei deputati Lettieri ed altri.

[11] Per approfondimenti, si veda M. BONA, "Class action, group action *e azione collettiva risarcitoria: modelli europei ed extra-europei a confronto*", in C. CONSOLO-M. BONA-P. BOZZELLI (a cura di), *Obiettivo class action: l'azione collettiva risarcitoria*, Milano, Ipsoa, 2008, 57.

[12] In dottrina, si vedano S. CHIARLONI, "*La tutela dei risparmiatori alla luce delle recenti iniziative legislative*", in *Giur. it.*, fasc. 5, 1114 ss.; ID., "*Per la chiarezza delle idee in tema di tutele collettive dei consumatori*", in *Riv. trim. dir. proc. civ.*, 2007, fasc. 2, 567 ss.; L.P. COMOGLIO, *Aspetti processuali della tutela del consumatore*, cit.; M. TARUFFO, "*La tutela collettiva: interessi in gioco ed esperienze a confronto*", in *Riv. trim. dir. proc. civ.*, 2007, fasc. 2, 529 ss.; A. GIUSSANI, "*Modelli extraeuropei di tutela collettiva risarcitoria*", in *Riv. trim. dir. proc. civ.*, 2007, fasc. 4, 1257 ss.; ID., *Azioni collettive risarcitorie*, cit., 213 ss.

Alla prima di queste appartenevano quelli promossi dagli Onorevoli Bersani [13], Benvenuto [14], Maran [15], Buemi [16] e Crapolicchio [17], i quali avrebbero voluto un'azione collettiva proponibile esclusivamente da alcuni soggetti espressamente legittimati [18], senza contemplare rappresentanti della classe o procedimenti di certificazione, e caratterizzandosi per una struttura processuale bifasica [19].

La seconda tipologia, riferita ai progetti Fabris [20], Poretti [21], Pedica [22] e Grillini [23], si caratterizzava per la legittimazione ad agire riconosciuta a chiunque vi avesse interesse, la presenza di un "rappresentante" della classe in veste di "promotore" e l'adozione di un meccanismo di "certificazione" della classe da parte del giudice a cui si collegava una struttura processuale unitaria, al termine della quale si otteneva il risarcimento del danno subito.

Facile rinvenire nella prima tipologia un percorso normativo affine ai princìpî della tradizione processuale romanistica, che – di fatto – si sarebbe tradotto in una mera "novella" del Codice di consumo [24].

La seconda tipologia, al contrario, risentiva molto degli influssi dell'esperienza nordamericana cui si ispirava.

La *summa divisio*, ovviamente, non implicava la totale assenza di tangibili differenze tra progetti appartenenti alla medesima categoria.

---

[13] Proposta di legge n. 1495 (Camera), presentata il 27 luglio 2006, del Ministro dello sviluppo economico, in accordo con il Ministro della Giustizia Mastella e con il Ministro dell'economia e delle finanze Padoa Schioppa.

[14] Proposta di legge n. 679 (Senato), presentata il 26 giugno 2006, dal Presidente della VI Commissione Tesoro e Finanze Benvenuto.

[15] Proposta di legge n. 1289 (Camera), presentata il 5 luglio 2006, dei deputati Maran ed altri.

[16] Proposta di legge n. 1662 (Camera), presentata il 19 settembre 2006 dei deputati Buemi ed altri.

[17] Proposta di legge n. 1883 (Camera), presentata il 7 novembre 2006 dei deputati Crapolicchio ed altri.

[18] In particolare, le associazioni dei consumatori di cui all'art. 139 del Codice del consumo, le associazioni dei professionisti e le Camere di commercio, industria, artigianato ed agricoltura.

[19] Ad una fase iniziale, che sfociava in una sentenza generica di accertamento, seguiva un'ulteriore fase, che prevedeva una serie di azioni individuali promosse dai singoli per ottenere concretamente il risarcimento del danno "accertato e dichiarato".

[20] Proposta di legge n. 1330 (Camera), presentata il 10 luglio 2006, dei deputati Fabris ed altri.

[21] Proposta di legge n. 1443 (Camera), presentata il 21 luglio 2006, dei deputati Poretti ed altri.

[22] Proposta di legge n. 1834 (Camera), presentata il 17 ottobre 2006, del deputato Pedica.

[23] Proposta di legge n. 1882 (Camera), presentata il 6 novembre 2006 dei deputati Grillini ed altri.

[24] Occorre rilevare che già la Legge n. 281/1998 è stata recepita ed inglobata, praticamente *in toto*, dal D.Lgs. n. 206/2005, che ha introdotto il c.d. "*Codice di Consumo*", a norma dell'art. 7 della Legge n. 229/2003.

In particolare, la maggior parte delle iniziative legislative (Bersani, Crapolicchio, Fabris, Poretti, Pedica, Grillini) volevano un'azione collettiva estesa a illeciti plurioffensivi, a prescindere della loro natura contrattuale ovvero extracontrattuale[25]; solo una minoranza (Benvenuto, Maran[26] e Buemi), invece, ne limitava l'attivazione all'inadempimento dei contratti *ex* art. 1342 c.c.[27].

Anche in punto di legittimazione attiva si registravano soluzioni eterogenee.

All'interno del primo filone, da un lato, stavano quei progetti (Benvenuto, Maran, Buemi, Crapolicchio) che attribuivano la legittimazione ad agire ad associazioni che presentavano determinati requisiti e inserite nel registro pubblico, istituito – come s'è detto – presso il M.I.S.E.[28]; dall'altro lato, si collocava il d.d.l. governativo (Bersani), che indicava un insieme più ampio di soggetti dotati di legittimazione, tra cui le associazioni di professionisti e le Camere di commercio[29].

Per contro, al secondo filone appartenevano quei progetti (Fabris, Poretti, Grillini, Pedica) che si proponevano di attribuire il diritto di azione a chiunque vi avesse un serio interesse.

Quanto ai profili riguardanti l'instaurazione dell'azione collettiva, i progetti definiti "filogovernativi" prevedevano, come istanza d'ammissione, che l'associazione rappresentante affermasse la lesione dei soggetti rappresentati per opera di un unico atto plurioffensivo.

Negli altri progetti, al contrario, erano gli attori ad avere l'obbligo, di individuare un promotore della classe (c.d. rappresentante), di fornire dei criteri identificativi della stessa, e di redigere un primo elenco dei componenti, così da facilitare lo svolgimento del giudizio[30].

---

[25] Per completezza, va detto che i progetti Fabris, Poretti e Grillini (non il progetto Pedica) prevedevano anche una peculiare disposizione inerente alle azioni di risarcimento per pubblicità ingannevole. In particolare, si stabiliva che l'azione collettiva fosse utilizzata come mezzo per rendere nulla qualsiasi clausola contrattuale standard di cui all'art. 1342 c.c., qualora l'Autorità Garante della Concorrenza e del Mercato accertasse il carattere ingannevole di un messaggio pubblicitario.

[26] Più specificatamente, il DDL dell'on. Maran escludeva la proponibilità dell'azione all'interno dei settori in cui erano previste procedure di conciliazione o arbitrali per la risoluzione delle medesime controversie davanti ad autorità amministrative indipendenti.

[27] Va sottolineato, per completezza, che le relazioni accompagnatorie a tali progetti ampliavano comunque l'ambito di applicazione dello strumento di tutela proprio dell'azione collettiva anche alle ipotesi di illeciti extracontrattuali di massa ed illeciti civili (danni da inquinamento o da fumo) che non rientravano, appunto, nella fattispecie prevista dall'art. 1342 c.c.

[28] Si trattava, in realtà, degli stessi soggetti legittimati ad esercitare le azioni inibitorie a tutela degli interessi collettivi dei consumatori *ex* artt. 139 e 140 del medesimo codice.

[29] Si trattava, in realtà, degli stessi soggetti legittimati ad esercitare, *ex* art. 37 Codice del consumo, le azioni inibitorie limitatamente all'ipotesi di clausole vessatorie nei contratti tra professionisti e consumatori.

[30] In alcuni progetti di legge del primo filone, si precisava, anche, che le controversie, che si in-

All'interno dei progetti vicini all'Esecutivo non erano individuati i soggetti beneficiari dell'azione collettiva, di talché gli attori potevano limitarsi ad indicare una pluralità di soggetti accomunati da una medesima lesione derivante da un illecito multi-offensivo.

Situazione diametralmente opposta si registrava negli altri progetti, dove era richiesta l'individuazione della classe ed una sua definizione necessaria ad opera del giudice affinché i beneficiari potessero essere rinvenibili tra coloro che possedevano i requisiti per esserne componenti.

La differenziazione tra i progetti di legge era evidente anche per ciò che concerneva i meccanismi di adesione.

I progetti filogovernativi si limitavano a stabilire che l'atto introduttivo producesse effetti interruttivi della prescrizione anche con riferimento ai consumatori interessati, ma estranei al giudizio, e ciò indipendentemente dalla circostanza di un'espressa volontà di adesione da parte di questi, e fatta salva la facoltà di agire singolarmente ove l'azione collettiva non avesse raggiunto un risultato ritenuto poco soddisfacente.

Gli altri progetti (Fabris, Poretti, Grillini) prevedevano come della pronuncia giudiziale potessero avvantaggiarsi i componenti della classe che avessero manifestato la loro intenzione di aderire all'azione collettiva instaurata. La volontà adesiva poteva essere resa nota in qualsiasi momento successivo all'introduzione dell'azione, l'unico limite era costituito dal termine dei sei mesi dopo la pubblicazione della sentenza ovvero dell'omologazione dell'accordo transattivo da parte del giudice

Ultimo punto sul quale è opportuno soffermarsi per analizzare le differenze presentate dai vari progetti di legge è quello relativo agli snodi processuali previsti.

Il primo filone di progetti (Bersani, Benvenuto, Maran, Buemi e Crapolicchio), prevedeva una suddivisione della struttura necessariamente bifasica del procedimento, salvo ammetterne anche una terza fase, però del tutto eventuale.

La prima fase era deputata all'accertamento giudiziale della responsabilità dell'impresa convenuta[31]; in caso di esito positivo, il giudice avrebbe dovuto indicare i criteri di determinazione del danno e l'importo da liquidare a ciascun danneggiato.

La seconda fase del procedimento aveva, invece, la funzione di dare soddi-

---

tendevano affrontare tramite questa nuova modalità, dovevano essere previamente sottoposte ad un tentativo di conciliazione obbligatorio, di fronte ad uno degli organismi elencati nell'art. 38 del D.Lgs. n. 5/2003, iscritti all'interno di un registro istituito presso il Ministero di Giustizia.

[31] La competenza era determinata in base al luogo in cui si trovava la residenza o la sede del convenuto. L'interruzione della prescrizione, a favore di tutti i consumatori ed utenti che potevano essere considerati parti lese del medesimo fatto o violazione, aveva luogo a partire dal momento in cui le Associazioni o le Camere di commercio proponevano l'istanza.

sfazione alle singole pretese risarcitorie. Difatti, dopo la pubblicazione della sentenza o della dichiarazione di esecutività del verbale di conciliazione era necessario giungere a stabilire il *quantum* del risarcimento, i modi ed i termini per il soddisfacimento delle pretese avanzate dai singoli danneggiati[32]. In questa fase erano coinvolte tanto le associazioni quanto la Camera di commercio, anche se il vero protagonista attivo di questa fase del procedimento era il singolo individuo, cui spettava il compito di dimostrare l'entità del danno sofferto.

La terza fase, ultima ed eventuale, contemplata nei progetti appartenenti al primo filone, riguardava il caso in cui la composizione stragiudiziale della lite tra le associazioni (Camere di commercio) e le imprese condannate non avesse sortito effetto alcuno. In tal caso, il singolo individuo poteva richiedere un intervento giudiziale per accertare il possesso dei requisiti di appartenenza alla classe e determinare l'ammontare del risarcimento a lui spettante.

La pronuncia del giudice a favore del singolo costituiva titolo esecutivo.

Diverse, invece, erano le modalità procedurali secondo quanto previsto nei progetti di legge del secondo filone, nei quali era valutata la proposizione di un unico giudizio che si concludeva con l'eventuale risarcimento del danno al singolo consumatore.

La richiesta di risarcimento per i danni subiti poteva essere avanzata da chiunque avesse interesse nella vicenda, e veniva resa pubblica; il convenuto poteva opporsi a questa richiesta, ma senza impedire che il tribunale potesse pronunciarsi.

Il giudice aveva il compito di nominare il c.d. "curatore amministrativo" cui spettava la gestione di un elenco comprendente "*i soggetti che* [avessero] *fatto domanda di partecipare all'azione tanto all'inizio quanto a procedimento iniziato*"[33].

L'azione veniva quindi decisa secondo le disposizioni del rito societario.

Nel caso in cui la procedura si fosse conclusa con sentenza, il tribunale avrebbe determinato i criteri per fissare l'importo da liquidare[34].

Singolare caratteristica di tali progetti di legge (Fabris, Poretti, Pedica Grillini) era la possibilità per il giudice di riconoscere i cc.dd. *punitive damages* della *class action* nordamericana. In particolare, era previsto che il promotore della

[32] Questa fase poteva aver luogo tanto in camera di conciliazione istituita presso il tribunale competente, quanto presso uno degli organismi di conciliazione previsti dall'art. 38 del D.Lgs. n. 5/2003.

[33] Erano ammesse transazioni in corso di causa in cui poter stabilire l'ammontare del risarcimento che doveva essere versato. L'accordo doveva essere necessariamente approvato col voto favorevole della maggioranza dei partecipanti (alla votazione doveva prender parte almeno un terzo di coloro che ne avevano diritto).

[34] Il danno subito dal singolo individuo era calcolato dal curatore amministrativo secondo i criteri, *ex* art. 1223 c.c., del danno emergente e del lucro cessante.

classe potesse richiedere al giudice di irrogare una sanzione a favore della classe, pari al vantaggio economico illecitamente ottenuto dalla parte convenuta, solo allorquando, però, tale vantaggio fosse stato superiore al risarcimento del danno quantificato secondo i canoni dell'art. 1223 c.c.

Questo secondo filone di progetti disciplinava, inoltre, il pagamento a cui avevano diritto gli avvocati alla fine del procedimento, stabilendo che la parcella ai difensori del promotore non spettava in caso di esito negativo dell'azione collettiva; viceversa, in caso di esito positivo, agli avvocati sarebbe stata riconosciuta una cifra pari sino al 10% dell'ammontare dei risarcimenti ottenuti, percentuale da determinarsi sulla base della complessità del caso, dell'attività svolta e del risultato ottenuto.

4. *L'introduzione dello strumento* ex art. *140-*bis *cod. cons.*

Al termine di un lungo esame dei diversi progetti di legge, l'8 novembre 2007, la Commissione Giustizia del Senato ha elaborato un testo base sulla scorta del descritto disegno di legge di iniziativa governativa (Bersani).

L'emendamento, inserito all'interno del *corpus* della legge finanziaria del 2008, sarebbe stato inizialmente respinto, salvo poi essere approvato in sede di discussione in aula[35].

Il testo approvato dal Senato è stato fatto oggetto di aspre critiche da parte della dottrina, la quale ha parlato di vero e proprio "mostro giuridico"[36], sollevando, oltre alla scelta infelice di inserire una disciplina così delicata in una finanziaria[37], una serie di criticità: l'esclusione dei comitati dalla legittimazione attiva, la previsione di un meccanismo conciliativo solo successivo all'emanazione del giudizio e, infine, l'indebolimento dell'intero sistema per l'inapplicabilità dei danni punitivi.

---

[35] Tale emendamento è stato, in realtà, approvato al Senato con un solo voto di scarto (158 favorevoli, 40 contrari e 116 astenuti, che al Senato valgono come contrari), tra maggioranza ed opposizione, dovuto ad un errore di un senatore della maggioranza, il quale addirittura dichiarò alla stampa che la sua volontà era di votare contro l'approvazione dell'emendamento.

[36] Per tutti G. ALPA, "*Un mostro giuridico da riscrivere integralmente*", in *Il Sole 24 ore*, 19 novembre 2007, consultabile in: *https://www.ilsole24ore.com/art/SoleOnLine4/Norme%20e%20Tributi/2007/11/analisi-class-action-alpa.shtml?refresh_ce=1.*

[37] Probabilmente la scelta legislativa di inserire l'azione collettiva nella legge finanziaria è stata dettata dalla convinzione politica che solo in tal modo si sarebbe potuta aggirare la *lobby* imprenditoriale che in quegli anni si era battuta fortemente per arrestare qualsiasi iniziativa di legge per introdurre l'azione collettiva risarcitoria in Italia. Ne dà conto S.L. BENVENUTO, "Class action *statunitense e italiana a confronto*", in *Dir. e prat. soc.*, 2008, fasc. 1, 42 ss.

Conseguentemente, il testo predisposto dal Senato è stato emendato da un correttivo governativo, che ha apportato le seguenti modifiche: l'estensione della legittimazione attiva anche a tutte le associazioni e ai comitati ritenuti «adeguatamente rappresentativi» dei diritti fatti valere con l'azione proposta; l'introduzione di un meccanismo di adesione (c.d. *opt-in right*) per consentire al singolo consumatore o utente, con una semplice dichiarazione scritta, di partecipare all'azione collettiva; la previsione di un filtro giurisdizionale finalizzato a delibare l'ammissibilità dell'azione collettiva per evitare liti temerarie o pretestuose; una più chiara disciplina in punto di risarcimento.

Il testo rivisto e corretto è stato definitivamente approvato da entrambi i rami del Parlamento e promulgato con Legge n. 244/2007 (Legge finanziaria 2008)[38], il cui art. 2, 446° comma, inseriva l'art. 140-*bis* – rubricato «*Azione collettiva risarcitoria*» – al cod. cons.[39].

La risultante normativa di cui all'art. 140-*bis* presentava, quindi, le seguenti caratteristiche:

a) ciascun consumatore, anche mediante associazioni di cui fa parte o comitati dove partecipa, poteva instaurare l'azione; l'azione poteva essere altresì promossa dalle associazioni iscritte nel registro tenuto dal M.I.S.E., ovvero dai comitati e dalle associazioni adeguatamente rappresentativi;

b) gli altri singoli consumatori o utenti potevano comunicare per iscritto la propria adesione con l'unico limite, temporale, costituito dal termine per potervi provvedere fissato entro l'udienza di precisazione delle conclusioni in appello;

---

[38] Legge 24 dicembre 2007, n. 244, recante disposizioni per la formazione del bilancio annuale e pluriennale dello Stato (Legge Finanziaria 2008), in *G.U.*, 28 dicembre 2007, n. 300, S.O. n. 285.

[39] Per un primo commento alla normativa si vedano G. ALPA, "*L'azione collettiva risarcitoria. Alcune osservazioni di diritto sostanziale*", in *Contr.*, 2008, fasc. 6, 545 ss.; A. CARRATTA, "*L'azione collettiva risarcitoria e restitutoria*", cit., 723 ss.; C. CONSOLO, *È legge una disposizione sull'azione collettiva risarcitoria*, cit.; A. GIUSSANI, *Azioni collettive risarcitorie*, cit., 224 ss.; ID., "*Controversie seriali e azione collettiva risarcitoria*", in *Riv. dir. proc. civ.*, 2008, fasc. 2, 465 ss.; ID., "*L'azione collettiva risarcitoria nell'art. 140* bis *c. cons.*", in *Riv. dir. proc. civ.*, 2008, fasc. 5, 1227 ss.; L. FRATA, "*"*Class Actions*" e "azioni collettive risarcitorie": un primo confronto*, in *Danno e resp.*, 2008, fasc. 5, 493 ss.; P.F. GIUGGIOLI, "*L'azione collettiva risarcitoria*", cit., 430 ss.; I.S.D.A.C.I., "*L'azione collettiva risarcitoria: profili processuali*", in *Contr.*, 2008, fasc. 6, 638 ss.; I. LUCATI, "*"*Class action*" all'italiana: nuove forme di tutela per consumatori ed utenti*", in *Resp. civ.*, 2008, fasc. 2, 188 ss.; E. MARINUCCI, "*Il rapporto fra le azioni collettive previste nel codice del consumo dopo l'introduzione della nuova azione collettiva risarcitoria*", in *Corr. giur.*, 2008, fasc. 7, 1024 ss.; C. MOREO, "*L'azione collettiva risarcitoria*", cit., 2190 ss.; L. PAURA, "*Diritti soggettivi e formazioni sociali. Le azioni collettive risarcitorie tra sussidiarietà e solidarietà*", in *Contr. e impr.*, 2008, fascc. 4-5, 1002 ss.; A. RICCIO, "*L'azione collettiva risarcitoria non è, dunque, una* Class Action", in *Contr. e impr.*, 2008, fasc. 2, 500 ss.; V. VIGORITI, "Class Action *e azione collettiva risarcitoria. La legittimazione ad agire ed altro*", in *Contr. e impr.*, fasc. 3, 729 ss.

c) la struttura della procedura era essenzialmente bifasica: ad una prima fase di accertamento del diritto, che si concludeva con la sentenza di accoglimento o di rigetto dell'azione collettiva (sentenza di mero accertamento), seguiva una seconda fase (naturalmente in caso di accoglimento della domanda), volta alla quantificazione del danno, svolta anche sulla base di un procedimento di natura arbitrale avanti ad una camera di conciliazione;

d) la sentenza che definiva il giudizio avrebbe fatto stato nei confronti dei consumatori e utenti che avessero aderito all'azione collettiva.

Curioso evidenziare come la nuova disciplina relativa all'azione collettiva risarcitoria, di cui all'art. 140-*bis* cod. cons., introdotta dalla Legge finanziaria del 2008, non sia in realtà entrata in vigore nel nostro ordinamento. Difatti, dopo una serie di rinvii legislativi, essa è stata modificata dall'art. 49 della Legge n. 99/2009[40], che ha introdotto il nuovo testo entrato in vigore a partire dal 1° gennaio 2010[41].

La nuova normativa non riconosceva diritti ulteriori a quelli già attribuiti dall'ordinamento, limitandosi ad introdurre una nuova modalità di tutela risarcitoria, che si andava ad aggiungere a quella inibitoria già esistente[42]. Tali azioni, pur coesistenti, erano destinate ad operare su piani ben diversi: l'art. 140-*bis* cod. cons. tutela una pluralità di diritti individuali omogenei, essendo finalizzato al risarcimento del danno già sofferto da consumatori o utenti; l'azione inibito-

---

[40] Legge 23 luglio 2009, n. 99, recante disposizioni per lo sviluppo e l'internazionalizzazione delle imprese, nonché in materia di energia, in *G.U.*, 31 luglio 2009, n. 176, S.O. n. 136. Per un commento alla novella *ex multis* I. AMBROSI-M. D'AURIA, "*L'azione collettiva risarcitoria a tutela dei consumatori (*class action*), il decreto «mille proroghe» e il gioco dell'oca*", in *Fam. pers. succ.*, 2009, fasc. 2, 188 ss.; A. BELLELLI, "*Dall'azione inibitoria all'azione risarcitoria collettiva*", in *Nuova giur. civ.*, 2009, fasc. 5, 211 ss.; F. CAMILLETTI, "*Il nuovo art. 140-*bis* del codice del consumo e l'azione di classe*", in *Contratti*, 2009. fasc. 12, 1179 ss.; C. CONSOLO, "*Come cambia, rivelando ormai a tutti e in pieno il suo volto, l'art. 140-*bis* e la* Class Action *consumeristica*", in *Corr. giur.*, 2009, fasc. 10, 1297 ss.; G. D'ALFONSO, "*L'art. 140* bis *Codice del consumo tra disciplina attuale e proposte di riforma. Quali prospettive per un'effettiva tutela collettiva risarcitoria?*", in *Resp. civ.*, 2009, fasc. 8-9, 678 ss.; T. GALLETTO, "*L'azione di (seconda) classe (considerazioni sul novellato art. 140* bis *del codice del consumo)*", in *Nuova giur. civ.*, 2009, fasc. 11, 539 ss.; F. TEDIOLI, "Class action *all'italiana atto secondo: un cantiere ancora aperto*", in *Obbl. e contr.*, 2009, fasc. 12, 998 ss.

[41] Va precisato come la lettera dell'art. 49, secondo comma, disponesse, invero, che «*le disposizioni dell'articolo 140-bis del codice del consumo,* [si sarebbero applicati] *agli illeciti compiuti successivamente alla data di entrata in vigore della presente legge*». Tale norma, dopo la normale *vacatio legis*, sarebbe dovuta entrare in vigore il 15 agosto 2009. Tuttavia, a causa di una successiva proroga – stabilita dall'art. 23, sedicesimo comma, D.L. 1° luglio 2009, n. 78 (convertito con Legge 3 agosto 2009, n. 102), in *G.U.*, 1° luglio 2009, n. 150 – l'art. 140-*bis* cod. cons. è entrato in vigore, come si diceva, 1° gennaio 2010.

[42] Così pure A.D. DE SANTIS, "*L'azione risarcitoria collettiva*", in G. CHINÉ-G. MICCOLIS, *Class action e tutela collettiva dei consumatori*, Roma, Neldiritto.it, 2008, 149.

ria (e gli strumenti di coercizione indiretta di cui all'art. 140, settimo comma, cod. cons.) mirava a proteggere, in via eminentemente preventiva, la posizione dei consumatori in tutti quei casi in cui essi non avessero ancora diritto ad una reintegrazione patrimoniale.

Si evidenzia, poi, un cambio di paradigma tra il nuovo testo dell'art. 140-*bis* e l'originaria formulazione contenuta nella Finanziaria del 2008, laddove la finalità principale dell'emendata azione di classe si atteggiava ora essere quella di tutelare i «*diritti individuali omogenei di consumatori e utenti*»[43], e non più la tutela degli «*interessi collettivi*» degli stessi soggetti. Difatti, mentre l'interesse collettivo (o c.d. superindividuale) identifica l'interesse di più soggetti verso un bene che ha anche (o essenzialmente) una dimensione non suscettibile di un'appropriazione e di un godimento esclusivi (si pensi, ad esempio, alla concorrenza, alla salute, all'ambiente), l'interesse individuale ha una dimensione prettamente esclusiva del singolo[44]: è proprio a tutela di questa seconda tipologia di interessi, quale pluralità di diritti individuali che proteggono interessi omogenei, che si dirige il nuovo art. 140-*bis* cod. cons.

Il sistema delle forme di tutela collettiva, dopo tale novella, poteva dirsi completato, ma limitatamente al settore consumeristico: era stato raggiunto uno dei principali obiettivi di un percorso normativo che, nell'arco di dieci anni e sotto l'egida e gli auspici degli interventi comunitari, aveva dato vita ad un vero e proprio nuovo settore del diritto dei rapporti economico-privatistici, ormai noto come "diritto del consumo" o "diritto dei consumi", fornendo nuovi schemi di tutela accanto alle canoniche azioni individuali.

Rimaneva, tuttavia, problematicamente aperta la questione circa l'opportunità di rendere l'azione collettiva risarcitoria generalizzata, e cioè non più solo

---

[43] Restavano, perciò, esclusi dalla tutela collettiva i professionisti persone fisiche o le piccole e medie aziende, nella misura in cui giusta l'art. 3 cod. cons., per consumatore (o utente) si intende la «*persona fisica che agisce per scopi estranei all'attività imprenditoriale, commerciale o professionale eventualmente svolta*». La scelta di riservare lo strumento dell'azione di classe all'àmbito consumeristico è stata, però, criticata in quanto sottraeva la possibilità di accesso a diverse categorie di individui (si pensi, ad esempio, ai soggetti disabili, ai lavoratori, ai soggetti danneggiati da un danno ambientale) i cui diritti avrebbero potuto essere certamente lesi anche da condotte multi-offensive. Un punto dolente è, poi, stato quello di comprendere se facessero parte dei soggetti abilitati a richiedere la tutela collettiva anche quelli acquirenti di strumenti finanziari, cioè risparmiatori. Orbene, sul punto si è manifestata apertamente una contraddittorietà di vedute: mentre la Circolare n. 19244 del 16 ottobre 2009 dell'area Affari legislativi di Confindustria considerava inapplicabile l'art. 140-*bis* al settore del risparmio, con Circolare n. 38 del 23 settembre 2009, Assonime riteneva essere pienamente applicabile la norma anche a tali ultimi soggetti. Sul punto, *ex plurimis* A. PALMIERI, "*La* Class Action *da danno finanziario*", in *Danno e resp.*, 2009, fasc. 4, 377 ss.

[44] Al riguardo, cfr. R. CAPONI, "*Una lettura di interrogativi in attesa della giurisprudenza*", in *Foro it.*, 2008, 179 ss., spec. 182.

consumeristica. Per questo sono serviti, però, più di un lustro di dibattiti e di progetti naufragati.

5. *Prospettive nella direzione di un'azione di classe generalizzata*

Le sollecitazioni riguardanti la necessità di predisporre un quadro unitario in materia di ricorsi collettivi sono provenute massimamente dall'Unione europea, e – in particolar modo – espresse nella Risoluzione del 2 febbraio 2012, con la quale il Parlamento ha richiesto un approccio europeo coerente in materia di ricorsi collettivi, incaricando la Commissione di porre in essere ulteriori sforzi, concretizzatisi, in prima battuta, nell'emanazione nel 2013 di una Comunicazione e poi con altre attività di cui si dirà nel prossimo capitolo.

Proprio nel 2013, era stato presentato alla Camera un d.d.l. recante una nuova disciplina dell'azione di classe generalizzata. Il 3 giugno 2015, la Camera dei Deputati aveva approvato la proposta di Legge n. 1335-3017 A, recante "*Disposizioni in materia di azione di classe*".

La proposta di riforma sanciva l'abrogazione dell'art. 140-*bis* cod. cons. e la collocazione della disciplina dell'azione di classe all'interno del Codice di Procedura Civile – segnatamente all'art. 840-*bis* ss. c.p.c.

L'obiettivo che la proposta si prefiggeva di raggiungere era quello di legittimare all'esercizio dell'azione collettiva, oltre che le associazioni e i comitati, anche i singoli danneggiati da un evento plurioffensivo – al netto della natura contrattuale ovvero extracontrattuale – tanto in quelle situazioni «*caratterizzate da pretese risarcitorie modeste*», quanto per altri casi in cui «*pur non essendo la pretesa modesta né la debolezza strutturale acclarata,* [si fosse inteso] *comunque agire in forma aggregata per convenienza processuale*» [45].

Nella prospettiva riformatrice, oggetto di tutela avrebbero dovuto quindi essere gli interessi individuali omogenei, perdendo la tipizzazione contemplata dall'azione di classe consumeristica come modulata dal cod. cons. (in pratica, «*così da non lasciare dubbi sulla tutelabilità di tutte quelle situazioni derivanti da condotte plurioffensive, anche di natura illecita, che nel quadro della normativa vigente restano esclusi*» [46]). L'art. 840-*bis* c.p.c. nel progetto di legge in analisi faceva riferimento ai «*diritti individuali omogenei tutelabili nei confronti dell'au-*

[45] Così la Relazione di presentazione alla proposta di Legge n. 1335.

[46] Così la Relazione di presentazione al progetto di Legge n. 1335, che nel suo testo originario faceva riferimento a «*i diritti individuali omogenei derivanti da una o più fonti dell'obbligazione indicati dall'articolo 1173 del codice civile, nonché gli interessi collettivi*».

tore delle condotte lesive per l'accertamento della responsabilità e per la condanna al risarcimento del danno e alle restituzioni».

Ne derivava, praticamente, come il compasso applicativo dell'azione di classe sarebbe stato esteso al di là della caratterizzazione consumeristica delle controversie: la classe non avrebbe più dovuto essere formata da consumatori o utenti.

La nuova formulazione dell'azione di classe evidenziava un procedimento multifasico.

Una prima fase sarebbe stata destinata alla valutazione di ammissibilità preventiva del giudice, con ordinanza – da pubblicare «*entro trenta giorni dalla prima udienza*»[47] – con la quale veniva fissato un termine per l'esercizio dell'*opt-in*. L'adesione era esercitabile in una doppia finestra: prima della sentenza di condanna, ovvero in un momento successivo (e, quindi, *secundum eventum litis*).

Una seconda fase, invece, che avrebbe dovuto concludersi con una pronuncia nel merito della fondatezza della pretesa collettiva: *ex* art. 840-*sexies* c.p.c. il giudice avrebbe dovuto provvedere in ordine alle domande risarcitorie e restitutorie proposte dall'attore e accertare la lesività della condotta posta in essere dal convenuto nei confronti di una pluralità di soggetti.

Una terza (inedita) fase, deputata all'accertamento della fondatezza delle singole pretese risarcitorie avanzate dai componenti della classe.

Da ultimo, la nuova disciplina si proponeva di innovare in punto di spese processuali, per un verso ridimensionando il costo per gli attori, per un altro prevedendo un'incentivazione economica per gli avvocati della classe. In caso di esito favorevole, ai difensori delle parti attrici era prevista la spettanza – titolo di compenso – di una quota del risarcimento o delle restituzioni, valutate sulla base del numero dei componenti della classe e in maniera progressiva.

A nulla però sono valsi i pur meritevoli tentativi: infatti, la proposta si è arenata – senza un vero motivo – al Senato. Si è dovuto attendere il 2018 per assistere ad un intervento concreto in materia di azione di classe.

---

[47] Con la quale, *ex* art. 840-*quinquies* c.p.c., «*il tribunale fissa un termine per l'adesione all'azione medesima da parte dei soggetti portatori di diritti individuali omogenei*».

6. *Un'azione di classe di "terzo conio"*[48]*: la Legge n. 31/2019*

Il 3 ottobre 2018 – senza voti contrari – la Camera ha approvato la proposta di Legge n. 791-A[49], il cui obiettivo era quello di ridisegnare l'azione di classe, emancipandola dalle strettoie del settore consumeristico, anche sotto un profilo più eminentemente tassonomico, inserendo all'uopo il Titolo VIII-*bis* al Libro IV del c.p.c., rubricato "*Dei procedimenti collettivi*".

Il nuovo titolo, composto da quindici nuovi articoli (dall'art. 840-*bis* all'art. 840-*sexiesdecies*), è inserito dopo le norme sull'arbitrato e in coda al Libro IV dedicato ai procedimenti speciali.

Un progetto, quindi, volto alla tutela degli interessi superindividuali e omogenei, ma non più in prospettiva esclusivamente consumeristica.

La proposta in esame non si discosta da quella del 2013, se non per l'assenza di una volontà abrogatrice dell'art. 140-*bis* cod. cons.: l'impianto prescelto è quello di uno strumento che adotta il meccanismo dell'*opt-in*, esercitabile in due momenti, ovverosia non solo prima della sentenza di condanna, ma anche in un momento successivo (*secundum eventum litis*).

Immediatamente dopo l'approvazione da parte della Camera, in dottrina sono stati espressi i migliori auspici per una celere approvazione del progetto anche da parte dell'altro ramo parlamentare. Soprattutto, la preoccupazione principale nutrita dagli autori era quella che, oltre al contenuto, la proposta del 2018 potesse condividere con il disegno del 2013 anche l'infausto destino[50].

Fortunatamente, così non è stato: a sopire i tormenti dottrinali ha provveduto il Senato, che, in data 3 aprile 2019, ha approvato il d.d.l. S. 844, conseguendone che la nuova azione di classe generalizzata – e contemplata dall'art. 840-*bis* c.p.c. – è, definitivamente, legge[51].

---

[48] Tolgo l'espressione a C. Consolo, "*Nuove prospettive per una azione di classe (di terzo conio)?, scritto in onore di Guido Alpa*", confluito poi in C. Consolo, "*L'azione di classe, trifasica, inserita nel c.p.c.*", in *Riv. dir. proc.*, 2/2020, 714 ss.

[49] Si tratta del testo presentato il 26 giugno 2018 e approvato dalla Camera il 3 ottobre 2018, il cui contenuto è disponibile al seguente indirizzo: *http://www.camera.it/leg18/995?sezione=documenti&tipoDoc=lavori_testo_pdl&idLegislatura=18&codice=leg.18.pdl.camera.791.18PDL0016930&back_to=http://www.camera.it/leg18/126?tab=2-e-leg=18-e-idDocumento=791-e-sede=-e-tipo*. Cfr. C. Consolo, *Nuove prospettive*, cit.; C. Consolo-M. Stella, "*La nuova azione di classe, non più solo consumeristica, in una proposta di legge da non lasciar cadere*", in *Riv. dir. banc.* (*dirittobancario.it*), 2018, fasc. 4, sez. I, 633 ss.; infine, ne dà conto L. Serafinelli, "*Ancora sulla tutela del consumatore, anche in forma collettiva*", cit.

[50] Per alcuni rilievi critici sul naufragio della proposta cfr. C. Consolo-M. Stella, "*La nuova azione di classe*", cit.

[51] Legge 12 aprile 2019, n. 31, recante disposizioni in materia di azione di classe, in G.U. 18 aprile 2019, n. 92.

Legittimate a proporre l'azione di classe – oltre che i singoli membri – sono le associazioni senza scopo di lucro i cui obiettivi statutari contemplino la tutela dei diritti dei *class members* (art. 840-*bis* c.p.c.)[52].

Legittimati passivi dell'azione di classe, invece, potranno essere, ai sensi dell'art. 840-*bis*, terzo comma, c.p.c., sia le «*imprese*»[53] (in realtà già contemplate dall'art. 140-*bis* cod. cons.) sia gli «*enti gestori di servizi pubblici o di pubblica utilità*»[54], per atti e comportamenti posti in essere nello svolgimento delle loro rispettive attività.

Il procedimento introdotto dalla novella del 2019 reca con sé alcuni tratti innovativi dei quali è utile dar conto.

In linea con la *ratio* ispiratrice del *conditor*, che mira a stimolare la partecipazione dei singoli mediante l'esercizio dell'*opt-in*, l'art. 840-*ter*, secondo comma, c.p.c. prevede la pubblicazione – ancor prima dell'ordinanza di ammissibilità dell'azione di classe (e cioè del provvedimento di abilitazione all'esercizio dell'azione sotto forma aggregata) – del ricorso nell'area pubblica del portale dei servizi telematici del Ministero della Giustizia, in modo da dare risalto alla pendenza del giudizio e, conseguentemente, agevolare la reperibilità delle informazioni ad esso relative[55].

---

[52] Testualmente, l'art. 840-*bis*, secondo comma, c.p.c., stabilisce come «[...] *un'organizzazione o un'associazione senza scopo di lucro i cui obiettivi statutari comprendano la tutela dei* [...] *diritti* [individuali omogenei] *o ciascun componente della classe* [possa] *agire nei confronti dell'autore della condotta illecita* [...]». Non del tutto felice è stata la scelta di inserire quale soggetto legittimato "l'organizzazione", figura di non facile individuazione: in termini, C. CONSOLO-M. STELLA, *op. ult. cit.*, 3. Inoltre, è del tutto evidente come l'associazione o l'organizzazione in tanto possa promuovere un'azione *ex* art. 840-*bis* ss., in quanto esistano diritti individuali da far valere per via aggregata: parlando di "*diritti superindividuali omogenei*", la norma esclude la possibilità che ad essere dedotti siano interessi collettivi ovvero diffusi (quindi ancipiti).

[53] Il riferimento alle sole imprese (ovviamente anche individuali, interpretando in senso estensivo ed inclusivo il silenzio della disposizione) non va letto nel senso restrittivo della platea dei destinatari dell'azione di classe, rispetto a quella prevista dall'art. 140-*bis* cod. cons., escludendo i «professionisti». Contro quest'ultimi, infatti, i consumatori e gli utenti continueranno ad usufruire della specifica azione di classe di cui all'art. 66 cod. cons., così come novellato dal D.Lgs. 21 febbraio 2014, n. 21. In tal senso, cfr. C. CONSOLO, "*L'azione di classe, trifasica, inserita nel c.p.c.*", cit., 724.

[54] A tal proposito, la norma *de quo*, facendo «*salve le disposizioni in materia di ricorso per l'efficienza delle amministrazioni e dei concessionari di servizi pubblici*», evoca anche la *class action* pubblica attuata e disciplinata dal D.Lgs. 20 dicembre 2009, n. 198, su cui si v, *infra*, Cap. VII, § 4.

[55] È sempre più frequente l'utilizzo della pubblicazione di provvedimenti giudiziari (non solo sentenze, dunque) sulle riviste di settore. Tale metodo, spesso adottato in occasione di contenziosi attinenti alla proprietà intellettuale, costituirebbe uno strumento alternativo alla comminazione di danni punitivi e tenderebbe a perseguire lo stesso fine delegando, però, al mercato ed ai consumatori stessi la possibilità di "punire" la condotta illegittima dell'impresa condannata attraverso una scelta maggiormente etica e informata che risulta, però, meno incisiva e, ovviamente, immediata.

Il procedimento, poi, segue il rito previsto dall'art. 702-*bis* c.p.c., senza possibilità di mutamento (da sommario ad ordinario), il che testimonia una scelta di forte favore nel senso di un'istruttoria senza formalità, quando non strettamente necessarie (art. 840-*ter*, terzo comma, c.p.c.)[56].

Relativamente alla competenza territoriale, la disciplina dell'azione di classe di terza generazione presenta una netta novità rispetto alla precedente previsione di un foro speciale[57]: l'art. 840-*ter*, primo comma, c.p.c., infatti, adotta come foro competente esclusivo la «*sezione specializzata in materia di impresa competente per il luogo ove ha sede la parte resistente*».

A proposito dei poteri istruttori del giudice, va evidenziato come la riforma li abbia notevolmente rafforzati, corredandoli con sanzioni anche pecuniarie, traendo spunto per far ciò – come si dimostrerà appresso – dal D.Lgs. n. 3/2017 sui danni da illeciti *antitrust* (che ha recepito la Direttiva 2014/104/UE del Parlamento europeo e del Consiglio, del 26 novembre 2014, relativa a determinate norme che regolano le azioni per il risarcimento del danno ai sensi del diritto nazionale per violazioni delle disposizioni del diritto della concorrenza degli Stati membri e dell'Unione europea).

Difatti, l'undicesimo ed il dodicesimo comma dell'art. 840-*quinquies* prevedono – in caso di inadempimento o di rifiuto di adempiere all'ordine di esibizione documentale emanato dal giudice – una sanzione amministrativa pecuniaria il cui ammontare va da € 10.000,00 a € 100.000,00. Medesima sanzione è inoltre riservata alla parte o al terzo che distrugga documenti rilevanti ai fini del giudizio.

Ferma restando l'applicazione delle sanzioni anzi dette, se la parte rifiuta senza giustificato motivo di rispettare l'ordine di esibizione del giudice o non adempie allo stesso, ovvero distrugge prove rilevanti ai fini del giudizio di risarcimento, il giudice, valutato ogni elemento di prova, può ritenere provato il fatto al quale la prova si riferisce.

Si ricava dalla lettura della novella che oggetto dell'esibizione debbano essere documenti finalizzati a dimostrare la fondatezza delle pretese; ne consegue – praticamente – come la richiesta non possa avere ad oggetto, ad esempio, le liste

[56] Va segnalato, comunque, che l'utilizzo di uno strumento processuale a cognizione sommaria quale quello previsto dall'art. 702-*bis* c.p.c., con una istruttoria ridotta alla sola allegazione documentale e la fissazione di termini piuttosto serrati, potrebbe non essere del tutto sufficiente a consentire una piena ed efficiente difesa dei diritti di ogni componente.

[57] L'art. 140-*bis*, quarto comma, cod. cons., nello stabilire un foro speciale per le azioni di classe precisa che «*la domanda è proposta al tribunale ordinario avente sede nel capoluogo della regione in cui ha sede l'impresa, ma per la Valle d'Aosta è competente il tribunale di Torino, per il Trentino-Alto Adige e il Friuli-Venezia Giulia è competente il tribunale di Venezia, per le Marche, l'Umbria, l'Abruzzo e il Molise è competente il tribunale di Roma e per la Basilicata e la Calabria è competente il tribunale di Napoli. Il tribunale tratta la causa in composizione collegiale*».

dei clienti di una determinata impresa al fine di una più agevole individuazione dei membri della classe[58].

Quanto previsto dall'art. 840-*quinquies* – come si accennava poc'anzi – è mutuato dalla disciplina dei risarcimenti da illeciti *antitrust*; in particolare, ad essere presi a modello sono i commi 1, 2 e 6 dell'art. 6 del D.Lgs. n. 3/2017[59].

In definitiva, sarebbe scorretto parlare di una vera e propria *discovery made in U.S.A.*: oltre alla circostanza di non poter richiedere documenti che esulino dalla prova della fondatezza dei diritti azionati, milita a favore della non coincidenza di modelli la circostanza che ben più gravi conseguenze sono previste negli Stati Uniti d'America in caso di inadempimento all'ordine del giudice (prima fra tutte, la sanzione di natura penale della "*contempt of Court*").

Sempre con riguardo alla disciplina procedimentale, il legislatore si è pure preoccupato di dare soluzione alla possibile contemporanea pendenza di plurime azioni di classe avente medesimo oggetto e promosse nei confronti del medesimo convenuto: l'art. 840-*quater* c.p.c., infatti, fa divieto – decorsi i 60 giorni dalla pubblicazione del ricorso sul portale telematico – di proporre ulteriori azioni di classe; mentre le azioni eventualmente proposte dalla data del ricorso alla scadenza del termine vanno riunite all'azione principale.

Con l'ordinanza con cui ammette l'azione di classe[60], il tribunale fissa un termine (non inferiore a 60 e non superiore a 150 giorni) per consentire l'adesione nella "prima finestra temporale" (si tratta dei cc.dd. aderenti precoci).

Valutata la fondatezza delle pretese, con la sentenza che accoglie l'azione di classe, il tribunale medesimo pronuncia sulle domande individualmente proposte dal ricorrente, ove questo sia un soggetto diverso da un'associazione o un'organizzazione (art. 840-*sexies*, lett. a), c.p.c.), ed emette una sentenza di condanna generica in favore della classe.

Tale sentenza definisce i caratteri dei diritti individuali omogenei, specifi-

---

[58] Auspicio questo espresso a più riprese dal mondo consumeristico: cfr. *ivi*, 4.

[59] L'art. 6 del D.Lgs. n. 50/2017, rubricato "*Sanzioni*", in parte *qua* recita: «*1. Alla parte o al terzo che rifiuta senza giustificato motivo di rispettare l'ordine di esibizione del giudice a norma dell'articolo 3 o non adempie allo stesso il giudice applica una sanzione amministrativa pecuniaria da euro 15.000 a euro 150.000 che è devoluta a favore della Cassa delle ammende.*

2. Salvo che il fatto costituisca reato, alla parte o al terzo che distrugge prove rilevanti ai fini del giudizio di risarcimento il giudice applica una sanzione amministrativa pecuniaria da euro 15.000 a euro 150.000 che è devoluta a favore della Cassa delle ammende. [...]

6. Ferma l'applicazione delle sanzioni amministrative pecuniarie di cui ai commi 1 e 2, se la parte rifiuta senza giustificato motivo di rispettare l'ordine di esibizione del giudice a norma dell'articolo 3 o non adempie allo stesso, ovvero distrugge prove rilevanti ai fini del giudizio di risarcimento, il giudice, valutato ogni elemento di prova, può ritenere provato il fatto al quale la prova si riferisce».

[60] E salvo che sia proposto con successo reclamo avverso l'ordinanza, come consentito dall'art. 840-*ter*, penultimo comma, c.p.c.: la riedizione del provvedimento, infatti, comporterebbe la dichiarazione di inammissibilità dell'azione di classe, con conseguente chiusura del giudizio.

cando gli elementi necessari per l'inclusione nella classe ed indicando la documentazione necessaria da presentare congiuntamente al modello di adesione a riprova della titolarità di detti diritti.

Con il medesimo provvedimento, il tribunale dichiara aperta la "seconda finestra temporale di adesione" (quella *secundum eventum litis*) e nomina all'uopo un giudice delegato.

Viene, altresì, nominato il rappresentante comune degli aderenti – mutuando la relativa disciplina dalle procedure concorsuali come esplicitamente richiamato dal testo della disposizione[61] –, che ha la funzione di predisporre il "progetto dei diritti individuali omogenei", prevedendo – si crede – già in questa sede il *quantum* dovuto a ciascun aderente (art. 840-*octies* c.p.c.).

Sulle adesioni il giudice decide con decreto motivato (che costituisce titolo esecutivo), a mezzo del quale condanna il convenuto al pagamento delle somme e delle cose dovute a ciascun aderente a titolo di risarcimento o di restituzione[62].

Ove la parte resistente non adempia, è prevista una procedura esecutiva forzata in forma collettiva (art. 840-*terdecies* c.p.c.).

A latere della conclusione del giudizio con pronuncia giudiziale, la riforma contempla l'eventualità che le parti compongano la lite mediante un accordo transattivo, dedicando proprio l'art. 840-*quaterdecies* a tale evenienza.

---

[61] Difatti, il rappresentante comune degli aderenti – in forza dell'art. 840-*sexies*, lett. g), c.p.c. – deve essere scelto tra coloro i quali abbiano i requisiti per la nomina a curatore fallimentare.

[62] Nel descrivere il contenuto della sentenza di accoglimento, l'art. 840-*sexies*, primo comma, lett. a), c.p.c., stabilisce – quando l'azione di classe è stata proposta da un soggetto diverso da un'organizzazione o da un'associazione – che «*il tribunale provvede in ordine alle domande risarcitorie o restitutorie*». Nonostante il legislatore abbia utilizzato la congiunzione avversativa, si ritiene che nulla osta a che possa sussistere un cumulo tra le due domande qualora anche il diritto al risarcimento non patrimoniale presenti i caratteri per essere ricondotto alla classe come identificata ed ammessa dal tribunale. A supporto di tale interpretazione, anche se in relazione all'art. 140-*bis*, cod. cons., è opportuno citare la Cass. Civ., sez. III, 31 maggio 2019, n. 14886, sull'azione di classe contro Trenord, secondo cui «*la forma processuale dell'azione di classe, è compatibile con la rivendicazione della tutela risarcitoria dei danni non patrimoniali, purché vengano messi rigorosamente in risalto i tratti, in qualche modo, comuni a tutti i membri della classe, cosicché l'originario proponente dovrà domandare il risarcimento di un danno non patrimoniale che non sia individualizzato, ma sia fondato su circostanze comuni a tutti i membri della classe. Dunque, il singolo danneggiato, potrà scegliere liberamente se promuovere un'azione individuale in modo autonomo, per ottenere una liquidazione personalizzata del danno non patrimoniale subito, oppure potrà aderire ad un'azione di classe; in ogni caso sarà necessaria l'indicazione delle situazioni soggettive lese, la relativa tutela a livello costituzionale e la serietà e gravità delle lesioni inferte e dei pregiudizi subiti, non identificabili con meri disagi, fastidi, disappunti, ansie o con ogni altro tipo di generica insoddisfazione*». Sul punto, cfr. C. CONSOLO, *op.ult. cit.*, 732; A. GIUSSANI, "*La riforma dell'azione di classe*", in *Riv. dir. proc.*, 6/2019, 1572 ss.; C. SCOGNAMIGLIO, "*La Cassazione delinea presupposti e limiti di risarcibilità del danno non patrimoniale contrattuale nell'azione di classe (Commento a CASS. CIV., III sez., 31 maggio 2019, n. 14886)*", in NGCC, 2019, vol. 35, fasc. 5, 993 ss.

La disposizione da ultimo richiamata prescrive una disciplina differenziata a seconda della fase del procedimento in cui versino le parti e gli aderenti.

Prima della sentenza di accertamento della responsabilità *ex* art. 840-*sexies* c.p.c., le parti possono concludere un accordo conciliativo sollecitato dal giudice – alla stregua dell'art. 185-*bis* del codice di rito – avuto riguardo del valore della controversia e alla esistenza di questioni di facile e pronta soluzione. L'accordo concluso sarà pubblicato sul portale telematico del Ministero della Giustizia, in modo tale che gli aderenti precoci possano anch'essi accedere a detto accordo.

Differente, e più innovativa, è la disciplina dettata per gli accordi transattivi *post* sentenza di condanna. Successivamente a tale provvedimento, infatti, è il rappresentante comune degli aderenti – e non più l'originario ricorrente – ad interloquire (*rectius*: negoziare) con il convenuto per la predisposizione di uno schema di accordo. Una volta redatto, lo schema viene sottoposto a tutti gli aderenti non già perché questi vi accedano, ma al fine di consentire loro – ove in disaccordo con quanto stabilito – di effettuare eventuali contestazioni. Sarà, quindi, il giudice delegato a valutare gli interessi degli aderenti, tenendo conto delle eventuali contestazioni avanzate, e ad autorizzare la stipula dell'accordo.

Al provvedimento autorizzativo sarà data pubblicità mediante il sito internet del Ministero della Giustizia, ed entro quindici giorni dalla pubblicazione l'aderente che abbia formulato contestazioni può privare il rappresentante comune della facoltà di stipulare l'accordo transattivo a cui le medesime contestazioni si riferiscono. In assenza di tale privazione – che riecheggia i sistemi di *opt-out* e dell'esercizio della rinunzia – l'accordo sarà vincolante per tutti gli aderenti.

In attesa di ulteriori sviluppi applicativi ed interpretativi della nuova normativa italiana in commento, va dato atto di un'importante evoluzione con riferimento allo scandalo del *Dieselgate* e alle potenzialità che la tutela aggregata degli interessi superindividuali può esprimere in situazioni fattuali di questo tipo. Il 7 luglio 2021, infatti, il Tribunale di Venezia[63] ha accolto le istanze collettive proposte dall'associazione Altroconsumo nelle forme dell'art. 140-*bis* cod. cons., condannando il produttore tedesco di automobili Volkswagen a risarcire gli oltre 63.000 consumatori, che avevano aderito all'azione, pagando a ciascuno di essi 3.300 € (più interessi e spese). A tale risarcimento, per il danno patrimoniale e non patrimoniale, si è aggiunta la condanna, per le società convenute, al

[63] Per ripercorrere le tappe della vicenda giudiziaria italiana, cfr. Trib. Venezia, sent. 7 luglio 2021, con nota di M.L. GUARNIERI, "*Il Tribunale di Venezia si pronuncia sul caso Dieselgate: l'azione di classe approda alla condanna del gruppo Volkswagen*", in *Judicium.it*, 29 luglio 2021", reperibile in *https://www.judicium.it/il-tribunale-di-venezia-si-pronuncia-sul-caso-Dieselgate-lazione-di-classe-approda-alla-condanna-del-gruppo-volkswagen/*.

pagamento della somma di 317.268,72 €, pari al doppio delle spese di lite, per abuso dello strumento processuale, a norma dell'art. 96, terzo comma, c.p.c.

Le determinazioni e la lettera delle motivazioni di tale recentissimo arresto giurisprudenziale non possono non imporre una riflessione, sia sotto il profilo procedurale sia sotto il profilo sostanziale: da un lato, invero, il risarcimento punitivo, riconosciuto per la difesa portata avanti in modo temerario dalle parti soccombenti (con uno «straordinario, quanto ripetitivo e talvolta disarticolante numero di eccezioni sollevate rispetto alle adesioni», nonostante un provvedimento dell'Autorità Garante che ne aveva già sanzionato le condotte), così arrecando pregiudizio alla parte attrice che ha dovuto subire il protrarsi della pendenza del giudizio, avrebbe potuto evitarsi (e con esso anche, e soprattutto, la lungaggine giudiziaria) qualora l'azione di classe fosse stata attratta dalla disciplina di "terzo conio" contenuta nel Libro IV, Titolo VIII-*bis*, del codice di rito ed in particolare dall'art. 840-*sexies*, primo comma, lett. a), c.p.c., il quale – come analizzato – prevede la condanna in favore del proponente prima dell'apertura della fase di adesione, così da azionare immediatamente il titolo esecutivo nei confronti delle società convenute, senza attendere l'accertamento dei diritti individuali degli altri danneggiati; da un altro lato, invece, occorre evidenziare, per come abbiamo visto con riferimento al sistema giuridico tedesco, una differenza sensibile del *quantum* riconosciuto ai singoli consumatori. Circostanza questa che compromette il corretto funzionamento delle azioni a tutela degli interessi superindividuali nel contesto europeo, dove – è bene sottolinearlo – la disciplina sostanziale è la stessa e unificata. Sarebbe, dunque, opportuno che – a fronte di un mercato unico e di stesse regole – il *quantum* riconosciuto a titolo di risarcimento fosse dello stesso ammontare.

* * *

Si conclude così la panoramica della fitta rete delle esperienze dell'Europa continentale. Si avrà modo ora di metterne in luce le criticità e di approfondire in maniera più analitica l'intima relazione delle attività legislative nazionali con le varie iniziative intraprese a livello unionale.

VII

ITINERARI PROSPETTICI E GLOBALI: *CLASS ACTION* E ...

SOMMARIO: 1. L'Unione europea? – 2. La Direttiva 2020/1828/UE volta all'introduzione di uno strumento collettivo risarcitorio in materia consumeristica – 3. Le criticità endemiche della *class action à la* europea: *a*) i limiti dell'*opt-in*. – 3.1. (*segue*): *b*) azione di classe e danni punitivi. – 4. Una prospettiva di analisi economica del diritto. – 5. Una idea-proposta di Convenzione tra Stati sul riconoscimento di sentenze straniere sull'azione di classe.

1. *L'Unione europea?*

L'analisi delle esperienze in materia di tutela collettiva in seno ai Paesi dell'Europa continentale induce a chiedersi quale sia stato il ruolo svolto dagli organismi dell'Unione europea in questo quadro composito. In altri termini, occorre stabilire se, e in che misura, l'attivismo unionale sui ricorsi collettivi abbia determinato, a cascata, un'evoluzione del quadro normativo interno dei singoli Stati membri.

L'Unione ha – da tempo – mostrato un certo interesse nei confronti della materia: in particolare, la Commissione ha, rispettivamente nel 2005 e nel 2008, pubblicato due libri verdi in materia di ricorsi collettivi: quello dedicato alle azioni di risarcimento danni derivanti da violazione di norme *antitrust*[1] e quello sui mezzi di ricorso collettivi dei consumatori[2]. Nel 2011, poi, sempre la Commissione ha condotto una consultazione pubblica intitolata "*Verso un approccio europeo coerente in materia di ricorsi collettivi*".

Volendo rimarcare la distanza dalla *class action* statunitense, e sulla scorta dello studio realizzato dall'Università di Lovanio che ha costituito il punto di partenza delle iniziative dell'Unione, quest'ultima ha sempre prediletto riferirsi al tema con l'endiadi ricorsi collettivi ("*collective redress*", se si preferisce), con

[1] COMM. CE, *Libro Verde – Azioni di risarcimento del danno per violazione delle norme antitrust comunitarie*, (COM(2005) 672).

[2] COMM. CE, *Libro Verde sui mezzi di ricorso collettivo dei consumatori*, (COM(2008) 794).

ciò intendendosi sottolineare in particolare una differenza strutturale con l'esperienza madre, ossia che gli strumenti collettivi nello spazio europeo devono essere connotati dal sistema dell'adesione (*i.e.* "*opt-in*").

Un'intensificazione delle attività dell'Unione in quest'àmbito si è registrata nel 2012, con la ben nota Risoluzione adottata dal Parlamento europeo «*Verso un approccio europeo coerente in materia di ricorsi collettivi*»[3], ove veniva espressa l'esigenza che qualsiasi proposta in materia di ricorsi collettivi predisponesse un quadro orizzontale dotato di principî comuni, così da garantire un accesso alla giustizia all'interno dell'Unione europea quanto più uniforme possibile. Sebbene la Risoluzione del Parlamento non fosse limitata alla materia consumeristica, a questa veniva attribuito particolare rilievo nel concepimento di elaborazioni future.

La dottrina più attenta aveva espresso l'auspicio – a prescindere dalla *sedes materiae*[4] – che i ricorsi collettivi potessero essere disciplinati mediante uno strumento vincolante per tutti gli Stati membri (in altre parole, mediante Direttiva o Regolamento).

Tuttavia, così non è stato, poiché l'11 giugno del 2013 la Commissione si è limitata ad affidare le proprie sollecitazioni ad uno strumento non vincolante – la Comunicazione «*Verso un quadro europeo per i ricorsi collettivi*»[5] corredata da un'omonima Raccomandazione avente come destinatari gli Stati membri, la quale si proponeva di «*agevolare l'accesso alla giustizia, con riguardo a violazioni di diritti conferiti dalle norme dell'Unione e raccomandare perciò che tutti gli Stati membri si dot*[assero] *di sistemi di ricorso collettivo a livello nazionale, seguendo gli stessi principi di base in tutta l'Unione, tenendo conto delle tradizioni giuridiche degli Stati membri e adottando garanzie contro gli abusi*»[6].

L'Unione non aveva la benché minima intenzione, quanto meno in questa fa-

[3] *Risoluzione del Parlamento europeo del 2 febbraio 2012 «Verso un approccio europeo coerente in materia di ricorsi collettivi»* (2011/2089(INI)).

[4] Sebbene, infatti, la dottrina fosse concorde nel ritenere necessario un intervento del legislatore sovranazionale mediante uno strumento vincolante, posizione diverse si registravano sulle modalità redazionali dello strumento in questione. Per un verso, v'era chi – come M. DANOV, "*The Brussels I Regulation: Cross-Border Collective Redress Proceedings and Judgments*", in *J. Priv. Int'l L.*, 2010, fasc. 2, 359 ss., spec. 377 – si limitava a ritenere opportuno l'introduzione della materia dei ricorsi collettivi nel *recast* del *Reg. Bruxelles I*. Diversa era, invece, la posizione assunta da B. HESS, "*Collective redress and the Jurisdictional Model of the Brussels I Regulation*", in A. NUYTS-E.N. HATZIMIHAIL (a cura di), *Cross Border Class-Actions: The European Way*, Munich, Sellier European Law Publishers, 2013, 59 ss., spec. 67, che propendeva per la predisposizione di uno strumento *ad hoc* interamente dedicato alla materia dei ricorsi collettivi.

[5] *Raccomandazione della Commissione dell'11 giugno 2013 relativa a principi comuni per i meccanismi di ricorso collettivo di natura inibitoria e risarcitoria negli Stati membri che riguardano violazioni di diritti conferiti dalle norme dell'Unione* (2013/396/UE).

[6] Art. I(1), *Raccomandazione della Commissione dell'11 giugno 2013.*

se, di imporre agli Stati l'introduzione di una disciplina sui ricorsi collettivi, prediligendo un approccio vocato al *nudge*.

Lo studio della storia legislativa dei Paesi membri dell'Unione, svolta nei precedenti capitoli, aiuta a far comprendere se e in che misura questo tipo di atteggiamento abbia sortito effetti.

A quel torno di anni risale l'emenda ampliatrice della *KapMuG* tedesca; per quanto attiene il caso ungherese, è del 2013 l'*input* riformatore del processo civile, contemplando – tra l'altro e per la prima volta – le azioni di classe; in Italia, è del 2013 il progetto di legge poi naufragato in Senato senza un vero motivo; infine, nonostante in Francia fossero in piedi già dal 2006 iniziative riformatrici, è solo nel 2014 che viene realizzata – con l'approvazione della *Loi Hamon* – l'introduzione dell'*action de groupe*.

Il campione di esperienze giuridiche prescelto, nonostante si abbia la consapevolezza che non possa costituire un dato tecnicamente "statistico", dimostra come – al di là della vincolatività degli strumenti prescelti – i segnali provenienti dall'Unione generano un rapporto con i singoli Stati membri.

A tale impostazione potrebbe essere obiettato che, in realtà, si tratta di sola e isolata coincidenza, da dover, peraltro, trascurare nella misura in cui ciò che è accaduto una volta è come se non fosse accaduto mai.

Ebbene, la smentita alle critiche proviene dall'analisi delle più recenti iniziative dell'Unione in tema di ricorsi collettivi comparate con le esperienze dei singoli Stati membri. Comparazione che dimostra – nuovamente – una pervasività, per certi versi inaspettata, della *soft law*.

Andiamo con ordine.

Nella Raccomandazione del 2013, oltre all'auspicio di vedere realizzato un quadro uniforme in materia di ricorsi collettivi, la Commissione assumeva l'incarico di effettuare un monitoraggio della durata quadriennale sull'avanzamento delle legislazioni nazionali, i cui risultati sono stati pubblicati il 25 gennaio 2018.

Nel riportare i risultati, la Commissione si è detta poco soddisfatta degli esiti del monitoraggio, avendo potuto constatare come solo pochi Stati abbiano seguito le proprie indicazioni, appuntandosi le critiche, tra l'altro, sul fatto che alcuni ordinamenti avessero prescelto il sistema della rinuncia ("*opt-out*"); sulla limitazione da parte di alcuni Stati dei ricorsi collettivi al solo settore consumeristico; infine, sulla totale assenza di previsione di una disciplina in materia da parte di alcuni Stati.

Al di là dei giudizi severi della Commissione, se si guardano le evoluzioni che ha conosciuto il tema dei ricorsi collettivi nel 2018 in tre degli Stati membri sopra citati, è palese come – ad oggi – anche i sistemi giuridici tradizionalmente più refrattari si siano dotati di un quadro completo in materia di azione di classe, estesa al di là del settore consumeristico.

È del 2018 l'inserimento all'interno della *ZPO* tedesca della disciplina della *Musterfeststellungklage*, che presenta alcune criticità (come pure si è detto, avendo limitato l'iniziativa processuale alle associazioni dei consumatori, ma ciononostante potenzialmente azionabile per tutti gli illeciti contrattuali ovvero extracontrattuali che affliggano interessi individuali omogenei). Dello stesso anno è l'entrata in vigore in Ungheria della disciplina all'uopo dettata. Infine, è dell'aprile 2019 l'approvazione della legge italiana sull'azione di classe.

In particolare, desta notevole interesse l'apertura tedesca nel senso di un'azione collettiva generalizzata, essendo stato proprio questo ordinamento – insieme alla Francia – ad aver mostrato le più profonde incertezze in materia, determinate non tanto da questioni puramente giuridiche, quanto sulle ricadute pratiche che il meccanismo di azione collettiva avrebbe potuto avere sui grandi operatori economici aventi la propria sede in Germania.

In conclusione, da questa breve analisi sul rapporto tra Unione europea e singoli Stati membri in materia di ricorsi collettivi c'è da segnalare l'attività della Commissione – contenuta in una Comunicazione illustrativa, rivolta al Parlamento e al Consiglio dell'Unione, pubblicata l'11 aprile 2018 – nota col nome di *New Deal per i consumatori*[7], diretta a prevedere un'azione collettiva (*rectius*, di classe) risarcitoria europea.

Il Pacchetto di misure si compone di due iniziative legislative: una prima finalizzata all'ammodernamento della disciplina consumeristica unionale; una seconda – di maggiore interesse ai presenti fini – finalizzata alla sostituzione della Direttiva n. 2009/22/CE, e all'introduzione dell'azione di classe risarcitoria europea.

Il congegno escogitato dall'Unione non è esente da critiche, prime fra tutte la costante presenza del *favor* espresso per *l'opt-in* e la mancata estensione del foro del consumatore anche ai ricorsi collettivi. Per ciò che concerne tale ultimo profi-

[7] Nel corso del 2019 l'Unione europea ha emanato alcune direttive finalizzate a incrementare la tutela dei consumatori e a creare un mercato unico equo sia per i consumatori che per le imprese. Per queste ragioni il "pacchetto" di norme è stato soprannominato "*New Deal for Consumers*". Le direttive riguardano in modo particolare i contratti di fornitura di contenuti e servizi digitali (Direttiva UE 2019/770), alcuni aspetti della vendita di beni, inclusi i beni con elementi digitali (Direttiva UE 2019/771), nonché una serie di ambiti fra loro eterogenei relativi ai contratti stipulati tra un professionista e un consumatore tramite la modifica di alcune direttive sul tema già in vigore (Direttiva UE 2019/2161 c.d. "direttiva *omnibus*"). Gli obiettivi perseguiti dall'Unione tramite il *New Deal for Consumers* sono: da un lato, la massima armonizzazione della disciplina, specialmente rispetto ai contratti di fornitura di contenuti e/o servizi digitali, tanto è vero che le direttive lasciano davvero poco margine di intervento agli Stati membri in fase di recepimento; dall'altro, l'incremento delle tutele previste per i consumatori. Il *New Deal for Consumers* prevede, infatti, una maggiore trasparenza sul mercato *online*; l'estensione della particolare tutela prevista per i consumatori anche ai servizi forniti gratuitamente; il risarcimento per le vittime di pratiche commerciali ingiuste; nonché l'irrogazione di sanzioni maggiormente efficaci per le infrazioni transfrontaliere. In Italia le Direttive UE 770 e 771 del 2019 sono attualmente in corso di recepimento in vista dell'entrata in vigore delle nuove norme entro il 1° gennaio 2022. Le norme nazionali di recepimento della direttiva *omnibus*, invece, dovranno entrare in vigore entro il prossimo 28 maggio 2022.

lo, va segnalato che qualora il gruppo leso volesse convenire in giudizio il professionista resosi responsabile della violazione, dovrebbe ricorrere alle Corti del luogo ove questi ha la sede. Orbene, non è difficile comprendere come la "tana del lupo" – sia consentita la metafora – potrebbe riservare sorprese poco piacevoli: si è proprio sicuri, per esempio, che le Corti di uno Stato in cui ha sede il professionista adotterebbero – a cuor leggero – decisioni favorevoli ai consumatori, senza tenere in debito conto l'eventuale fuga di capitali prodotta da una giurisprudenza troppo *consumer-oriented*?

Tali orientamenti, occorre ribadirlo, rischiano di incentivare fenomeni di *race to the bottom*, ove la concorrenza legislativa, appunto al ribasso, finisce per premiare l'attrattività di capitali ed investimenti verso Stati che non predispongono puntuali discipline giuridiche ovvero prevedano solo normative di favore, barattando così la certezza del diritto con la garanzia dei profitti, la prevedibilità del foro competente con la tutela effettiva degli interessi aggregati ed omogenei.

Mutato quel che v'è da mutare, è esattamente la stessa valutazione, come visto, sottesa alla mancata introduzione – e alla non ammissibilità neppure per via di fatto – dello strumento azione di classe in Irlanda, dove hanno sede molteplici multinazionali, specie quelle fornitrici di servizi della società dell'informazione, quali *Facebook*, *Google*, *Airbnb*, etc.

Al netto delle critiche, l'iniziativa dell'Unione fa registrare sicuramente un avanzamento verso l'assicurazione di un accesso uniforme alla giustizia collettiva all'interno del territorio unionale.

In altri termini, ove fosse approvato, il *New Deal* impedirebbe il ripresentarsi di situazioni di ostacolo all'accesso della giustizia com'è stato in *Schrems v. FB Vol. II*.

In tale ultima controversia, in ragione del fatto che l'Irlanda non si è mai voluta dotare di una disciplina sull'azione di classe, e siccome non ne ammette la proposizione anche solo per via di fatto (come avviene in Austria), un gruppo di consumatori, con il meccanismo del *Model der Sammelklage* austriaco, si era affidata a *Maximilian Schrems*, noto attivista per i diritti nell'era digitale, affinché questi incardinasse un'azione di classe contro la piattaforma di Zuckenberg presso le Corti viennesi. Ciò significava, evidentemente, avvalersi della disciplina del foro del consumatore.

Giunta la controversia dinanzi alla Corte Suprema austriaca, questa aveva proceduto al rinvio pregiudiziale secondo l'art. 267 TFUE, dubitando – *inter alia* – dell'applicabilità del foro del consumatore ai ricorsi collettivi.

La CGUE, con una pronuncia resa il 25 gennaio 2018, come già si è rilevato[8], (contemporaneamente alla pubblicazione degli esiti del monitoraggio quadriennale da parte della Commissione), ha ritenuto come non possa invocarsi il

---

[8] V. *supra*, Cap. III, § 2.3.

foro del consumatore nell'ipotesi di ricorsi collettivi. Così, nei fatti, precludendo al gruppo di consumatori l'accesso ad un mezzo particolarmente poderoso per la tutela degli interessi superindividuali omogenei.

Ecco, la proposta di direttiva risolverebbe tale inconveniente imponendo a tutti gli Stati membri di dotarsi di una legislazione sull'azione di classe risarcitoria. Ciononostante, non compirebbe il passo ulteriore di ritenere adeguato lo strumento giurisdizionale del foro del consumatore per l'instaurazione di ricorsi collettivi.

Si potrebbe fare di più a tale ultimo riguardo, e si auspica che i lavori preparatori giungano all'emenda dell'art. 2, par. 3, che attualmente lascia del tutto impregiudicate «*le norme dell'Unione in materia di diritto privato internazionale, in particolare quelle relative alla giurisdizione degli organi giudiziari e al diritto applicabile*». Ad esempio, invece, il tenore della disposizione da ultimo richiamata potrebbe essere così riformulato: "*Rimangono impregiudicate le norme dell'Unione in materia di diritto privato internazionale relativamente al diritto applicabile. Per ciò che attiene alla competenza giurisdizionale internazionale si rinvia a quanto contenuto agli articoli 14 ss. del Reg. n. 1215/2012*".

D'altro canto, ciò colmerebbe il salto logico che c'è tra la previsione di un giudice competente per le azioni proposte da un singolo consumatore, e l'organo competente per le azioni aventi medesimo oggetto, ma che presenta l'unica differenza di una serialità di attori.

2. *La Direttiva 2020/1828/UE volta all'introduzione di uno strumento collettivo risarcitorio in materia consumeristica*

Negli obiettivi, la proposta di riforma intendeva introdurre uno strumento collettivo risarcitorio per la tutela aggregata di interessi superindividuali da affiancare alla già vigente azione inibitoria. Alla stregua di quest'ultima, anche il nuovo strumento risarcitorio sarebbe stato configurato come un'azione rappresentativa, dove cioè la legittimazione ad agire sarebbe riservata ad associazioni, o comunque ad enti esponenziali [9].

La procedura legislativa si è conclusa lo scorso 25 novembre 2020, con l'approvazione della Direttiva 2020/1828/UE (entrata in vigore il 24 dicembre dello stesso anno) [10]. Rispetto alla formulazione originaria elaborata dalla Commissio-

[9] L'art. 16 del progetto – rubricato per l'appunto *Azioni rappresentative transfrontaliere* – al par. 2 imporrebbe agli Stati membri di garantire il diritto di agire per il risarcimento dei danni in forma aggregata tutte quelle volte in cui un illecito si riverberi su una massa di consumatori.

[10] Direttiva 2020/1828/UE relativa alle azioni rappresentative a tutela degli interessi collettivi dei consumatori e che abroga la Direttiva 2009/22/CE. Gli Stati membri avranno tempo fino al 25

ne [11], il testo definitivo differisce notevolmente, ma l'analisi dettagliata delle divergenze esula dal presente lavoro [12].

In questa sede interessa maggiormente soffermarsi sul fatto che la direttiva in commento presenta più criticità che meriti.

Ha l'indubbio merito di imporre a tutti gli Stati, ivi compresi i più riluttanti (come l'Irlanda), di dotarsi di uno schema minimo per la proposizione di azioni rappresentative risarcitorie, ancorché esclusivamente nel settore della tutela del consumo.

Nulla di più.

Nel dettare una normativa minima in punto di finanziamento del contenzioso, l'art. 10 lascia infatti agli Stati membri la scelta se consentire o meno il *litigation funding* nelle azioni rappresentative.

Rispetto al testo originario, quello definitivo non fa più riferimento alla individuazione di criteri uniformi per la legittimazione ad agire degli enti rappresentativi, sicché viene rimessa agli Stati la designazione di tali criteri. Tale mutamento rispetto all'impostazione originaria, oltre a minare l'obiettivo della uniformità a livello unionale dell'accesso a forme di tutela collettiva in àmbito consumeristico, si presta a favorire pratiche poste in essere dagli Stati più refrattari (l'Irlanda, ad esempio), consentendo loro di imporre requisiti più stringenti ai fini della sussistenza della legittimazione ad agire, con ciò introducendo (quando non veri e propri ostacoli, quanto meno) dei deterrenti all'esercizio dell'azione giurisdizionale [13].

Inoltre, la riforma UE del 2020 è carente con riferimento ai meccanismi di coordinamento delle controversie *en masse* autenticamente transfrontaliere. In tema, lo scandalo del *Dieselgate* e il contenzioso che ne è scaturito sono un caso davvero esemplificativo. Abbiamo visto come solo in alcuni Stati membri siano stati portati all'attenzione del Giudice i fatti concernenti l'alterazione dei dati sulle emissioni realizzate dal Gruppo Volkswagen. In realtà, però, queste pratiche commerciali scorrette hanno riguardato tutto il mercato dell'Unione, e non solo singole giurisdizioni. Le stesse istituzioni dell'Unione non hanno mancato di rilevare come sarebbe opportuno che i produttori risarciscano tutti i consumatori dell'Unione e non solo quelli delle singole giurisdizioni in cui i contenziosi sono stati instaurati e hanno avuto buon esito per le cosiddette parti debo-

---

dicembre 2022 per recepire la direttiva nei rispettivi ordinamenti giuridici nazionali e fino al 25 giugno 2023 per applicare le disposizioni nazionali di recepimento della direttiva.

[11] I cui aspetti essenziali sono stati già analizzati *in nuce* in L. SERAFINELLI, *Ancora sulla tutela del consumatore*, cit., 618 ss.

[12] Sulle differenze tra le due formulazioni, cfr. l'analisi svolta da E. BENVENUTI, *La tutela collettiva risarcitoria dei consumatori nelle controversie transfrontaliere: diritto interno e prospettive di armonizzazione*, cit., 583 ss.

[13] Diffusamente al riguardo cfr. A. PATO, *Jurisdiction and Cross-Border Collective Redress*, London, 2021, 150-3.

li. La Commissione Ue e la rete per la protezione dei consumatori (CPC) hanno, difatti, formulato una dichiarazione congiunta – nel settembre 2021 – chiedendole di risarcire tutti i consumatori dell'UE, a prescindere che risiedessero o meno in una delle giurisdizioni in cui esistono provvedimenti giurisdizionali che riconoscono tale diritto[14]. Le richieste della Commissione paiono quantomeno singolari, considerato che se si fosse voluto ovviare al problema dell'efficacia ultra-nazionale delle decisioni in materia, sarebbe bastato spendersi per dare alla Direttiva del 2020 sulle azione rappresentative un'autentica vocazione transfrontaliera, cosicché della pronuncia resa all'esito di un giudizio instaurato in uno Stato membro, e in una controversia riguardante più mercati di Stati membri, avrebbero potuto beneficiare i consumatori/cittadini europei, e non solo quelli nazionali dello specifico Paese coinvolto.

3. *Le criticità endemiche della* class action à la *europea:* a) *i limiti dell'*opt-in

La *class action à la* europea come voluta e caldeggiata dalle Istituzioni dell'Unione presenta altre criticità endemiche, tra le quali spicca – principalmente – il meccanismo prescelto dell'*opt-in* e l'assenza di ogni riferimento ai risarcimenti punitivi.

La scelta del meccanismo dell'adesione comprime, infatti, l'efficacia dell'azione di classe, tanto da un punto di vista dell'estensione della cosa giudicata, quanto – e ancor di più – sotto il diverso profilo della funzione di deterrenza cui lo strumento in esame pure persegue.

Difatti, un conto è che l'azione di classe possa condurre ad una pronuncia di condanna nei confronti di *n* soggetti che sia valida nei confronti di tutti coloro i quali si trovino in una situazione analoga al *class representative*, altro conto – invece – è un giudicato limitato alla compagine di coloro i quali abbiano esercitato l'*opt-in*.

Il forte *favor* mostrato per il meccanismo dell'adesione viene sovente giustificato motivando a partire da una presunta incompatibilità strutturale dell'*opt-out* con i sistemi giuridici europei, sebbene neppure quest'argomento convinca più di tanto.

Vi sono, infatti, casi nell'Unione europea di taluni Paesi che hanno sviluppato sistemi ibridi, integrando l'*opt-in* e l'*opt-out*: si tratta di Belgio, Bulgaria, Danimarca e Regno Unito, ove viene applicato l'uno o l'altro sistema a seconda della specificità del caso ovvero dell'azione. Talaltri, quali il Portogallo e i Paesi Bassi, applicano esclusivamente *l'opt-out*.

Inoltre, l'introduzione di un generale meccanismo di rinuncia sarebbe uno

[14] Cfr. *https://ec.europa.eu/commission/presscorner/detail/en/mex_21_4921.*

degli accorgimenti necessari per rendere davvero efficiente lo strumento azione di classe anche in Italia, e – sotto questo profilo – assume particolare rilievo l'osservazione dell'esperienza israeliana.

Si è posto in rilievo come, nonostante le notevoli differenze tra Stati Uniti e Israele, la fiducia riposta da quest'ultimo nell'*opt-out* abbia rappresentato il volano per il successo dell'azione di classe su questo Stato, in special modo nelle controversie consumeristiche di modico valore.

Sarebbe opportuno, quindi, rivedere la futuribile azione collettiva risarcitoria europea, nel senso di fare un generalizzato ricorso allo schema della rinuncia [15].

Al riguardo è illuminante il caso tedesco sullo scandalo delle emissioni delle automobili Volkswagen in Germania: abbiamo avuto modo di osservare come a distanza di pochi mesi (marzo-maggio 2020) le medesime controversie abbiano raggiunto esiti tra loro assai divergenti [16]: in quella collettiva, si è raggiunto un accordo stragiudiziale di risoluzione della controversia con cui il produttore ha riconosciuto un risarcimento corrispondente a una percentuale del valore dell'auto acquistata; mentre in quella individuale è stato riconosciuto l'intero valore del bene. L'adozione dell'*opt-out* comporterebbe una significativa riduzione di scenari di questo tipo, in quanto imporrebbe la concentrazione delle controversie sui medesimi fatti in un unico procedimento.

Un discorso parzialmente diverso vale per l'azione di classe italiana recentemente approvata e della quale si è dato conto nel precedente capitolo.

Come già si è avuto modo di spiegare, la novella introdotta dalla Legge n. 31/2019 ha ibridato il sistema dell'adesione con il giudicato *secundum eventum litis*.

Si potrebbe essere indotti a credere come una seconda finestra temporale di adesione, condizionata all'esito favorevole per la classe dell'accertamento di responsabilità, costituisca la stura per comportamenti opportunistici, inducendo i singoli a non intervenire se non in questo secondo momento, così da non dover sopportare gli oneri della partecipazione al giudizio di classe.

Una simile visione, tuttavia, assolutizza il problema, e non convince.

Si immagini, per un momento, di espungere dal codice di rito la possibilità di avvalersi del giudicato *secundum eventum litis*, e di riportare, quindi, il sistema italiano ad un meccanismo "puro" di *opt-in*.

Poniamo che una molteplicità di soggetti, dolendosi di certe condotte illecite poste in essere da un altro soggetto, si coalizzino e promuovano con successo un'azione di classe contro il danneggiante.

Coloro i quali, pur trovandosi nella medesima posizione degli attori, non

---

[15] La presente tesi trova conforto nella dottrina più sensibile al tema, che recentemente ha espresso i medesimi auspici: così A. GIUSSANI, "*Le azioni di classe dei consumatori dalle esperienze statunitensi agli sviluppi europei*", in *Riv. trim. dir. proc. civ.*, 2019, fasc. 1, 157 ss., spec. 177.

[16] Cfr. *supra*, Cap. V, § 4.

avessero provveduto ad aderire all'azione, non avrebbero altra scelta che quella di agire per via autonoma (poco cambia se individualmente o non), instaurando un differente giudizio, magari anche dinanzi a un giudice differente. Con alcuni inconvenienti di non poco conto: ulteriore aggravio per il contenzioso nazionale, anche determinato dalle difficoltà istruttorie che – al più delle volte – i giudizi di questo tipo sottendono; nonché un mancato sfruttamento delle "economie di scala" dovute alla presenza di un accertamento sul punto svolto da altro giudice.

E – d'altro canto – il giudice adito nel successivo giudizio difficilmente potrà disinteressarsi di una pronuncia resa da un collega su medesimi fatti e riguardanti un medesimo soggetto danneggiante: non tanto per spirito corporativo, quanto per un'uniforme applicazione del diritto. D'altronde, ancorché non viga nel nostro ordinamento il sistema del precedente vincolante, non significa che i precedenti debbano essere ignorati: insomma, non *ratione imperii sed imperio rationis!*

In pratica, si giungerebbe al paradosso di ottenere lo stesso risultato cui conduce l'applicazione del giudicato *secundum eventum litis*, ma con un aggravio di spesa sia per il soggetto promotore dell'azione, che per la collettività tutta.

Inoltre, pure le parti abituali beneficiano di questa tipologia di ibridazione, nella misura in cui è più realistico che vengano convenute in giudizio una sola volta. Questo, non solo da un punto di vista di spese legali, ma anche sotto il profilo reputazionale non è cosa di poco conto: un conto è dire che pende una sola azione di classe, altro è dire che un determinato operatore economico è continuamente bersagliato da numerose iniziative giudiziarie intraprese contro di lui.

Da tutto ciò deriva la fiducia provata nei confronti dell'attuale assetto normativo italiano.

A ciò si deve aggiungere un ulteriore profilo: a ben vedere, estendendo la vincolatività del solo giudicato favorevole anche ai non partecipanti al giudizio sull'*an* (e previa loro richiesta), il sistema italiano risulta garantire uno *standard* più elevato di tutela rispetto all'*opt-out* statunitense (che, com'è noto, vincola alla *res judicata* tutti i membri della classe a prescindere dagli esiti del giudizio).

Tale rilievo non è privo di conseguenze pratiche: questo imporrebbe agli organi giudiziari statunitensi di declinare la propria giurisdizione ove una controversia di classe transfrontaliera presentasse criteri di collegamento più forti con l'Italia, non potendo ricorrere alla *longa manus jursidiction* fondata sulla inadeguatezza della tutela accordata dalla legislazione italiana.

Ecco allora che si disvela quel concetto di "scarto" impiegato nelle note introduttive a queste pagine: mediante una comparazione più profonda, che vada oltre il dato legislativo, senza – beninteso – prescinderne, consente di realizzare un'equiparazione – *rectius*, un'uniformazione – tra sistemi per via dottrinale.

Letta sotto questa diversa luce, il sistema italiano non risulta essere neppure necessitante di particolari emende, garantendo già da sé una protezione equivalente – se non superiore, per certi versi – all'*opt-out*.

3.1. (segue): b) *azione di classe e danni punitivi*

Un'altra delle vistose assenze presenti nella direttiva del 2020 è, senza dubbio, stavolta anche nel sistema italiano, la mancata previsione dei risarcimenti punitivi (maggiormente noti come "*punitive damages*") [17].

Si è già avuto modo di porre in rilievo nell'analisi dell'esperienza della *class action* statunitense come questa tipologia di risarcimenti costituisca un tratto peculiare di questo strumento rimediale, sia in un'ottica di sanzione *ex post* per le condotte illecite, sia – e per ciò che qui maggiormente interessa – sotto il profilo della funzione di deterrenza (e, quindi, *ex ante*) che la *class action* deve perseguire.

Difatti, la condanna al risarcimento punitivo si propone uno scopo ulteriore a quello meramente compensativo, volendo rappresentare, inoltre, un fattore pedagogico ed esemplare tanto nei confronti del condannato, quanto – *pro futuro* – di quelli che potenzialmente potrebbero porre in essere le medesime condotte realizzate da quest'ultimo.

D'altro canto, ciò che ha da sempre ispirato la dottrina americana ad approcciarsi favorevolmente ai danni punitivi è un ragionamento di tipo economico (o, se si vuole, di analisi economica del diritto, di cui pure si dirà *infra*): una

---

[17] Sul tema dei *punitive damages* nella *common law* in una prospettiva aperta al diritto comparato cfr. M.M. BELLI, "*Punitive Damages: Their History, Their Use and Their Worth in Present-Day Society*", in *U.M.K.C.L. Rev.*, 1980, fasc. 1, 1 ss.; A. MITCHELL POLINSKY-S. SHAVELL, "*Punitive Damages: An Economic Analisys*", in *Harv. L. Rev.*, 1998, fasc. 4, 869 ss.; V. BEHR, "*Punitive Damages in American and German Law, Tendencies towards, approximation of apparently irreconcilable concepts*", in *Chi-Kent L. Rev.*, 2003, fasc. 1, 105 ss.; C. M. SHARKEY, "*Punitive Damages as Societal Damages*", in *Yale L.J.*, 2003, fasc. 2, 347 ss.; A. BARZAGHI, "*Recognition and Enforcement of United States Judgments in Italy*", in *NY Int'l L. Rev.*, 2005, fasc. 1, 61 ss.; G. CALABRESI, *op. cit.*, 333 ss.; N. VIDMAR-M. WOLFE, "*Punitive Damages*", in *Annual Review of Law and Social Science*, 2009, vol. 5, 179 ss.; H. KOZIOL-V. WILCOX (a cura di), *Punitive Damages: Common Law and Civil Law Perspectives*, New York, Springerwien, 2009; J.J. BERCH, "*The Need for Enforcement of U.S. Punitive Damages Awards by the European Union*", in *Minn. J. Int'l L.*, 2010, fasc. 1, 55 ss.; T.H. DUPREE JR., "*Punitive Damages and the Constitution*", in *La. L. Rev.*, 2010, fasc. 2, 421 ss.; T. EISENBERG *et al.*, "*The Decision to Award Punitive Damages: An Empirical Study*", in *J. Legal Analysis*, 2010, fasc. 2, 577 ss.; M.L. WELLS, "*A Common Lawyer's Perspective on the European Perspective on Punitive Damages*", in *La L. Rev.*, 2010, fasc. 2, 557 ss.; Y. ADAR, "*Touring the Punitive Damages Forest: A Proposed Roadmap*", in *ODCC*, 2012, fasc. 2, 301 ss.; T. FAUSTEN-R. HAMMESFAHR, "*Punitive Damages in Europe: Concern, threat or non-issue*", consultabile in *http://www.biztositasiszemle.hu/files/201206/punitive_damage_in_europe.pdf*; U. MAGNUS, *Punitive Damages and German Law*, in L. MEURKENS-E. NORDIN, "*The Power of Punitive Damages – Is Europe Missing Out?*", Antwerp, Intersentia, 2012; C.I. NAGY, "*Recognition and Enforcement of US Judgments Involving Punitive Damages in Continental Europe*", in *NiPR*, 2012, fasc. 1, 4 ss.; D.G. OWEN, *Punitive Damages as Restitution*, in L. MEURKENS-E. NORDIN, *The Power of Punitive Damages*, cit.; A.G. SEBOK, "*Normative Theories of Punitive Damages: The Case of Deterrence*", in J. OBERDIEK, *Philosophical Foundations of The Law of Torts*, Oxford, Oxford University Press, 2014, 312 ss.

volta accertata la responsabilità, un risarcimento molto più alto del danno reale subìto dal danneggiato, attribuito e rapportato magari in ragione della gravità della condotta dell'autore dell'illecito e all'ampiezza del danno provocato, assicura, per un verso, la riparazione dei danni subiti dalla parte lesa e, per un altro, la disincentivazione di futuri comportamenti illeciti da parte delle imprese.

Non sfugge come in questo ragionare sia implicita la consapevolezza dell'insufficienza della sola funzione compensativa a controbilanciare i vantaggi provenienti dalle condotte illecite e della sua inadeguatezza a prevenirne la commissione in futuro.

Conseguentemente, l'auspicio è che possa giungersi anche in Italia a prevedersi espressamente il potere in capo al giudice di condanna a risarcimenti punitivi. Ovviamente, si è ben consapevoli del fatto che un trapianto di questi in Italia sarebbe epurato di uno dei loro tratti peculiari, ovverosia della presenza della giuria quale "organo" nei cui poteri rientra quello di quantificare proprio i *punitive damages*.

Il timore, poi, che tali risarcimenti avrebbero come effetto quello di stravolgere e snaturare il nostro sistema di responsabilità civile non appare fondato, soprattutto alla luce delle evoluzioni del quadro normativo e sulla base delle indicazioni della giurisprudenza più autorevole.

Da tempo, infatti, si registrano segnali provenienti dal legislatore nel senso dell'ampliamento degli obiettivi cui tende il sistema della responsabilità civile. Tra gli istituti che hanno contribuito a questo fondamentale mutamento di paradigma concettuale e pratico vanno annoverati: l'art. 709-*ter*, nn. 2 e 3, c.p.c., relativamente alle inadempienze genitoriali in materia di obblighi relativi all'affidamento della prole; il ben noto meccanismo delle *astreintes*, di cui all'art. 614-*bis* c.p.c., il quale contempla il potere del giudice di fissare una somma pecuniaria per ogni violazione o ritardo nell'esecuzione di un provvedimento da egli emanato; l'art. 96, terzo comma, c.p.c., che consente di irrogare una condanna nei confronti della parte soccombente al pagamento di una somma determinata equitativamente in funzione sanzionatoria per l'abuso del processo; infine, l'art. 12 della Legge n. 47/1948, che prevede una somma di denaro aggiuntiva nella diffamazione a mezzo stampa.

Le evoluzioni anzidette hanno avuto l'effetto di mitigare l'iniziale ostracismo nei confronti dei risarcimenti punitivi, fino al punto che – ad oggi e grazie, in particolare, a una pronuncia della Corte di Cassazione nella sua più autorevole composizione – sentenze straniere contenenti capi di condanna a titolo punitivo non possono più ritenersi contrastanti con l'ordine pubblico.

Ci si riferisce alla sentenza del luglio 2017, la n. 16601, nella quale il Supremo Consesso ha elaborato il seguente principio di diritto, stabilendo che «*nel vigente ordinamento, alla responsabilità civile non è assegnato solo il compito di restaurare la sfera patrimoniale del soggetto che ha subito la lesione, poiché sono interne al sistema la funzione di deterrenza e quella sanzionatoria del responsabile civile. Non è quindi ontologicamente incompatibile con l'ordinamento italiano l'istituto di origine statunitense dei risarcimenti punitivi. Il riconoscimento di una sentenza straniera che contenga una pronuncia di tal genere deve però corrispondere alla condizione che essa sia stata resa nell'ordinamento straniero su basi normative che garantiscano la tipicità delle ipotesi di condanna, la prevedibilità della stessa ed i limiti quantitativi, dovendosi avere riguardo, in sede di delibazione, unicamente agli effetti dell'atto straniero e alla loro compatibilità con l'ordine pubblico»* [18].

[18] I fatti alla base della controversia in esame possono essere così sintetizzati: un motociclista – cittadino statunitense – aveva subìto dei danni a causa di un difetto di costruzione di un casco prodotto dalla Axo, società italiana, e poi rivenduto negli Stati Uniti tramite la Nosa, azienda statunitense. Il motociclista aveva, perciò, intentato una causa negli USA contro quest'ultima, al termine della quale era addivenuto ad un accordo transattivo che prevedeva anche il pagamento di danni punitivi. La Nosa, dopo aver ottenuto tre sentenze di condanna della produttrice alla refusione dei costi sostenuti nel procedimento, aveva richiesto che le stesse fossero dichiarate efficaci ed esecutive nell'ordinamento italiano, rivolgendosi – per la delibazione – alla Corte d'Appello di Venezia. Secondo la società americana sussistevano tutti i presupposti per il riconoscimento delle sentenze nell'ordinamento italiano *ex* art. 64 della Legge n. 218/1995, dal momento che la Axo aveva accettato la giurisdizione straniera e partecipato al processo. La Axo, parte convenuta, eccepiva la contrarietà delle sentenze statunitensi all'ordine pubblico, per diverse ragioni. Innanzitutto, per la violazione dell'art. 1304 c.c., atteso che la transazione era avvenuta tra il creditore e uno dei debitori solidali (danneggiato e Nosa) e non avrebbe potuto produrre effetti nei confronti di altri debitori (Axo); per la mancanza di un effettivo accertamento della responsabilità nella causazione del danno al motociclista, responsabilità desunta da un giudizio sommario e probabilistico (c.d. *potential liability test*) in base al pagamento effettuato dalla società Nosa in sede transattiva; per la contrarietà all'ordine pubblico della sentenza di condanna ai danni punitivi, in virtù della loro inammissibile funzione di sanzione della condotta del danneggiante e non risarcitoria per i danni subiti dal danneggiato. I giudici veneziani non avevano ravvisato profili giustificativi del riconoscimento, e avevano pertanto proceduto a rendere esecutive le sentenze statunitensi. Conseguentemente, la società italiana aveva proposto ricorso in Cassazione, affidandolo a molteplici motivi. La pronuncia in commento ha sollecitato un vivace e vasto dibattito dottrinale: A. CARRATO, "*Danni punitivi: semaforo verde per il loro riconoscimento nell'ordinamento italiano*", in *Quotidiano giuridico*, 7 luglio 2017; G. PONZANELLI, "*Le Sezioni Unite sulla delibazione di sentenze straniere di condanna a danni punitivi*", in *Quotidiano giuridico*, 12 luglio 2017; S. CARABETTA, "*Funzioni della Responsabilità Civile e Punitive Damages*", in *Persona e mercato*, 22 agosto 2017; R.F. IANNONE, "*I danni punitivi nell'ordinamento italiano ma solo (per ora) attraverso la delibazione delle sentenze straniere*", in *La nuova proc. civ.*, 4, 3 settembre 2017; R. SAVOIA, "*Le Sezioni Unite aprono la strada al riconoscimento in Italia di sentenze straniere che contengano risarcimenti punitivi*", in *Dir. e giust.*, 2017, fasc. 118, 7 ss. Per un quadro generale sui problemi e le prospettive aperte dalla recentissima sentenza sul tema, cfr. AA.VV., "*Il dibattito intorno ai danni punitivi*", in *Contr. e impr.*, 2017, fasc. 4, 1084 ss.; G. CORSI, "*Le Sezioni Unite: via libera al riconoscimento di sentenze comminatorie di* punitive damages", in *Danno e resp.*, 2017, fasc. 4, 419 ss.; P.G. MONATERI, "*Le Sezioni Unite e le funzioni della responsabilità civile*", in *Danno e resp.*, 2017, fasc. 4, 419 ss.; P. PETRELLI, "*Verso i «danni punitivi»?*", in *Contr. e impr.*, 2017, fasc. 4, 1187 ss.; M. ASTONE, "*Responsabilità civile e pluralità di funzioni nella prospettiva dei rimedi. Dall'*astreinte *al danno punitivo*", in *Contr. e impr.*, 2018, fasc. 1, 276 ss.; R. CARLEO, "Punitive damages*: dal* common law *all'esperienza italiana*", in *Contr. e impr.*, 2018, fasc. 1, 259 ss.; O. CLARIZIA, "*I danni punitivi dopo*

Non è peregrino, sostenere, quindi come già ad oggi l'ordinamento italiano riconosca una certa natura polifunzionale alla responsabilità civile, finalizzata anche al soddisfacimento di esigenze di tipo preventivo-deterrenti e sanzionatorio-punitive [19].

Ciò che si chiede al legislatore è di fare un ulteriore passo verso una vera *mise en oeuvre* dell'azione di classe italiana, introducendo una specifica disciplina che attribuisca il potere al giudice di poter condannare la parte soccombente ad un risarcimento di tipo punitivo.

Per assolvere a tale compito, il *conditor* potrebbe servirsi delle coordinate indicate dalla Cassazione nell'arresto testé menzionato: «*il giudice* [deve pronunciare] *sulla scorta di basi normative adeguate,* [rispondenti] *ai principi di tipicità e prevedibilità,* [...] [cosicché risulti una] *precisa perimetrazione della fattispecie (tipicità) e puntualizzazione dei limiti quantitativi delle condanne irrogabili (prevedibilità)*».

Se tanto basta per riconoscere validità e dare effetto a situazioni giuridiche straniere (a ciò che avviene al di là dei confini nazionali), non si comprende perché i medesimi criteri non possano essere impiegati per regolare fattispecie tutte nazionali, egualmente meritevoli di tutela.

4. *Una prospettiva di analisi economica del diritto*

Gli accorgimenti indicati nei paragrafi precedenti potrebbero – realisticamente – condurre la normativa in materia di azione di classe a produrre effetti economici, anziché – solamente – a disciplinarli.

Con questo non si vuole porre in discussione l'assunto per il quale non può appiattirsi la fonte legislativa esclusivamente alla sua dimensione economica, stante il fatto che sono altri i valori propri che essa mira ad affermare e tutelare.

Ciononostante, non va neppure esclusa a priori la possibilità di effettuare la

le Sezioni Unite – danno non patrimoniale e funzione punitiva del risarcimento ultracompensatorio", in *Giur. it.*, 2018, fasc. 10, 2277 ss.; F. FERRARI, "*Sul riconoscimento di sentenze straniere di condanna ai danni punitivi*", in *Riv. dir. proc.*, 2018, fascc. 4-5, 1356 ss.; A. LAMORGESE, "*Luci e ombre nella sentenza delle Sezioni Unite sui danni punitivi*", in *Riv. dir. civ.*, 2018, fasc. 1, 317 ss.; G. PONZANELLI, "*I danni punitivi dopo le Sezioni Unite – il risarcimento punitivo: qualche riflessione introduttiva*", in *Giur. it.*, 2018, fasc. 10, 2275 ss.; A. SARAVALLE, "*Cronache di una sentenza annunciata*", *ivi*, 2283 ss.; C.C. VIAZZI, "*L'ostracismo ai danni punitivi: ovvero come tenere chiusa la stalla quando i buoi sono scappati*", in *Riv. dir. civ.*, 2018, fasc. 1, 328 ss.; E. DEL PRATO, "*Conclusioni. Spigolature sul risarcimento punitivo*", in U. PERFETTI (a cura di), *Il punto sui così detti danni punitivi*, Napoli, Editoriale Scientifica, 2019, 297 ss.

[19] Sul tema, *si vis*, G. SCARCHILLO, "*La natura polifunzionale della responsabilità civile: dai* punitive damages *ai risarcimenti punitivi, origini, evoluzioni giurisprudenziali e prospettive di diritto comparato*", in *Contr. e impr.*, 2018, fasc. 1, 289 ss.

valutazione degli effetti economici di un'emenda della disciplina dell'azione di classe, che avvicinerebbe – facendo sfumare praticamente del tutto le differenze – il nostro strumento alla *Rule 23* statunitense.

Un'indagine di questo tipo, evidentemente, e prescindendo da questioni di metodo e di misura, coglie l'aspetto relativo all'impatto che la regolazione può avere sui comportamenti economicamente rilevanti, con ciò intendendosi dire che, nel mercato globale delle regole, queste ultime sono in grado di rappresentare un'incentivazione o un disincentivo all'assunzione di certi tipi di condotte; inoltre, sono in grado altresì di stimolare o frenare la concorrenza nella produzione di beni, servizi, opere dell'ingegno, e – finanche – idonee all'esaltazione della crescita economica.

D'altro canto, la funzione, per così dire promozionale, della legislazione è fondamentale per evitare effetti distorsivi, iniquità e inefficienze a carico sia di imprese che di cittadini, consumatori ed utenti finali.

Per tali ragioni, l'avvalersi dell'analisi economica del diritto nel settore dell'azione di classe risulta di particolare rilievo. In altri termini, l'analisi economica delle regole poste per la tutela di interessi superindividuali omogenei assolve il compito di gettare luce sulle *rationes* ispiratrici e sulle potenzialità inespresse di tali regole, sostanziandosi la detta analisi nella valutazione dell'impatto che l'istituto ha tanto nella fase pre-instaurazione del contenzioso, in quella di ammissibilità, e – infine – in sede di merito.

Da un punto di vista di prevenzione *ex ante* della commissione degli illeciti, l'analisi economica dell'azione di classe consente di stabilire se e in che misura la sola previsione di tale congegno processuale dissuada le imprese e gli altri operatori economici dal porre in essere condotte illecite potenzialmente oggetto di una controversia.

Relativamente alla fase di ammissibilità, essa aiuta sotto diversi profili: ad accertare se vi sia manifesta infondatezza delle pretese dal punto di vista economico; a stabilire se ci siano o meno conflitti di interesse di natura economica: ad esempio, quando il proponente ha appena iniziato a consumare il prodotto disputato, egli potrebbe non avere interesse a sostenere i maggiori costi necessari a portare avanti gli interessi di membri della classe che hanno subito danni derivanti da un consumo di lunga durata del prodotto; a determinare se l'attore abbia subìto un danno[20]; a determinare se c'è sufficiente omogeneità tra le pretese dei potenziali membri della classe cosicché i danni possano essere determinati attraverso una *class action*, o se invece le pretese sono sufficientemente dissimili

---

[20] Cfr., ad esempio, l'Ordinanza del Tribunale di Torino in data 27 maggio 2010 che, nel caso Carlo Rienzi, rappresentato dal Codacons, contro Intesa San Paolo s.p.a., ha stabilito che l'attore non aveva subito danno e pertanto non aveva interesse ad agire; di conseguenza, la domanda di *class action* era inammissibile.

che i danni devono essere determinati per ogni consumatore individualmente; a verificare se la definizione della categoria di consumatori proposta dall'attore per formare la classe sia in linea con l'effettivo mercato di riferimento: se la categoria è definita in maniera troppo ampia, infatti, potrebbe includere consumatori che non hanno subito alcuna conseguenza dalle azioni contestate[21].

Relativamente, invece, alla fase del merito – da intendersi quale sede per l'accertamento della responsabilità e di quantificazione del danno – l'utilità dell'analisi economica consisterà nello stabilire l'esistenza e l'eventuale entità del danno[22], tenendo in debito conto che solamente fattori direttamente collegati alle azioni contestate possono essere causa di danno. In caso affermativo, l'economista può proporre alla Corte stessa l'ammontare del danno oppure determinare una metodologia omogenea da impiegare nel calcolo dei danni individuali. Anche nel caso in cui la responsabilità sia accertata, non ne discende automaticamente che ci sia stato danno.

Giocoforza, la letteratura di *law & economics* ha posto la propria attenzione sui potenziali benefici riconducibili ad un efficiente utilizzo della *class action*: si pensi, in generale, alla riduzione dei costi di accesso alla giustizia per i singoli danneggiati; allo snellimento del carico di lavoro degli uffici giudiziari conseguente alla concentrazione di una pluralità di istanze; alla predeterminazione del danno a carico dell'impresa; all'effetto deterrenza nei confronti degli operatori economici.

A tal proposito, occorre rilevare che lo stato di efficienza/inefficienza della giustizia civile in Italia raggiunge livelli che definire bassi è un eufemismo, e il *trend* non sembra essere destinato a migliorare.

Di conseguenza, l'introduzione dell'azione di classe non può risolversi in un ulteriore aggravio per gli uffici giudiziari. A tal fine, particolarmente significativi risulterebbero – dunque – l'*opt-out* e i risarcimenti punitivi, i quali accentuerebbero il fattore deterrenza determinando un forte disincentivo alla commissione di illeciti.

Impiegando una felice espressione, che tolgo a Giussani, lo strumento processuale dell'azione di classe deve equivalere «alla introduzione, in una città in cui il trasporto urbano sia compiuto solo dai taxi, della possibilità di offrire anche il trasporto in autobus»[23].

---

[21] In Italia, al 30 giugno 2010, una sola *class action* è arrivata al vaglio di ammissibilità. Sarà pertanto necessario aggiornare i dati con il susseguirsi delle applicazioni legislative.

[22] La circostanza che vi sia una responsabilità accertata, d'altronde, non comporta l'esistenza automatica di un danno. Ad esempio, un comportamento d'impresa potrebbe essere discutibile sotto il profilo della prassi commerciale o avere finalità non concorrenziali, ma potrebbe non avere generato alcun danno economico per i consumatori.

[23] Continua l'A. nel passo citato nel senso che quanto rilevato evidenzia come «*la funzione di am-*

Tra l'altro l'ordinamento italiano non è del tutto nuovo a questo tipo di ragionamento, ed elementi di ispirazione possono trarsi dall'esperienza della c.d. *class action* contro le inefficienze della P.A., di cui al D.Lgs. n. 198/2009, il cui art. 1 stabilisce come «*al fine di ripristinare il corretto svolgimento della funzione o la corretta erogazione di un servizio, i titolari di interessi giuridicamente rilevanti ed omogenei per una pluralità di utenti e consumatori possono agire in giudizio* [...] *nei confronti delle amministrazioni pubbliche e dei concessionari di servizi pubblici* [...]».

Vero è che l'esperienza in commento non è andata del tutto esente da critiche, le quali si sono principalmente appuntate sul fatto che non viene prevista la possibilità di richiedere alcun risarcimento dei danni eventualmente provocati dal disservizio, limitandosi ad imporre alla P.A. di rivedere i propri comportamenti. Si potrebbe pure sostenere che proprio la mancata previsione di un risarcimento si tradurrebbe nell'annullamento dell'effetto deterrente per eventuali disservizi futuri e snaturerebbe, conseguentemente, la natura *compensativa* tipica dell'azione di classe. Tuttavia, in primo luogo, se si considerano le conseguenze per così dire "reputazionali", è indubbio che una certa deterrenza derivi dalla pubblicità del procedimento stesso.

A norma dell'art. 1, secondo comma, più specificamente, «*del ricorso è data notizia sul sito istituzionale dell'amministrazione o del concessionario intimati; il ricorso è altresì comunicato al Ministro per la pubblica amministrazione e l'innovazione*».

In secondo luogo, occorre tenere presente l'ulteriore elemento di efficacia rappresentato dalla celerità di risoluzione di forme di inefficienza della P.A.

Recita, a tal fine, l'art. 1, terzo comma, che «*i soggetti che si trovano nella medesima situazione giuridica del ricorrente possono intervenire nel termine di venti giorni liberi prima dell'udienza di discussione del ricorso che viene fissata d'ufficio in una data compresa tra il novantesimo e il centoventesimo giorno dal deposito del ricorso*».

Ecco allora che, al di là dell'obiettivo di aumentare la trasparenza e l'efficienza della P.A. a beneficio dei cittadini, la c.d. *class action* nei confronti della

---

pliamento dell'accesso alla giustizia conviva con la funzione di razionalizzazione dell'impiego delle risorse giurisdizionali: l'autobus è più lento del taxi, e inizialmente si può anche pensare che rallenti il traffico, ma è ovvio che sul lungo periodo la mobilità complessiva aumenta considerevolmente, sia perché si possono avvalere del trasporto collettivo (più scomodo e meno personalizzato, ma spesso sufficiente a condurre a destinazione a costi unitari inferiori) diversi potenziali utenti del taxi, sicché aumenta il rapporto fra la quantità di persone trasportate e il numero di mezzi in circolazione, sia perché accedono al trasporto urbano anche quanti sono sprovvisti dei mezzi per permettersi il taxi; analogamente, l'esercizio dell'azione collettiva risarcitoria a tutela di diritti individuali omogenei dà luogo di certo a procedimenti ben più lunghi e complessi di quelli in via individuale, ma raggruppando un grande numero di controversie seriali, cui assicura un trattamento meno personalizzato unitamente però a un significativo abbattimento del costo unitario, permette di conseguire, a parità di costi, un enorme incremento dell'attuazione del diritto sostanziale (quale risultato della migliore efficienza unitaria e dell'abbattimento dei costi di accesso)»: cfr. A. GIUSSANI, *Azioni collettive risarcitorie*, cit., 76 ss.

P.A. aiuti ad introdurre il principio secondo cui debbano esistere – ed essere perseguite – delle c.d. "*judicial economies*", grazie alle quali – mediante la concentrazione di cause omogenee – possono essere ridotti i costi ed aumentati gli standard qualitativi del sistema giustizia.

In alcuni studi è stato sostenuto come, in realtà, più che di una funzione di deterrenza, l'azione di classe si caratterizzerebbe per un'overdeterrenza, giungendo finanche a destabilizzare interi settori produttivi.

Ai fautori di queste tesi può essere risposto con le parole usate da Mark Twain per commentare una notizia circolata sulla sua presunta morte: esse sono «*grandemente esagerate*»!

Si è da tempo dimostrato quanto di infondato vi sia nel ritenere che le *class action* provochino fenomeni di *overdeterrence*[24].

Al più, il timore delle cc.dd. parti abituali potrà essere gestito mediante la predisposizione di meccanismi di gestione del rischio ovvero attraverso la conclusione di contratti di assicurazione. In particolare, il *risk management* consentirebbe di scongiurare il rischio di una *class action*, consistendo tale attività in una fase di ricognizione e valutazione dei potenziali rischi collegati allo svolgimento della propria attività (specie per le imprese che operano in settori più esposti al rischio: telecomunicazioni, trasporti, forniture di servizi, ecc.) e in una fase di monitoraggio preventiva finalizzata a limitare l'impatto negativo di un'eventuale *class action*.

Anzi, una lettura più approfondita di tale fenomeno conduce a concludere nel senso che nella disciplina dell'azione di classe si annidino effetti positivi tanto per le imprese, quanto per i cittadini, consumatori e utenti finali.

Le prime, infatti, grazie alla oculata e mirata gestione del rischio, oltre che limitata la propria responsabilità, vedrebbero migliorata la propria immagine aziendale nel complesso, con ripercussioni benefiche, anche a livello economico, quanto alla "nuova" manifesta efficienza.

I secondi, invece, e di riflesso, avrebbero un ritorno in termini di rinforzamento e consolidamento della relativa tutela.

Peraltro, nell'azione di classe italiana – e nell'ottica di una sempre più snella gestione dei processi – ci si è preoccupati di introdurre l'art. 840-*decies* c.p.c., dedicato agli accordi transattivi.

Ciò assicura una maggiore efficienza sotto l'ottica giuridico-economica[25], pro-

---

[24] *Ex plurimis*, cfr. T. EISENBERG-G.P. MILLER, "*Attorneys Fees in Class Actions Settlements: An Empirical Study*", in *J. Emp. Study*, 2004, fasc. 1, 27 ss.; in Italia, si v. C. PONCIBÒ, "*La controriforma delle* class actions", cit., 124 ss. e il dibattito sul punto riportato da A. GIUSSANI, *Azioni collettive risarcitorie*, cit., 54 ss.

[25] A tal proposito, nel frattempo, la stessa Commissione europea ha invitato gli Stati membri ad introdurre meccanismi di aggregazione capaci di «*elaborare norme procedurali che incoraggino le transazioni, come modo per ridurre i costi*» e per agevolare «*la rapida risoluzione delle controversie*». Cfr. *White Paper*, COM(2008)165 del 2 aprile 2008.

prio perché la soluzione della controversia mediante accordo, nel rispetto dei principî di giustizia ed equità, rappresenta un sicuro strumento di deterrenza, e di vantaggio per i danneggiati.

Lo strumento azione di classe va accolto con favore per un ulteriore aspetto di analisi economica del diritto, ossia per la sua attitudine a prevenire la commissione di illeciti dannosi coinvolgenti una cerchia più o mano ampia di soggetti.

Il timore di "subire" una *class action* dovrebbe comportare, implicando tale procedimento oneri rilevanti a carico del responsabile, l'effetto di spingere le imprese e gli altri operatori ad un maggior rispetto delle regole di correttezza e professionalità.

L'effetto intimidatorio dovrebbe essere tanto più rilevante per quelle società operanti in borsa, come dimostrano le vicende relative agli scandali finanziari statunitensi *Enron* e *World.com*, i cui indici di gradimento sono crollati immediatamente dopo l'annuncio dell'instaurazione di una *class action* contro di loro.

Questo consentirebbe di riequilibrare il settore finanziario, che, dapprima con i *crack* finanziari della Cirio e della Parmalat, dipoi – e più di recente – con le vicende che hanno coinvolto gli istituti di credito veneti, ha dimostrato forti criticità in punto di regolamentazione.

Tradizionalmente, infatti, l'approccio è stato quello di introdurre una schizofrenica super regolazione collegata ad un sistema di tipo c.d. *ex ante*, basato su uno schema di controllo definito a priori e sulla verifica centralizzata delle condotte ad appannaggio di alcune istituzioni quali la Consob, Banca d'Italia, Isvap, Covip.

I tempi sono ormai maturi per un cambio di rotta, dal momento che la regolazione *ex ante* risulta integrata con schemi regolativi *ex post* (altrimenti detti di *liability*).

Con l'azione di classe, infatti, estendendo l'accesso alla giustizia ad un numero elevato di attori del mercato lesi da una condotta nociva, si riesce a rimediare meglio ai fallimenti del mercato legati all'inabilità di singole parti di tutelare i propri interessi. Conseguentemente, all'aumento della probabilità per gli operatori economici di non essere più al riparo dalla persecuzione di comportamenti pericolosi e da pretese risarcitorie, dovrebbe corrispondere una diminuzione delle condotte illecite, in modo tale da ricrearsi proprio quell'effetto deterrenza sperato.

A tal proposito, la dottrina rileva come, anche sulla base degli studi di *law & economics*, un sistema misto o complementare di regolazione *ex ante* ed *ex post*, riesca a garantire ai mercati finanziari maggiore efficienza: in particolare, il sistema *ex ante* offre gli incentivi alla precauzione e al controllo del rischio, mentre il sistema *ex post* aumenta il regime di responsabilità amplificando il livello di tutela dei propri interessi ai risparmiatori e ai piccoli investitori, e predisponendo un sistema di deterrenza per condotte dannose tramite l'internalizzazione dei costi associati[26].

---

[26] In tal senso, e in generale, cfr. S. SHAVELL, "*Liability for Harms versus Regulation of Safety*",

Ecco allora che la *class action*, quale strumento di regolazione *ex post*, in un'ottica di economia processuale, consente di evitare la duplicazione di contenziosi attraverso il meccanismo unificante della classe, favorendo l'efficienza del sistema di tutele giurisdizionali attraverso lo sviluppo di economie di scala ed incoraggiamento di un'efficiente allocazione del rischio.

Relativamente al primo effetto, ci si riferisce a ciò che nella letteratura economica[27] – come già accennato – prende il nome di *judicial economy*, proprio perché in virtù del sistema della concentrazione dei giudizi si riescono a determinare delle economie di scala nel meccanismo dei contenziosi giudiziari. L'accentramento consente un notevole risparmio di costi per i soggetti lesi, che vedono suddivise per una moltitudine le spese del contenzioso. Peraltro, se corredato dalla possibilità di concludere patti di quota lite, l'effetto è massimizzato poiché non richiede l'anticipazione delle somme legate alla proposizione dell'azione.

Spostandoci sul secondo effetto, esso può essere realizzato – e bene – solo mediante l'adozione del meccanismo della rinuncia, nella misura in cui viene garantita una migliore allocazione del rischio, sia per il fatto che l'iniziativa è di quei membri della classe (o del c.d. *class counsel*) più propensi al rischio, sia perché aumenta le probabilità che l'autore delle condotte illecite sia esposto a una sentenza di condanna.

Tutto ciò, inevitabilmente, stimola ed alimenta l'efficienza dinamica generale poiché, da un lato, tutela le aspettative dei soggetti che ritengono di non essere in grado provvedere da soli ai propri interessi nei diversi mercati e, dall'altro, genera un effetto deterrenza per i vari attori dei mercati.

5. *Una idea-proposta di Convenzione tra Stati sul riconoscimento di sentenze straniere sull'azione di classe*

I rilievi fin qui svolti hanno riguardato il fenomeno dell'azione di classe nella sua dimensione nazionale e sovranazionale (sotto gli auspici dell'Unione euro-

in *J. Legal Studies*, 1984, fasc. 2, 357 ss.; A. KATZ, "*The Effects of Frivolous Lawsuits on the Settlement of Litigation*", in *Int'l Rev. L. & Econ.*, 1990, fasc. 1, 3-27; G.P. MILLER, "*Class Action", in Newman, The New Palgrave Dictionary of Economics and the Law*, New York, Stockton Press, 1998, 1, 257 ss.; C. SILVER, "*Class Actions – Representative Proceeding*", in B. BOUKAERT-G. DE GEEST, *Encyclopedia of Law and Economics*, Cheltenham, Edward Elgar, 2000, VII, 194 ss.; D. PORRINI-M. BOYER, "*Modelling the Choice between Regulation and Liability in Terms of Social Welfare*", in *Canadian J. Econ.*, 2004, fasc. 3, 590 ss.

[27] R. BERNSTEIN, "*Judicial Economy and Class Action*", in *Journal of Legal Studies*, 1978, fasc. 2, 349 ss.

pea). L'analisi di *law & economics* ha, poi, posto in rilievo un aspetto più marcatamente sistematico della disciplina in esame, gettando luce sui riverberi che talune scelte legislative possono avere sugli assetti economici.

In questo quadro ricostruttivo manca, tuttavia, una riflessione sulla *class action* quale fenomeno globale, ovverosia quale strumento rimediale calato in uno spazio giuridico-economico sempre più vocato al globalismo e alla globalizzazione.

Molti dei beni e servizi che acquistiamo, d'altronde, sono inseriti in un mercato che non conosce confini territoriali, men che meno da un punto di vista giuridico, stante la forte propensione a livello internazionale alla rimozione delle barriere al commercio e agli scambi.

In un tale contesto, appare sufficientemente chiaro come anche le condotte illecite a danno di una molteplicità di soggetti vadano ad assumere sempre di più una dimensione globalizzata, sfuggendo ai confini posti dagli ordinamenti giuridici statali.

Un esempio che chiarisce bene questo punto è quello della filiera alimentare: immaginare che – ad oggi – ciò di cui ci nutriamo abbia carattere esclusivamente locale, oltre a essere utopistico, è anche sciocco.

Immaginiamo, quindi, di importare dagli Stati Uniti d'America grano trattato con una sostanza pesticida, che alcuni studi hanno dimostrato essere cancerogena.

Alcuni consumatori propongono una *class action* negli U.S.A., avanzando pretese risarcitorie nei confronti del produttore del pesticida (società italiana), allegando la dannosità di quest'ultimo e ottengono una sentenza di condanna, la quale – oltre a danni di natura compensativa – riconosce pure un risarcimento punitivo.

Allo stato attuale delle cose, qualora i beneficiari della pronuncia volessero darvi esecuzione in Italia, dovrebbero fare ricorso al procedimento di delibazione ed *exequatur* di cui alla Legge n. 218/1995, con tutte le possibili implicazioni a ciò sottese (e fino a qualche tempo fa con il rischio di vedersi non riconosciuta la voce di risarcimento a titolo punitivo); inoltre, se uno o più consumatori italiani volessero avanzare pretese nei confronti del produttore sarebbero obbligati a incardinare un'autonoma azione in Italia, non potendo beneficiare del giudicato estero limitato ai cittadini statunitensi.

In maniera utopica, potrebbe indicarsi quale soluzione del problema l'istituzione di una giurisdizione globale, espressione di una giustizia universale.

Tuttavia, siccome la piena realizzazione di questo progetto non sembra appartenere al nostro tempo, più opportuna – e sicuramente meno pretenziosa – è la proposta alternativa che mi accingo ad illustrare.

Il compito di reprimere più efficacemente condotte illecite aventi natura transnazionale(/globale) potrebbe essere affidato ad una regolamentazione avente il duplice scopo di introdurre un riconoscimento automatico delle sentenze straniere rese all'esito di un'azione di classe e di attribuire ai cittadini, appartenenti ad uno Stato diverso rispetto a quello dove la pronuncia è stata resa, la possibilità di avvalersi, beneficiandone, del giudicato estero.

Nell'esempio sopra prospettato, quindi, i consumatori statunitensi – in virtù di quanto detto – si vedrebbero riconosciuto automaticamente il giudicato favorevole; da par loro, i consumatori italiani non dovrebbero più instaurare un autonomo giudizio, avvalendosi dell'accertamento di responsabilità contenuto nella pronuncia e dovendosi limitare esclusivamente a dimostrare l'appartenenza alla classe e la propria posizione individuale.

Si tratterebbe, in altri termini, di un riconoscimento automatico e rafforzato di una sentenza straniera: "automatico" poiché non richiederebbe una procedura di delibazione, alla stregua di ciò che accade per le sentenze rese dagli organi giurisdizionali degli Stati membri dell'Unione europea in virtù dell'assetto realizzato con il *Reg. Bruxelles I-bis*; "rafforzato" in quanto verrebbe consentito di estendere l'ambito soggettivo della cosa giudicata a cittadini di uno Stato diverso rispetto a quello in cui è stata resa la pronuncia sull'azione di classe, dovendosi unicamente dimostrare di avere le caratteristiche per poter essere considerati membri della detta classe.

Per realizzare tali obiettivi nell'Unione europea sarebbe sufficiente un'emenda della disciplina concernente la competenza giurisdizionale internazionale (sancendo così pure l'abbandono della forte predilezione – infondata e frutto di equivoci – riservata all'*opt-in*).

Al contrario, per ciò che riguarda i rapporti con gli Stati terzi, lo scopo prefissatosi potrebbe essere raggiunto affidando il compito del riconoscimento automatico e rafforzato ad una Convenzione di diritto internazionale privato, denominata "*Convenzione internazionale sul riconoscimento automatico e rafforzato e sull'esecuzione delle sentenze straniere rese all'esito di giudizi risarcitori su interessi superindividuali omogenei*" (con buona pace dei traduttori che dovessero occuparsi di trasporre tale titolo nelle varie lingue!).

Questo sì che sarebbe un obiettivo ben più realizzabile, e non solo auspicabile, nel nostro tempo.

CONSIDERAZIONI FINALI

Le suggestioni abbozzate nelle premesse e nell'introduzione di questo libro meritano a questo punto una chiosa finale, dovendosi rendere giustizia ancora ad uno dei "formanti" più peculiari del diritto comparato: la formazione del giurista.

Si tratta di un aspetto fondamentale affinché possa ricrearsi una consapevolezza della *class action* (utilizzo in questo caso il termine impropriamente), tale per cui si possa giungere a una vera e propria cultura di *class action*.

Consultando i vari volumi delle biblioteche e scorrendo le banche dati, ci si accorge immediatamente di come la materia della tutela aggregata di interessi sia stata – sin dall'inizio del dibattito in Italia – quasi esclusivo appannaggio della dottrina processualcivilistica, la quale ci ha consegnato lavori di straordinaria importanza e pregio. Tuttavia, ciò che è mancato è un reale, concreto e profondo interessamento alla materia da parte delle altre branche del diritto e – per quel che ci compete – del diritto comparato.

Con ciò si intende dire che è difettato quel sostrato culturale necessario affinché potesse giungersi ad una maggiore conoscenza di tale strumento. In altri termini, ci si è tendenzialmente disinteressati – di fatto, disattendendo proprio i moniti dei Maestri del diritto comparato, che alla formazione giuridica hanno dedicato pagine memorabili – di instillare nelle varie generazioni di studenti succedutesi nelle aule universitarie la curiosità per quel fenomeno eterogeneo, sfaccettato e cangiante rappresentato dalla *class action*.

Ne è testimonianza il fatto che, nelle nostre Università, nonostante sia evidente a tutti la potenzialità di tale strumento per una efficiente ed effettiva attuazione dei diritti, non gli venga riservato, sostanzialmente, spazio adeguato all'interno dei piani di studio.

Tutto ciò è paradossale, poiché rischia di farci trovare nuovamente impreparati: d'altro canto, è sotto gli occhi di tutti come l'attività degli organi dell'Unione si sia indirizzata nel senso di imporre una forte virata verso la graduale sostituzione del *public enforcement* con il *private enforcement*, facendo assurgere – quelli che loro chiamano – i ricorsi collettivi a fattore decisivo per la realizzazione di questo cambio di rotta.

Dunque, perché rimanere inerti?

Siamo proprio sicuri del fatto che il mancato *appeal* e successo della *class action* in passato implichi necessariamente che questo si ripeta anche in futuro?

Sono convinto, infatti, che il fallito decollo è dipeso anche dall'assenza di un serio dibattito nelle aule universitarie con gli studenti, che, poi, sono diventati gli operatori del diritto. Analogamente a quello che accadrà agli studenti di oggi, i quali saranno coloro i quali ricopriranno, in futuro, i vari ruoli nell'amministrazione della giustizia.

Si dice un'ovvietà? Sì, e lo si rivendica: non è certo detto, infatti, che una cosa ovvia sia per ciò solo messa in atto nella pratica.

Allora, un desiderio che esprimo tra le righe di queste pagine – il più alto, nella mia ottica – è quello di rendere la *class action* "popolare", cioè "ad uso degli studenti" – come si diceva una volta. Senza, ovviamente, dimenticarmi dei miei colleghi di oggi, ma strizzando l'occhio a coloro i quali saranno i colleghi di domani.

Spero, perciò, che tali auspici si concretizzino presto con l'introduzione nell'offerta formativa dei vari corsi di laurea interessati da materie giuridiche ed economiche, ma non solo, dell'insegnamento a scelta degli studenti di «*Collective Remedies e Comparazione Giuridica*».

Questo, dopo tutto, acquieterebbe – per quanto detto – anche i malumori e i timori provati, qua e là, circa il presunto rischio di un abuso dell'azione di classe.

Al di là del fatto che l'abuso è qualcosa che aborro, prediligendo il recupero, sono sinceramente persuaso che lo sviluppo di una coscienza giuridica in materia di tutela aggregata e la realizzazione di una vera e propria cultura giuridica sul tema, sia l'unico argine a tale pericolo: d'altronde, come diceva il vecchio marinaio, *il mare può temerlo solo chi lo conosce!*

Unus pro omnibus,
omnes pro uno[1].

[1] La notorietà della formula – sebbene nella sua forma invertita – si deve a A. DUMAS, *I tre moschettieri*, trad. it. M. ZINI, Torino, Einaudi, 1974, 108, il quale fa dire a D'Artagnan: «*E adesso, signori* [...], *tutti per uno, un per tutti. È il nostro motto, non è vero?*».

BIBLIOGRAFIA

AA.VV., "*Il dibattito intorno ai danni punitivi*", in *Contr. e impr.*, 2017, fasc. 4.

AA.VV., *Les recours collectifs: étude comparée*, Parigi, Société de législation comparée, 2006.

AA.VV., *Studi in onore di V. Denti*, Padova, Cedam, 1994.

ADAR Y., "*Touring the Punitive Damages Forest: A Proposed Roadmap*", in *ODCC*, 2012, fasc. 2.

ALIGHIERI D. (1265-1321), *Divina Commedia (La)* – Paradiso: C. XXI, v. 151.

ALPA G., "*L'azione collettiva risarcitoria. Alcune osservazioni di diritto sostanziale*", in *Contr.*, 2008, fasc. 6.

ALPA G., *Responsabilità dell'impresa e tutela del consumatore*, Milano, Giuffrè, 1976.

ALPA G., "*Un mostro giuridico da riscrivere integralmente*", in *Il Sole 24 ore*, 1° novembre 2007.

ALPA G.-CAPILLI G., *Lezioni di diritto privato europeo*, Padova, Cedam, 2007.

AMBROSI I.-D'AURIA M., "*L'azione collettiva risarcitoria a tutela dei consumatori (*class action*), il decreto «mille proroghe» e il gioco dell'oca*", in *Fam. pers. succ.*, 2009, fasc. 2.

AMERICAN BAR ASSOCIATION, *Rules of civil procedure for the District courts of the United States, with notes as prepared under the direction of the Advisory committee and Proceedings of the Institute on Federal rules, Cleveland, Ohio, July 21, 22, 23, 1938*, Chicago, 1938.

ANDERSON S.C., "*Negro is Warned in Clemson Case: Judge Says Suit for Entry May Not Set a Rule*", in *N.Y. Times*, 19 novembre 1962.

ANDREWS N., "*Multy-Party Proceedings in England: Representative and Group Actions*", in *Duke J. of Comp. & Int'l L.*, 2001, fasc. 2.

ANDREWS N., "*Tort Litigation Affecting Businesses: The English Perspective*", in R. STÜRNER-M. KAWANO (a cura di), *Comparative Studies on Business Tort Litigation*, Tübingen, Mohr Siebeck, 2011.

ASTONE M., "*Responsabilità civile e pluralità di funzioni nella prospettiva dei rimedi. Dall'*astreinte *al danno punitivo*", in *Contr. e impr.*, 2018, fasc. 1.

ATIYAH P., *The Rise and Fall of Freedom of Contract*, Oxford, Clarendon Press, 1979.

BARBOSA MOREIRA J.C., "*A Açao Popular do Direito Brasileiro como Instrumento de Tutela Jurisdictional dos Chamados Interesses Difusos*", in *Temas de Direito Processual. Terceira Série*, São Paulo, Saraiva, 1977.

BARBOSA MOREIRA J.C., "*Il codice di procedura dello Stato della Città del Vaticano come fonte storica del diritto italiano*", in AA.VV., *Studi in onore di V. Denti*, I, Padova, Cedam, 1994.

BARCELLONA P. (a cura di), *L'uso alternativo del diritto, I, Scienza giuridica e analisi marxista; II, Ortodossia giuridica e pratica politica*, Roma-Bari, Laterza, 1973.

BARONA VILAR S. (a cura di), *Tutela de los consumidores y usurarios en la nueva Ley de Enjuiciamiento Civil*, Valencia, Tirant lo Blanch, 2002.

BARZAGHI A., "*Recognition and Enforcement of United States Judgments in Italy*", in *NY Int'l L. Rev.*, 2005, fasc. 1.

BASEDOW J., *Die Bundelung gleichgerichteter Interessen im Prozess: Verbandsklage und Gurppenklage*, Tubingen, Mohr, 1999.

BAZYLER M.J., *Holocaust Justice: The Battle for Restitution in America's Courts*, New York, N.Y.U. Press, 2003.

BEHR V., "*Punitive Damages in American and German Law, Tendencies towards, approximation of apparently irreconcilable concepts*", in *Chi-Kent L. Rev.*, 2003, fasc. 1.

BELLELLI A., "*Dall'azione inibitoria all'azione risarcitoria collettiva*", in *Nuova giur. civ.*, 2009, fasc. 5.

BELLI M.M., "*Punitive Damages: Their History, Their Use and Their Worth in Present-Day Society*", in *U.M.K.C.L. Rev.*, 1980, fasc. 1.

BELLIDO PENADÉS R., "*La tutela de los intereses de los consumidores en la nueva Ley de Enjuiciamiento Civil*", in *Tribunales de Justicia. Revista española de derecho procesal*, 2002, fasc. 1.

BENCSIK K., "*A class action eredete és kialakulása a polgári perjogi kodifikáció tükrében*", 2014, consultabile su *http://epa.oszk.hu/02600/02687/00006/pdf/EPA02687_jogi_tanulmanyok_2014_654–663.pdf*.

BENSON J., *The Rise of Consumer Society in Britain, 1880-1980*, London, Longman, 1994.

BENTHAM J., *The Works of Jeremy Bentham – published under the Superintendence of his Executor, John Bowring*, Vol. III, Edinburgh, William Tait, 1843.

BENVENUTI E., *La tutela collettiva risarcitoria dei consumatori nelle controversie transfrontaliere: diritto interno e prospettive di armonizzazione*, in *Riv. dir. int. priv. proc.*, 2020, fasc. 3.

BENVENUTO S.L., "Class action *statunitense e italiana a confronto*", in *Dir. e prat. soc.*, 2008, fasc. 1.

BERCH J.J., "*The Need for Enforcement of U.S. Punitive Damages Awards by the European Union*", in *Minn. J. Int'l L.*, 2010, fasc. 1.

BERIZONCE R.-PELLEGRINI GRINOVER A.-LANDONI SOSA A., "*Codice modello di processi collettivi per Iberoamerica*", in *Riv. dir. proc.*, 2005, fasc. 2.

BERNARDINI P., *Third Party Funding in International Arbitration*, in *Riv. arb.*, 2017, fasc. 1.

BERNSTEIN R., "*Judicial Economy and Class Action*", in *Journal of Legal Studies*, 1978, fasc. 2.

BERTOLINO G., "*L'«opt-out» nell'azione risarcitoria collettiva. Una contrarietà davvero giustificata? Analisi del dibattito e prospettive di riforma*", in *Riv. trim. dir. proc. civ.*, 2016.

BINCHY W., *The Irish Legal System: An Introduction*, in *Legal Information Management*, 2011, Vol. 11.
BLAIR R.D.-PIETTE C.A., "*Coupon Settlements: Compensation and deterrence*", in *The Antitrust Bulletin*, 2006, fasc. 3.
BLACKWELL J., *Government, Economy and Society*, in F. LITTON (a cura di), *Unequal Achievement, The Irish Experience 1957-1982*, Dublin, Institute of Public Administration, 1982.
BLENNERHASSETT J., *Mass Harm Litigation in Ireland, Multi-Party Actions and Routes to Collective Redress*, in *Contemporary Readings in Law and Social Justice*, 2018, Vol. 10, fasc. 1.
BONA M., "Class action, group action *e azione collettiva risarcitoria: modelli europei ed extra-europei a confronto*", in C. CONSOLO-M. BONA-P. BOZZELLI (a cura di), *Obiettivo class action: l'azione collettiva risarcitoria*, Milano, Ipsoa, 2008.
BONE R.G., "*Making Effective Rules: The Need for Procedural Theory*", in *Okla. L. Rev.*, 2008, fasc. 2.
BONE R.G., "*Personal and Impersonal Litigative Forms: Reconceiving the History of Adjudicative Representation*", in *B. U. L. Rev.*, 1990, fasc. 2.
BORE L., "*L'action en représentation conjointe: class action française ou action mort-née?*", in *Dalloz*, 2005.
BORGHESI D., "Azione popolare", voce in *Enc. giur. Treccani*, IV, Roma.
BORGHESI D., *Il contenzioso in materia di eleggibilità*, Milano, Giuffrè, 1979.
BORN G.-SALAS C., "*The United States Supreme Court and Class Arbitration: A Tragedy of Errors*", in *Journ. Disp. Res.*, 2012, fasc. 1.
BOSTERS T., *Collective Redress and Private International Law in the EU*, Den Haag, T.M.C. Asser Press, 2017.
BOUKAERT B.-DE GEEST G., *Encyclopedia of Law and Economics*, Cheltenham, Edward Elgar, 2000.
BUCKLEY P.J.-RUANE F., *FDI in Ireland: Policy Implications for Emerging Economies*, in *The World Economy*, 2006.
BUJOSA VADELL L.M., "*La protección de los consumidores y usurarios en la nueva Ley de Enjuiciamiento Civil*", in *Revista Jurídica de Cataluña*, 2001, fasc. 4.
BURBANK S.B., "*Pleading and the Dilemmas of 'General Rules'*", in *Wis. L. Rev.*, 2009, fasc. 2.
BURBANK S.B., "*The Class Action Fairness Act in Historical Context: A Preliminary View*", in *U. Pa. L. Rev.*, 2008, fasc. 6.
BURBANK S.B., "*The Rules Enabling Act of 1934*", in *U. Pa. L. Rev.*, 1982, fasc. 5.
BURBANK S.R., "*The Transformation of American Civil Procedure: The Example Rule 11*" in *U. Pa. L. Rev.*, 1989, fasc. 6.
BURCH E.C., "*CAFA's Impact on Litigation as a Public Good*", in *Cardozo L. Rev.*, 2008, fasc. 6.
BYRNE R.-MCCUTCHEON P., *The Irish Legal System*, VI ed., London, 2014.

CALABRESI G., "*The complexity of torts: the case of punitive damages*", in M. STUART (a cura di), *Exploring Tort Law*, Cambridge, Cambridge University Press, 2005.

CALVERT F., *A Treatise Upon the Law Respecting Parties to Suits in Equity*, Philadelphia, J.S. Little, 1837.

CALVO CARAVACA A.-L., *Consumer Contracts in the European Court of Justice Case Law: Latest Trends*, in *Cuadernos de derecho transnacional*, 2020, fasc. 1.

DE CAMARGO MANCUSO R., *Interesses difusos, conceito e legitimação para agir*, São Paulo, Revista dos Tribunais, 1991.

CAMILLETTI F., "*Il nuovo art. 140*-bis *del codice del consumo e l'azione di classe*", in *Contratti*, 2009. fasc. 12.

CAMPOLIETI F.-MINORINI LIMA I.J., "*Latin America*", in P. KARLSGODT, *World Class Actions*, Oxford, Oxford University Press, 2012.

CAPONI R., "*Modelli europei di tutela collettiva nel processo civile: esperienza tedesca e italiana a confronto*", in *Riv. trim. dir. proc. civ.*, 2007, fasc. 4.

CAPONI R., "*Una lettura di interrogativi in attesa della giurisprudenza*", in *Foro it.*, 2008.

CAPPELLETTI M., "*Formazioni Sociali e interessi di gruppo davanti alla giustizia civile*", in *Riv. dir. proc.*, 1975, fasc. 3.

CAPPELLETTI M., "*La protection d'intérêts collectifs et de groupe dans le procès civil (Métamorphoses de la procédure civile)*", in *Revue internationale de droit comparé*, 1975, fasc. 3.

CAPPELLETTI M.-GARTH B., *The Florence Access-to-Justice Project*, Aalphen aan den Rijn-Milano, Sijthoff and Noordhoff-Giuffrè, 1978-9.

CAPPER D., *Third Party Litigation Funding in Ireland: Time For Change?*, in *Civ. J.Q.*, 2018, fasc. 2.

CARABETTA S., "*Funzioni della Responsabilità Civile e Punitive Damages*", in *Persona e mercato*, 22 agosto 2017.

CARLEO R., "Punitive damages*: dal* common law *all'esperienza italiana*", in *Contr. e impr.*, 2018, fasc. 1.

CARPI F., *L'efficacia* ultra partes *della sentenza civile*, Milano, Giuffrè, 1974.

CARRATO A., "*Danni punitivi: semaforo verde per il loro riconoscimento nell'ordinamento italiano*", in *Quotidiano giuridico*, 7 luglio 2017.

CARRATTA A., "*Dall'azione collettiva inibitoria a tutela di consumatori e utenti all'azione collettiva risarcitoria: i nodi irrisolti delle proposte di legge in discussione*", in *Giur. it.*, 2005, fasc. 3.

CARRATTA A., "*L'abilitazione all'esercizio dell'azione collettiva*", in *Riv. dir. proc. civ.*, 2009, fasc. 2.

CARRATTA A., "*L'azione collettiva risarcitoria e restitutoria: presupposti ed effetti*", in *Riv. dir. proc. civ.*, 2008, fasc. 3.

CARRINGTON P.D., "*Making Rules to Dispose of Manifestly Unfounded Assertions: An Exorcism of the Body of Non-Trans-Substantive Rules of Civil Procedure*", in *U. Pa. L. Rev.*, 1989, fasc. 6.

CARTER R.L., "*The Federal Rules of Civil Procedure as a Vindicator of Civil Rights*", in *U. Pa. L. Rev.*, 1989, fasc. 6.

CASABONA S., "*Comparative law made in Taiwan: ovvero la comparazione giuridica senza diritto comparato*", in *www.comparazionedirittocivile.it*, 2017, fasc. 1.

CASHMAN P.-LONGMOORE A.-KALAJDZIC J., "*Justice for Profit: A Comparative Analysis of Australian, Canadian and U.S. Third Party Litigation Funding*", in *Am. J. Comp. L.*, 2013, Vol. 61, fasc. 1.

CASSIA P., "*Vers une action collective en droit administratif francais*", in *Revue française de droit administratif*, 2009.

CASTELLI L.-MONTI S., Third Party Funding Litigation*: quali prospettive per l'Italia?*, in *Contratti*, 2019, fasc. 5.

CHAFEE Z., "*Bills of Peace with Multiple Parties*", in *Harv. L. Rev.*, 1932, fasc. 8.

CHAFEE Z., *Some Problems of Equity*, Ann Arbor, University of Michigan Press, 1950.

CHIARLONI S., "*Appunti sulle tecniche di tutela collettiva dei consumatori*", in *Riv. trim. dir. proc. civ.*, 2005, fasc. 2.

CHIARLONI S., "*La tutela dei risparmiatori alla luce delle recenti iniziative legislative*", in *Giur. it.*, fasc. 5.

CHIARLONI S., "*Per la chiarezza delle idee in tema di tutele collettive dei consumatori*", in *Riv. trim. dir. proc. civ.*, 2007, fasc. 2.

CHINÉ G.-MICCOLIS G., *Class action e tutela collettiva dei consumatori*, Roma, Neldiritto.it, 2008.

CLARIZIA O., "*I danni punitivi dopo le Sezioni Unite – danno non patrimoniale e funzione punitiva del risarcimento ultracompensatorio*", in *Giur. it.*, 2018, fasc. 10.

COLLINS H., "*La giustizia contrattuale in Europa*", in *Riv. crit. dir. priv.*, 2003, fasc. 4.

COLLINS H., "*The constitutionalization of European private law as path to social justice?*", in H.W. MICKLITZ (a cura di), *The Many Concepts of Social Justice in European Private Law*, Cheltenham, Edward Elgar Publishing, 2011.

COMOGLIO L.P., "*Aspetti processuali della tutela del consumatore*", in *Riv. dir. proc.*, 2007, fasc. 2.

COMOGLIO L.P., *Il principio di economia processuale*, II, Padova, Cedam, 1982.

CONSOLO C., "*L'azione di classe, trifasica, inserita nel c.p.c.*", in *Riv. dir. proc.*, 2/2020.

CONSOLO C., "*Come cambia, rivelando ormai a tutti e in pieno il suo volto, l'art. 140-*bis *e la* Class Action *consumeristica*", in *Corr. giur.*, 2009, fasc. 10.

CONSOLO C., "*È legge una disposizione sull'azione collettiva risarcitoria: si è scelta la via svedese dello* "opt-in" *anziché quella danese dello* "opt-out" *e il filtro ("L'inutil precauzione")*", in *Corr. giur.*, 2008, fasc. 1.

CONSOLO C., "*Fra nuovi riti civili e riscoperta delle* class actions*, alla ricerca di una «giusta» efficienza*", in *Corr. giur.*, 2004, fasc. 5.

CONSOLO C., "*Una strategia per l'efficienza giurisdizionale come base del «giusto» processo civile anche «collettivo»*", in *Resp. civ. prev.*, 2004, fasc. 3.

CONSOLO C., "*Class Action fuori dagli USA? (Un'indagine preliminare sul versante della tutela dei crediti di massa: funzione sostanziale e struttura processuale)*", in *Riv. dir. civ.*, 1993, fasc. 3.

CONSOLO C.-BONA M.-P. BOZZELLI (a cura di), *Obiettivo class action: l'azione collettiva risarcitoria*, Milano, Ipsoa, 2008.

CONSOLO C.-RIZZARDO D., "Class actions *"fuori dagli USA": qualcosa si muove an-*

che alle nostre (ex) frontiere settentrionali almeno quanto al "case management"", in *Int'l Lis*, 2006, fasc. 1.
CONSOLO C.-RIZZARDO D., "*Due modi di mettere le azioni collettive alla prova: Inghilterra e Germania*", in *Riv. trim. dir. proc. civ.*, 2006, fasc. 3.
CONSOLO C.-STELLA M., "*La nuova azione di classe, non più solo consumeristica, in una proposta di legge da non lasciar cadere*", in *Riv. dir. banc.* (*dirittobancario.it*), 2018, fasc. 4, sez. I.
COONAN G., *Public Interest Litigation and the Irish Legal System: All Crass and No Class?*, in *Trinity C.L. Rev.*, 2002, Vol. 5.
CORAPI E., "*Il caso "classaction.fr". Class action "à l'américaine"?*", in *Analisi giuridica dell'economia*, 2008, fasc. 1.
CORSI G., "*Le Sezioni Unite: via libera al riconoscimento di sentenze comminatorie di* punitive damages", in *Danno e resp.*, 2017, fasc. 4.
COSTANTINO G., *Contributo allo studio del litisconsorzio necessario*, Napoli, Jovene, 1979.
COUSINS M., *Equal Treatment in Social Welfare: The Final Round?*, in *Irish Eur. L.J.*, 1995, Vol. 4, fasc. 2.

D'ALESSANDRO C.A.-MARCHESE C., *Ius Dicere in a Globalized World – A Comparative Overview*, II, Roma, Roma Tre Press, 2018.
D'ALFONSO G., *Illeciti di massa e controversie transfrontaliere. Strumenti di tutela collettiva risarcitorie competizione tra sistemi giurisdizionali*, in *Rass. dir. civ.*, 2013, IV.
D'ALFONSO G., "*L'art. 140* bis *Codice del consumo tra disciplina attuale e proposte di riforma. Quali prospettive per un'effettiva tutela collettiva risarcitoria?*", in *Resp. civ.*, 2009, fasc. 8-9.
DANOV M., "*The Brussels I Regulation: Cross-Border Collective Redress Proceedings and Judgments*", in *J. Priv. Int'l L.*, 2010, fasc. 2.
DE LUCCHI LÓPEZ TAPIA Y., *La tutela jurisdiccional civil de los intereses de consumidores y usurarios*, Madrid, Edisofer, 2005.
DE MARINI AVONZO F., *I limiti alla disponibilità della* res litigiosa *nel diritto romano*, Milano, Giuffrè, 1967.
DE SANTIS A.D., "*I disegni di legge italiani sulla tutela degli interessi collettivi e il* «Class Action Fair Act of 2005»", in *Riv. trim. dir. proc. civ.*, 2006, fasc. 2.
DE SANTIS A.D., "*L'azione risarcitoria collettiva*", in G. CHINÉ-G. MICCOLIS, *Class action e tutela collettiva dei consumatori*, Roma, Neldiritto.it, 2008.
DE SANTIS A.D., "*Processo civile,* Antitrust Litigation *e* Consumer Protection", in *Riv. dir. proc.*, 2015, fasc. 6.
DEL PRATO E., "*Conclusioni. Spigolature sul risarcimento punitivo*", in U. PERFETTI (a cura di), *Il punto sui così detti danni punitivi*, Napoli, Editoriale Scientifica, 2019.
DENNIS A.H., *The Law of Maintenance and Champerty*, in *L.Q. Rev.*, 1890, Vol. 6, fasc. 1.
DENTI V., *La giustizia civile*, Bologna, Mulino, 1989.
DENTI V., "*Le azioni a tutela degli interessi collettivi*", in *Riv. dir. proc.*, 1974.

DENTI V., *Un progetto di giustizia civile*, Bologna, Il Mulino, 1982.
DI MAGGIO I.C., "*Recenti sviluppi della tutela collettiva nel diritto processuale europeo*", in *Riv. dir. proc.*, 2017, fascc. 4-5.
DICKERSON T.A.-MECHMANN B.V., "*Consumer Class Actions And Coupon Settlements: Are Consumers Being Shortchanged?*", in *Advancing the Consumer Interest*, 2000, fasc. 2.
DINAMARCO C.R., "*Aspetto del nuovo codice del processo civile brasiliano*", in A. GIULIANI-N. PICARDI (a cura di), *Ricerche sul processo. 4 – Il processo civile brasiliano*, Rimini, Maggioli, 1988.
DONDI A., "*Funzione remedial delle injunctive class action*", in *Riv. trim. dir. proc. civ.*, 1988.
DONELAN E., *Law Reform in Ireland: Implementation and Independence of LRC*, in *Eur. J.L. Reform*, 2019, Vol. 21, fasc. 4.
DONNELLY M.-WHITE F., *Irish Consumer Law: Asserting a Domestic Agenda*, in *Dublin U.L.J.*, 2013, fasc. 1.
DUMAS A., *I tre moschettieri*, trad. it. M. ZINI, Torino, Einaudi, 1974.
DUPREE T.H. JR., "*Punitive Damages and the Constitution*", in *La. L. Rev.*, 2010, fasc. 2.
DYSON M.-LEE J.-WILSON STARK S., *Fifty Years of the Law Commission – The Dynamics of Law Reform*, Oxford, 2016.

ECONOMIDES K.-BLACKSELL M.-WATKINS C., *The Spatial Analysis of Legal Systems: Towards a Geography of Law*, in *J. L. & Soc.*, 1986, Vol. 13, fasc. 2.
EISENBERG T. *et al.*, "*The Decision to Award Punitive Damages: An Empirical Study*", in *J. Legal Analysis*, 2010, fasc. 2.
EISENBERG T.-MILLER G.P., "*Attorneys Fees in Class Actions Settlements: An Empirical Study*", in *J. Emp. Study*, 2004, fasc. 1.
EISENBERG T.-MILLER G.P.-SHERWIN E., "*Arbitration's Summer Soldiers: An Empirical Study of Arbitration Clauses in Consumer and Nonconsumer Contracts*", in *U. Mich. J.L. Ref.*, 2008, fasc. 4.
ESOPO FRIGIO, *Favole*, trad. it. G. LANDI, Venezia, 1545.

FABBI A., "*Appunti sugli accordi processuali nel diritto federale statunitense*", in A. BRIGUGLIO-R. MARTINO-A. PANZAROLA-B. SASSANI, *Scritti in onore di Nicola Picardi*, II, Padova, Cedam, 2016.
FAUSTEN T.-HAMMESFAHR R., "*Punitive Damages in Europe: Concern, threat or non-issue*", consultabile in *http://www.biztositasiszemle.hu/files/201206/punitive_damage_in_europe.pdf*.
FERACI O., *Questioni internazionalprivatistiche in tema di* cross-border collective redress *nello spazio giuridico europeo*, in *Riv. dir. int.*, 2013, fasc. 3.
FERRARI F., "*Sul riconoscimento di sentenze straniere di condanna ai danni punitivi*", in *Riv. dir. proc.*, 2018, fascc. 4-5.
FERRERES COMELLA A., "*Las acciones de clase ("Class Actions") en la Ley de Enjuiciamiento Civil*", in *Actualidad jurídica uría y menéndez*, Vol. 11, 2005.
FERRI C., "*L'azione inibitoria prevista dal 1469* sexies *c.c.*", in *Riv. dir. proc.*, 1996, fasc. 4.

FINDLEY R.W., "*Pollution Control in Brazil*", in *Ecol. L.Q.*, 1998, fasc. 1.
FLENDERS S., "*Blind Umpires – a Response to Professor Resnik*", in *Hastings L. J.*, 1984, fasc. 3.
FRATA L., ""Class Actions" *e "azioni collettive risarcitorie": un primo confronto*, in *Danno e resp.*, 2008, fasc. 5.
FRIEDMAN T.L., *Le radici del futuro. La sfida fra Lexus e l'ulivo: che cos'è la globalizzazione e quanto conta la tradizione*, Milano, Mondadori, 2000.
FRIGNANI A., "*Inibitoria (azione)*", in *Enc. dir.*, XXI, Milano, Giuffrè, 1971.

GABOARDI M., "*Arbitrato e azione di classe*", in *Riv. dir. proc.*, 2014, fascc. 4-5.
GALLETTO T., "*L'azione di (seconda) classe (considerazioni sul novellato art. 140* bis *del codice del consumo)*", in *Nuova giur. civ.*, 2009, fasc. 11.
GARNICA MARTÍN J.F., "*Las acciones de grupo en la LEC 1/2000*", in *La Ley: Revista jurídica española de doctrina, jurisprudencia y bibliografía*, 2001, fasc. 6.
GARVIN T., *Preventing the Future: Why Was Ireland so Poor for so Long*, Dublin, Gill and MacMillan, 2004.
GIANNINI L.J., *La tutela colectiva de derechos individuales homogéneos*, La Plata, Librería Editora Platense, 2007.
GIBBONS S.M.C., "*Group Litigation, Class Actions and Lord Woolf's Three Objectives-A Critical Analysis*", in *Civ. Just. Q.*, 2008, fasc. 2.
GIDI A., "*Class Actions in Brazil: A Model for Civil Law Countries*", in *Am. J. Comp. L.*, 2003, fasc. 2.
GIDI A., "*Il codice del processo civile collettivo. Un modello per i Paesi di diritto civile*", in *Riv. trim. dir. proc. civ.*, 2005, fasc. 2.
GIDI A., "*The Class Action Code: A Model for Civil Law Countries*", in *Arizona J. Int'l & Comp. L. Rev.*, 2005, fasc. 1.
GILLES M., "*The Day Doctrine Died: Private Arbitration and the End of Law*", in *U. Ill. L. Rev.*, 2016, fasc. 2.
GIUGGIOLI P.F., «Class Action» *e azione di gruppo*, Padova, Cedam, 2006.
GIUGGIOLI P.F., "*L'azione collettiva risarcitoria: una prima lettura*", in *Corr. giur.*, 2008, fasc. 3.
GIULIANI A.-PICARDI N. (a cura di), *Ricerche sul processo. 4 – Il processo civile brasiliano*, Rimini, Maggioli, 1988.
GIUSSANI A., "*La riforma dell'azione di classe*", in *Riv. dir. proc.*, 6/2019.
GIUSSANI A., "*Le azioni di classe dei consumatori dalle esperienze statunitensi agli sviluppi europei*", in *Riv. trim. dir. proc. civ.*, 2019, fasc. 1.
GIUSSANI A., *Azioni collettive risarcitorie nel processo civile*, Padova, Cedam, 2008.
GIUSSANI A., "*Controversie seriali e azione collettiva risarcitoria*", in *Riv. dir. proc. civ.*, 2008, fasc. 2.
GIUSSANI A., "*L'azione collettiva risarcitoria nell'art. 140* bis *c. cons.*", in *Riv. dir. proc. civ.*, 2008, fasc. 5.
GIUSSANI A., "*Azione Collettiva*", in *Enc. dir. – Annali*, I, Milano, Giuffrè, 2007.
GIUSSANI A., "*Modelli extraeuropei di tutela collettiva risarcitoria*", in *Riv. trim. dir. proc. civ.*, 2007, fasc. 4.
GIUSSANI A., *Studi sulle "class actions"*, Padova, Cedam, 1996.

GIUSSANI A., "*La prova statistica nelle class actions*", in *Riv. dir. proc.*, 1989.
GIUSSANI A., "*Un libro sulla storia della «class action»*", in *Riv. crit. dir. priv.*, 1989, fasc. 1.
GIUSSANI A., "*Le mass tort class actions negli Stati Uniti*", in *Riv. crit. dir. priv.*, 1988.
GOLDSTEIN S., "*Forty Years of Civil Procedure*", in *Isr. L. Rev.*, 1990, fascc. 3-4.
GONZÁLES CANO M.I., *La tutela colectiva de consumidores y usurarios en el proceso civil*, Valencia, Tirant lo Blanch, 2002.
GÖRG H.-RUANE F., *Multinational Companies and Linkages: Panel-Data Evidence for the Irish Electronic Sector*, in *Int'l J. Econ. & Bus.*, 2001, Vol. 18, fasc. 1.
GÖRG H.-RUANE F., *An Analysis of Backward Linkages in the Irish Electronic Sector*, in *Economic and Social Review*, 2000, Vol. 31, fasc. 3.
GRAVE D.-MOULD H. (a cura di), *25 Years of Class Actions in Australia. 1992-2017*, Victoria, Herbert Smith Freehills, 2017.
GROSSFELD B., *Geography and Law*, in *Mich. L. Rev.*, 1984, fascc. 5/6.
GUINCHARD S., "*Une* class action *à la française?*", in *Dalloz*, 2005.
GUTIÉRREZ DE CABIEDES P., "*Group Litigation in Spain – National Report*", 2007.
GUTIÉRREZ DE CABIEDES P.-VACHMAYER WINTER L., "*La nueva Ley de Enjuiciamiento Civil y los daños con múltiples afectados*", in *Derecho del Consumo: acceso a la justicia, responsabilidad y garantía*, Ministerio de Sanidad y Consumo-Consejo General del Poter Judicial, Madrid, 2001.
GUTIÉRREZ DE CABIEDES P., *La tutela jurisdiccional de los intereses supraindividuales: colectivos y difusos*, Pamplona, Aranzadi, 1999.

HANTLER S.B.-NORTON R.E., "*Coupon Settlements: The Emperor's Clothes of Class Actions*", in *Geo. J. Legal Ethics*, 2005, fasc. 4.
HARRIS R., "*The Bubble Act: Its Passage and its Effects on Business Organization*", in *The Journal of Economic History*, 1994, fasc. 3.
HARVARD LAW REVIEW, "*Class Actions – Class Arbitration Waivers – American Express Co. v. Italian Colors Restaurant*", in *Harv. L. Rev.*, 2013, fasc. 1.
HAZARD G.G., "*Indispensable Party: The Historical Origin of a Procedural Phantom*", in *Colum. L. R.*, 1961, fasc. 7.
HAZARD G.C.-DONDI A., *Legal Ethics. A comparative Study*, Stanford, Stanford University Press, 2004.
HAZARD G.C.-GEDID J.L.-SOWLE S., "*An Historical Analysis of the Binding Effect of Class Suits*", in *U. Pa. L. Rev.*, 1998, fasc. 6.
HAZARD G.C.-TARUFFO M., *La giustizia civile negli Stati Uniti*, Bologna, Il Mulino, 1993.
HEFFERNAN L., *Comparative Common Law Approaches to Multi-Party Litigation: The American Class Action Procedure*, in *Dublin U.L.J.*, 2003, Vol. 25.
HENNESSY J.K., "*SCOTUS to Decide Future of Class Waiver Arbitration Clauses*", in *Labor & Employment Law*, 2017.
HENSLER D.R., "*The Future of Mass Litigation: Global Class Actions and Third-Party Litigation Funding*. in *Geo. Wash. L. Rev.*, 2011, fasc. 2.

HESS B., "*Collective redress and the Jurisdictional Model of the Brussels I Regulation*", in A. NUYTS-E.N. HATZIMIHAIL (a cura di), *Cross Border Class-Actions: The European Way*, Munich, Sellier European Law Publishers, 2013.
HEYDEN R.M.-FRANKLIN T.J., "*KapMuG: Class Actions vor deutschen Gerichten?*", in *Zeitschrift für Vergleichende Rechtswissenschaft*, 2006, fasc. 3.
HIGGINS A.-ZUCKERMANN A., "*Class Action Come to England – More Access to Justice and More of a Compensation Culture, but They are Superior to the Alternatives*", in *Civ. Just. Q.*, 2016, fasc. 1.
HODGES C.-HARRIS C. (a cura di), *Multy-Plaintiff Litigation in Australia: A Comparative Perspective*, Oxford, Oxford University Press, 2001.
HOLDER J.-HARRISON C. (a cura di), *Law and Geography*, Oxford, OUP, 2003.
HOLDSWORTH W.S., *History of English Law*, Vol. I, London, Methuen, 1903, 141.

IANNONE R.F., "*I danni punitivi nell'ordinamento italiano ma solo (per ora) attraverso la delibazione delle sentenze straniere*", in *La nuova proc. civ.*, 4, 3 settembre 2017.
I.S.D.A.C.I., "*L'azione collettiva risarcitoria: profili processuali*", in *Contr.*, 2008, fasc. 6.

JEULAND E., "*La France*", in AA.VV., *Les recours collectifs: étude comparée*, Parigi, Société de législation comparée, 2006.
JULLIEN F., *Il n'y pas d'identité culturelle mais nous défendons les ressources d'une culture*, Paris, Éditions de L'Herne, 2017.

KAMP A.R., "*The history behind Hansberry v. Lee*", in *U.C. Dav. L. Rev.*, 1987, fasc. 3.
KAPLAN B., "*Continuing Work of the Civil Committee: 1966 Amendments of the Federal Rules of Civil Procedure (I)*", in *Harv. L. Rev.*, 1967, fasc. 2.
KARLSGODT P., *World Class Actions*, Oxford, Oxford University Press, 2012.
KATZ A., "*The Effects of Frivolous Lawsuits on the Settlement of Litigation*", in *Int'l Rev. L. & Econ.*, 1990, fasc. 1.
KEANE R., *Law Reform in Ireland – The European Perspective*, in *ivi*, 1987, Vol. 22, fasc. 1.
KELLY J.M., *A short history of Western legal theory*, Oxford, Clarendon Press, 1992.
KENNEDY K.A.-GIBLIN T.-MCHUGH D., *The Economic Development of Ireland in the Twentieth Century*, London, Routledge, 1988.
KLEMENT A., "*The Boundaries of Mass Tort Class Actions*", in *Hebrew U.L.J.*, 2004, fasc. 2.
KLEMENT A.-KLONOFF R., "*Class Actions in the United States and Israel: A Comparative Approach*", in *Theoretical Inquiries in Law*, 2018, fasc. 1.
KLEMENT A.-WEINSHALL-MARGEL K., "*Cost-benefit Analysis of Class Action: An Israeli Perspective*", in *J. Inst. & Theoretical Econ.*, 2016, fasc. 1.
KOCH H., "*Class and Public Interest Actions in German Law*", in *Civ. J. Q.*, 1986, fasc. 1.
KODEK G.E., "*Collective Redress in Austria*", in *The Annals of the American Academy of Political and Social Science*, 2009.

KODEK G.E., "*Gesetzliche Möglichkeiten zur Regelung von Massenverfahren*", in B. PIRKER-HÖRMANN-T. GABRIEL (a cura di), *Massenverfahren-Reformbedarf für die ZPO*, Vienna, Verl. Österreichisches, 2005.
KOZIOL H.-WILCOX V. (a cura di), *Punitive Damages: Common Law and Civil Law Perspectives*, New York, Springerwien, 2009.

LAMORGESE A., "*Luci e ombre nella sentenza delle Sezioni Unite sui danni punitivi*", in *Riv. dir. civ.*, 2018, fasc. 1.
LANFRANCHI L., *La tutela giurisdizionale degli interessi collettivi e diffusi*, Torino, Giappichelli, 2003.
LAWSON F.H., *A Common Lawyer Looks at the Civil Law*, Ann Arbor, University of Michigan, 1955.
LEFLAR R.A., "*Segregation in the Public Schools: 1953*", in *Harv. L. Rev.*, 1954, fasc. 3.
LINDBLOM P.H., "*Sweden*", in *The Annals of the American Academy of Political and Social Science*, 2009.
LIPARI N., "*L'uso alternativo del diritto, oggi*", in *Giust. civ.*, 2018, fasc. 1.
LORENZETTI R., *Justicia colectiva*, Santa Fe, Rubinzal Culzoni, 2010.
LUCATI I., "Class action" *all'italiana: nuove forme di tutela per consumatori ed utenti*, in *Resp. civ.*, 2008, fasc. 2.
LUTZI T., *'What's a consumer?' (Some) clarification on consumer jurisdiction, social-media accounts, and collective redress under the Brussels Ia Regulation*, in *Maastricht J. Eur. & Comp. L.*, 2018, fasc. 3.

MAGILL E., "*Standing for the Public: A Lost History*", in *Va. L. Rev.*, 2009, fasc. 5.
MAGNIER V., *L'opportunité d'une action de groupe en droit des sociétés*, Parigi, P.U.F., 2004.
MAGNUS U., "*Punitive Damages and German Law*", in L. MEURKENS-E. NORDIN, "*The Power of Punitive Damages – Is Europe Missing Out?*", Antwerp, Intersentia, 2012.
MALAGA F., "*Spain*", in P. KARLSGODT, *World Class Actions*, Oxford, Oxford University Press, 2012.
MARCIANÒ A., "*Azione collettiva: diverse esperienze a confronto*", in *Lavoro nella Giur.*, 2011, fasc. 3.
MARCIN R.B., "*Searching for the Origin of Class Action*", in *Cath. U. L. Rev.*, 1974, fasc. 3.
MARCUS D., "*Flawed but Noble: Desegregation Litigation and its Implications for the Modern Class Action*", in *Fla. L. Rev.*, 2011, fasc. 3.
MARCUS D., "*The History of the Modern Class Action, Part. I: Sturm und Drang*", in *Wash. U. L. Rev.*, 2013, fasc. 3.
MARCUS D., "*The Past, Present, and Future of Trans-Substantivity in Federal Procedure*", in *DePaul L. Rev.*, 2010, fasc. 2.
MARENGO R., *Garanzie processuali e tutela dei consumatori*, Torino, Giappichelli, 2007.
MARINUCCI E., "*Il rapporto fra le azioni collettive previste nel codice del consumo*

dopo l'introduzione della nuova azione collettiva risarcitoria", in *Corr. giur.*, 2008, fasc. 7.

MARIS A.B., "*Federal Procedural Rule-Making: The Program of the Judicial Conference*", in *Am. Bar Ass'n J.*, 1961, fasc. 8.

MARIZ OLIVERIA JR. W., "*Tutela jurisdictional dos interesses coletivos e difusos*", in *Revista de Processo*, 1984, fasc. 1.

MATTEI U., "*Common Law*", Torino, Giappichelli, 1992.

MCCLEMENTS A.-MCCLUSKEY A., *Ireland*, in *The Class Actions Law Review*, IV ed., 2020.

MCCOLLOCH W.E., "*A Shackled Revolution? The Bubble Act and Financial Regulation in Eighteenth-Century England*", in *Review of Keynesian Economics*, 2013, fasc. 3.

MCCOURT F., *Le ceneri di Angela*, Milano, Adelphi, 2010, 11.

MCGOVERN F.E., "*Punitive Damages and Class Actions*", in *La. L. Rev.*, 2010, fasc. 2.

MCMANUS J., "*A Motion to Compel Changes to Federal Arbitration Law: How to Remedy the Abuses Consumers Face When Arbitrating Disputes*", B.C.J.L. & Soc. Just., 2017, fasc. 1.

MERRYMAN J.H., *The Civil Law Tradition*, Stanford, Stanford University Press, 1985.

MEURKENS L.-NORDIN E., "*The Power of Punitive Damages – Is Europe Missing Out?*", Antwerp, Intersentia, 2012.

MICKLITZ H.W. (a cura di), *The Many Concepts of Social Justice in European Private Law*, Cheltenham, Edward Elgar Publishing, 2011.

MILLER A.R., "*Of Frankenstein Monsters and Shining Knights: Myth, Reality, and the "Class Action Problem"*", in *Harv. L. Rev.*, 1979, fasc. 3.

MILLER A.R., "*Simplified Pleading, Meaningful Days in Court, and Trial on the Merits: Reflections on Deformation of Federal Procedure*", in *N.Y.U. L. Rev.*, 2013, fasc. 1.

MILLER A.R., "*The American Class Action: From Birth to Maturity*", in *Theroretical Inquiries in Law*, 2018, fasc. 1.

MILLER G.P., *"Class Action", in Newman, The New Palgrave Dictionary of Economics and the Law*, New York, Stockton Press, 1998.

MILLER S.M., "*Certification of Defendant Classes under Rule 23(b)(2)*", in *Colum. L. R.*, 1984, fasc. 5.

MITCHELL POLINSKY A.-SHAVELL S., "*Punitive Damages: An Economic Analisys*", in *Harv. L. Rev.*, 1998, fasc. 4.

MONATERI P.G., "*Le Sezioni Unite e le funzioni della responsabilità civile*", in *Danno e Resp.*, 2017, fasc. 4.

MONROE A.R., "*Are We All in this Together? Enforcing Class Arbitration Waivers*", in *Missouri L. Rev.*, 2017, fasc. 3.

MONTELEONE G., *I limiti soggettivi del giudicato civile*, Padova, Cedam, 1978.

MOON JO H., "*Recent Development of Class Actions in Brazil*", in *HUFS Global L. Rev.*, 2017, fasc. 2.

MOORE J.W., "*Federal Rules of Civil Procedure: Some Problems Raised by the Preliminary Draft*", in *Geo. L.J.*, 1937.

MOORE J.W.-COHN M., "*Federal Class Actions*", in *Ill. L. Rev.*, 1937.
MOORE J.W.-FRIEDMAN J., *Moore's Federal Practice: a treatise on the Federal rules of civil procedure*, Albany, Bender, 1938.
MORABITO V., "*Class Actions in the Federal Court of Australia – The Story So Far*", in *Canterbury L. Rev.*, 2004.
MORABITO V., "*Ideological Plaintiffs and Class Actions – an Australian Perspective*", in *Univ. of British Columbia L. Rev.*, 2001, fasc. 2.
MORABITO V., "*The Right to Opt-Out under Part IVA of the Federal Court of Australian Act 1976 (CTH)*", in *Melbourne Univ. L. Rev.*, 1994, fasc. 3.
MORANI M., "*L'azione di classe in Europa, aspettando la Corte di Giustizia Europea sul caso Schrems vs. Facebook*", in *Int'l Lis*, 2016, fascc. 3-4.
MOREO C., "*L'azione collettiva risarcitoria: luci ed ombre di una recente novella*", in *Nuova giur. civ.*, 2008, fasc. 6.
MOYNIHAN C.-SMALE A., "*Heirs Sue for Return of a Kansinsky, Saying It Was Looted by Nazis*", in *N.Y. Times*, 4 marzo 2017.
MOZETIC A.M., "*Collective Redress: A Case for Opt-Out Class Action in England and Wales*", in *Civ. Just. Q.*, 2016, fasc. 1.
MULHERON R., "*A Spotlight on the Settlement Criteria under the United Kingdom's New Competition Class Action*", in *Civ. Just. Q.*, 2016, fasc. 1.
MULHERON R., "*From Representative Rule to Class Action: Steps rather than Leaps*", in *Civ. Just. Q.*, 2005, fasc. 4.
MULHERON R., "*Justice Enhanced: Framing an Opt-out Class Action for England*", in *Modern L. Rev.*, 2007, fasc. 4.
MULHERON R., "*Opting in, Opting Out, Closing the Class Some Dilemmas for England's Class Action Lawmakers*", in *Canadian Bus. L. Rev.*, 2011.
MULHERON R., *Recent Milestones in Class Actions Reform in England: A Critique and a Proposal*", in *L. Q. Rev.*, 2011, fasc. 2.
MULHERON R., "*Some Difficulties with Group Litigation Orders – and Why a Class Action is Superior*", in *Civ. Just. Q.*, 2005, fasc. 1.
MULHERON R., *The Class Action in Common Law Legal Systems: A Comparative Perspective*, Oxford, Hart Publishing, 2004.
MULHERON R., "*The United Kingdom's New Opt-Out Class Action: The Unique Perspective of a "Third Generation" Statute*", in *Oxford J. Legal Stud.*, 2017, fasc. 4.
MURER K., "*L'Allemagne*", in AA.VV., *Les recours collectifs: étude comparée*, Parigi, Société de législation comparée, 2006.

NAGAREDA R.A., "*Administering Adequacy in Class Representation*", in *Tex. L. Rev.*, 2003, fasc. 2.
NAGY C.I., "*Recognition and Enforcement of US Judgments Involving Punitive Damages in Continental Europe*", in *NiPR*, 2012, fasc. 1.
NEHF P., "*The Impact of Mandatory Arbitration on the Common Law Regulation of Standard Terms in Consumer Contracts*", in *Geo. Wash. L. Rev.*, 2017, fasc. 6.
NUYTS A.-HATZIMIHAIL E.N. (a cura di), *Cross Border Class-Actions: The European Way*, Munich, Sellier European Law Publishers, 2013.

OBERDIEK J., *Philosophical Foundations of The Law of Torts*, Oxford, Oxford University Press, 2014.
O'CONNOR J., *The Law Reform Commission and the Codification of Irish Law*, in *Irish J.*, 1974, Vol. 9, fasc. 1.
O'SULLIVAN B., *Is a Class Action System for Consumers Desirable in Europe?*, in *Hibernian L.J.*, 2010, Vol. 9.
OTEIZA E.D., "*La constitucionalización de los derechos colectivos y ausencia de un proceso que los 'ampare'*", in E.D. OTEIZA (a cura di), *Procesos colectivos*, Santa Fe, Rubinzal Culzoni, 2006.
OTEIZA E.D. (a cura di), *Procesos colectivos*, Santa Fe, Rubinzal Culzoni, 2006.
OWEN D.G., "*Punitive Damages as Restitution*, in L. MEURKENS-E. NORDIN, *The Power of Punitive Damage – Is Europe Missing Out?*", Antwerp, Intersentia, 2012.

PALADIN L., "Azione popolare", in *Nss. Dig. it.*, II, Torino, Utet, 1958.
PALMIERI A., "*Consumatori, tutela collettiva, arbitrato: di miti (americani) infranti e timidi risvegli (europei)*", in C.A. D'ALESSANDRO-C. MARCHESE, *Ius Dicere in a Globalized World – A Comparative Overview*, II, Roma, Roma Tre Press, 2018.
PALMIERI A., "*La* Class Action *da danno finanziario*", in *Danno e resp.*, 2009, fasc. 4.
PANZIRONI V., "*Le proposte di legge francesi sull'azione collettiva risarcitoria presentate all'Assemblée Nationale e al Sénat nell'aprile 2006*", in *CERADI – L.U.I.S.S.*, 2007.
PASSANANTE L., "*«Conditional fee agreement» e accesso alla giustizia in Inghilterra*", in M. TARUFFO-V. VARANO (a cura di), *Diritti fondamentali e giustizia civile in Europa*, Torino, Giappichelli, 2002.
PATO A., *Jurisdiction and Cross-Border Collective Redress*, London, 2021.
PATO A., *Jurisdiction and Cross-Border Collective Redress – A European Private International Law Perspective*, London, Hart Publishing, 2019.
PATTI S., "*L'esperienza delle* class actions *in due libri recenti*", in *Riv. trim. dir. proc. civ.*, 1979.
PATTI S., *La tutela civile dell'ambiente*, Padova, Cedam, 1979.
PAURA L., "*Diritti soggettivi e formazioni sociali. Le azioni collettive risarcitorie tra sussidiarietà e solidarietà*", in *Contr. e impr.*, 2008, fascc. 4-5.
PELLEGRINI GRINOVER A., "*A tutela jurisdictional dos interesses difusos*", in *Revista dos Tribunais*, 1979, fasc. 1.
PELLEGRINI GRINOVER A., "*La difesa degli interessi transindividuali: Brasile e Iberoamerica*", in L. LANFRANCHI, *La tutela giurisdizionale degli interessi collettivi e diffusi*, Torino, Giappichelli, 2003.
PELLEGRINI GRINOVER A., "*Le azioni collettive ibero-americane: nuove questioni sulla legittimazione e la cosa giudicata*", in *Riv. dir. proc.*, 2003, fasc. 1.
PELLEGRINI GRINOVER A., "'Mandado de segurança' *collettivo: legittimazione, oggetto e cosa giudicata*", in AA.VV., *Studi in onore di V. Denti*, IV, Padova, Cedam, 1994.
PETERSMANN E.U., "*Constitutional Justice and the Perennial Task of 'Constitutionalizing' Law and Sosciety through 'Participatory Justice'*", in H. MICKLITZ (a cura

di) *The Many Concepts of Social Justice in European Private Law*, Cheltenham, Edward Elgar Publishing, 2011.

PETRELLI P., "*Verso i «danni punitivi»?*", in *Contr. e impr.*, 2017, fasc. 4.

PETRILLO C., "*La tutela degli interessi collettivi e individuali omogenei nel processo societario*", in *Riv. dir. proc. civ.*, 2006, fasc. 1.

PICOD Y., "*L'action de groupe: âge d'or des implants ou modèle français?*", in *Dalloz*, 2006.

PICOD Y., "*Le charme discret de la* class action", in *Dalloz*, 2005.

PIRKER-HÖRMANN B.-GABRIEL T. (a cura di), *Massenverfahren-Reformbedarf für die ZPO*, Vienna, Verl. Österreichisches, 2005.

POMEROY J., *A Treatise on Equity Jurisprudence*, San Francisco, Bancroft Whitney and Lawyers Cooperative, 1941.

PONCIBÒ C., "*La controriforma delle Class Action*", in *Danno e resp.*, 2006, fasc. 2.

PONZANELLI G., "*I danni punitivi dopo le Sezioni Unite – il risarcimento punitivo: qualche riflessione introduttiva*", in *Giur. it.*, 2018, fasc. 10.

PONZANELLI G., "*Le Sezioni Unite sulla delibazione di sentenze straniere di condanna a danni punitivi*", in *Quotidiano giuridico*, 12 luglio 2017.

PORRINI D.-BOYER M., "*Modelling the Choice between Regulation and Liability in Terms of Social Welfare*", in *Canadian J. Econ.*, 2004, fasc. 3.

PRIBULA L., "*The New Civil Procedure Code in Hungary*", in *S.U.B.B. Jurisprudentia*, 2017, fasc. 1.

PRIETO C., "*Actions de groupe et pratiques anticoncurrentielles: perspectives d'évolution ... au Royaume-Uni*", in *Dalloz*, 2008.

PUGLIESE G., "*Giudicato Civile*", in *Enc. dir.*, XVIII, Milano, Giuffrè, 1969.

PUNZI C., "*L'"azione di classe" a tutela dei consumatori e degli utenti*", in *Riv. dir. proc. civ.*, 2010, fasc. 2.

RADIN M., *Maintenance and Champerty*, in *Calif. L. Rev.*, 1935, Vol. 24, fasc. 1.

REBEYROL V., "*La nouvelle action de groupe*", in *Dalloz*, 2014.

REINER P., *Die Verbandsklage nach dem AGBG: Voraussetzungen, Entscheidungswirkungen und dogmatische Einordnung*, Köln-Berlin-Bonn-München, Heymann, 1979.

RESCIGNO M., "*L'introduzione della* class action *nell'ordinamento italiano. Profili generali*", in *Giur. comm.*, 2005, fasc. 1.

RESCIGNO P., *Sulla compatibilità tra il modello processuale della «class action» ed i principi fondamentali dell'ordinamento giuridico italiano*, in *Giur. it.*, 2000, fasc. 11.

RESNIK J., "*Diffusing Disputes: The Public in the Private of Arbitration, The Private in Courts, and the Erasure of Rights*", in *Yale L.J.*, 2015, fasc. 8.

RESNIK J., "*Lessons in Federalism from the 1960s Class Action Rule and the 2005 Class Action Fairness Act: The "Political Safeguards" of Aggregate Translocal Actions*", in *U. Pa. L. Rev.*, 2009, fasc. 6.

RESNIK J., "*Managerial Judges*", in *Harv. L. Rev.*, 1982, fasc. 2.

RICCIO A., "*L'azione collettiva risarcitoria non è, dunque, una* Class Action", in *Contr. e impr.*, 2008, fasc. 2.

RODOTÀ S., *Dal soggetto alla persona*, Napoli, Editoriale Scientifica, 2007.

ROGERS J.M., "*Personal Jurisdiction and Rule 23 Defendant Class Actions*", in *Ind. L. J.*, 1978, fasc. 4.

RONCO S., "*La tutela di classe o di gruppo nell'ordinamento francese*", in *Pol. dir.*, 2014, fasc. 1.

ROSENN K.S., "*Brazil's New Constitution: An Exercise in Transient Constitutionalism for a Transitional Society*", in *Am. J. Comp. L.*, 1990, fasc. 4.

ROSENN K.S., "*Judicial Review in Brazil: Developments Under the 1988 Constitution*", in *Southwestern J. of Law & Trade in the Americas*, 2001.

SACCO R., "*Legal Formants: A Dynamic Approach to Comparative Law*", in *Am. J. Comp. L.*, 1991, fasc. 2.

SARAVALLE A., "*Cronache di una sentenza annunciata*" in *Giur. it.*, 2018, fasc. 10.

SAVOIA R., "*Le Sezioni Unite aprono la strada al riconoscimento in Italia di sentenze straniere che contengano risarcimenti punitivi*", in *Dir. e giust.*, 2017, fasc. 118.

SCALISI V., *Il contratto in trasformazione. Invalidità e inefficacia nella transizione al diritto europeo*, Milano, Giuffrè, 2011.

SCARCHILLO G., "*La* Class Action*: Profili di diritto comparato*", in G. ALPA-G. CAPILLI, *Lezioni di diritto privato europeo*, Padova, Cedam, 2007.

SCARCHILLO G., "*La natura polifunzionale della responsabilità civile: dai* punitive damages *ai risarcimenti punitivi, origini, evoluzioni giurisprudenziali e prospettive di diritto comparato*", in *Contr. e impr.*, 2018, fasc. 1.

SCHUERMANN S.B., "*Two Worlds Collide: How the Supreme Court's Recent Punitive Damages Decision Affect Class Action*", in *Baylor L. Rev.*, 2008, fasc. 3.

SCOGNAMIGLIO C., "*La Cassazione delinea presupposti e limiti di risarcibilità del danno non patrimoniale contrattuale nell'azione di classe (Commento a CASS. CIV., III sez., 31 maggio 2019, n. 14886)*", in *NGCC*, 2019, vol. 35, fasc. 5.

SCOTT M., *EU Privacy Enforcer Hits Make-Or-Break Moment*, in *Politico EU*, 23 maggio 2020.

SEBOK A.G., "*Normative Theories of Punitive Damages: The Case of Deterrence*", in J. OBERDIEK, *Philosophical Foundations of The Law of Torts*, Oxford, Oxford University Press, 2014.

SERAFINELLI L., "*Ancora sulla tutela del consumatore, anche in forma collettiva*", in *N.G.C.C.*, 2019, fasc. 3.

SETTIS S., *Azione popolare*, Torino, Einaudi, 2012.

SHAPIRO D.L., "*Federal Rule 16: A Look at the Theory and Practice of Rulemaking*", in *U. Pa. L. Rev.*, 1969, fasc. 6.

SHARKEY C.M., "*Punitive Damages as Societal Damages*", in *Yale L.J.*, 2003, fasc. 2.

SHAVELL S., "*Liability for Harms versus Regulation of Safety*", in *J. Legal Studies*, 1984, fasc. 2.

SHEN F.X., "*The Overlooked Utility of the Defendant Class Action*", in *88 Denv. U. L. Rev. 73* (2010).

SHEN K.L., "*Class Action in Taiwan: A New System Created Using the Theory of "Right of Procedure Options"*", in *N.T.U. L. Rev.*, 2010, fasc. 1.

SHERMAN F., "*Group Litigation Under Foreign Legal Systems; Variations and Alternatives to American Class Actions*", in *DePaul L. Rev.*, 2002, fasc. 2.
SIEMENS R.S., *Between Sector-Specific and Horizontal: A New Proposal for Ireland's Implementation of Collective Litigation Mechanisms*, in *Hibernian L.J.*, 2018, Vol. 17.
SILGUERO ESTAGNAN J., "*Las acciones colectivas de grupo en España*", in A. GIDI-E. FERRER MAC-GREGOR (a cura di), *Procesos colectivos. La tutela de los derechos difusos, colectivos y individuales en una prospectiva comparada*, Ciùdad de México, Porrúa, 2004.
SILVER C., "*Class Actions – Representative Proceeding*", in B. BOUKAERT-G. DE GEEST, *Encyclopedia of Law and Economics*, Cheltenham, Edward Elgar, 2000.
SIMEONE J.J., "*Class Suits Under the Codes*", in *W. Res. L. Rev.*, 1955, fasc. 1.
SIMPSON R.R.-PERRA C.L., "*Defendant Class Actions*", in *Conn. L. Rev.*, 2000, fascc. 4-5.
SORABJI J., *Reflections on the Commission Communication on Collective Redress*, in *Irish J. Eur. L.*, 2014, Vol. 17, fasc. 1.
SORICELLI G., *Contributo allo studio della class action nel sistema amministrativo italiano*, Milano, Giuffrè, 2012.
STADLER A., "*What's New In The 'New German KapMuG'?*", in *E.B.L.R.*, 2013, fasc. 6.
STERNLIGHT J., "*Disarming Employees: How American Employers Are Using Mandatory Arbitration to Deprive Workers of Legal Protection*", in *Brook. L. Rev.*, 2015, fasc. 4.
STORY J., *Commentaries on Equity Pleadings, and the Incidents thereof: According to the Practice of the Courts of Equity, of England and America*, Boston, Little & J. Brown, 1844.
STRONG S.I., *Cross-Border Collective Redress in The European Union: Constitutional Rights in the Face of the Brussels I Regulation*, in *Ariz. St. L.J.*, 2013, Vol. 45, fasc. 1.
STUART CLARK S.-HARRIS C., "*Multi-Plaintiff Litigation in Australia: A Comparative Perspective*", in C. HODGES-C. HARRIS (a cura di), *Multy-Plaintiff Litigation in Australia: A Comparative Perspective*, Oxford, Oxford University Press, 2001.
STUART MADDEN M. (a cura di), *Exploring Tort Law*, Cambridge, Cambridge University Press, 2005.
STURMAN D., *Holocaust Restitution: Perspectives on the Litigation and its Legacy*, New York, N.Y.U. Press, 2006.
STÜRNER R.-KAWANO (a cura di), *Comparative Studies on Business Tort Litigation*, Tübingen, Mohr M. Siebeck, 2011.
SUBRIN S.N., "*How Equity Conquered Common Law: The Federal Rules of Civil Procedure in Historical Perspective*", in *U. Pa. L. Rev.*, 1987, fasc. 4.
SUBRIN S.N., "*The Limitations of Transsubstantive Procedure: An Essay on adjusting "One Size Fits All" Assumption*", in *Denv. U. L. Rev.*, 2010, fasc. 2.
SUMIDA M.K.K., "*Defendant Class Action and Patent Infringement Litigation*", in *UCLA L. Rev.*, 2011, fasc. 3.

TANG Z.S., *Consumer Collective Redress in European Private International Law*, in *J. Priv. Int'l L.*, 2011, fasc. 1.

TARUFFO M., "*Diritto processuale civile, nei paesi anglosassoni*", in *Dig. disc. priv., sez. civ.*, VI, Torino, UTET, 1990
TARUFFO M., "*I limiti soggettivi del giudicato e* le '*class actions*'", in *Riv. dir. proc.*, 1969.
TARUFFO M., "*La tutela collettiva: interessi in gioco ed esperienze a confronto*", in *Riv. trim. dir. proc. civ.*, 2007, fasc. 2.
TARUFFO M., "*Modelli di tutela giurisdizionale degli interessi collettivi*", in L. LANFRANCHI (a cura di), *La tutela giurisdizionale degli interessi diffusi e collettivi*, Torino, Giappichelli, 2003.
TARUFFO M.-VARANO V. (a cura di), *Diritti fondamentali e giustizia civile in Europa*, Torino, Giappichelli, 2002.
TARZIA G., "*La tutela inibitoria contro le clausole vessatorie*", in *Riv. dir. proc.*, 1997, fasc. 3.
TEDIOLI F., "Class action *all'italiana atto secondo: un cantiere ancora aperto*", in *Obbl. e contr.*, 2009, fasc. 12.
TERRADAS B.A., *Consumer Collective Redress under the Brussels I Regulation Recast in the Light of the Commission's Common Principles*, in *J. Priv. Int'l L.*, 2015, fasc. 1.
TÓTH B., "*Collective Redress as New Institution of Civil Procedure Code and Its Applicability to Protect Environment – A kollektív igényérvényesítés, mint új eljárásjogi jogintézmény alkalmazhatósága környezet védelmében*", in *Journal of Agricultural and Environmental Law – Agrár – és Környezetjog*, 2017, fasc. 23.
TUSHNET M.V., "*Some Legacies of Brown v. Board of Education*", in *Va. L. Rev.*, 2004, fasc. 6.

VAN DER AUWERAERT P., "*Holocaust Reparation Claims Fifty Years After: The Swiss Banks Litigation*", in *Act. Scand. Juris. Gent.*, 2002, fasc. 4.
VANNI D., "*La* class action *e la funzione di deterrenza degli illeciti civili in prospettiva comparatistica*", in *Il diritto amministrativo*, 2010.
VARANO V.-BARSOTTI V., *La traduzione giuridica occidentale*, I, Torino, Giappichelli, 2018.
VERBIC F., "*An Overview of Class Actions in Argentina*", 2017.
VERBIC F., "*Class Actions in Argentina: The Need for a Wider Scope to Embrace Judicial Efficiency*", in *Civ. Pro. Rev.*, 2015, fasc. 1.
VERBIC F., "*La decisión de la CJSN en 'PADEC c. Swiss Medical'. Ratificación de "Halabi" y confirmación de la bases para un modelo de tutela colectiva de derechos en Argentina*", in *Revista de derecho comercial, del consumidor y de la empresa*, 2013.
VERBIC F., *Procesos colectivos*, Buenos Aires, Astrea, 2007.
VERBIC F., "*Procesos colectivos para la tutela del medio ambiente y de los consumidores y usuarios en la República Argentina. Relatório nacional (Argentina)*", in *Civ. Pro. Rev.*, 2013, numero speciale.
VERPEAUX M., "*L'action de groupe est-elle soluble dans la Constitution?*", in *Dalloz*, 2007.
VETTORI G., "*Contract without Numbers and without Adjectives. Beyond the Consumer and the Weak Enterprise*", in *Eur. Rev. Contr. L.*, 2013, fasc. 3.

VETTORI G. (cura di), *Contratto e costituzione in Europa*, Padova, Cedam, 2005.

VETTORI G. (a cura di), "*Recensione del Libro di H.W. Micklitz (Ed.), The Many Concepts of Social Justice in European Private Law, E. Elgar, Cheltenham, UK, Northampton, MA, USA, 2011*", in *Persona e Mercato*, 2013, fasc. 2.

VIAZZI C.C., "*L'ostracismo ai danni punitivi: ovvero come tenere chiusa la stalla quando i buoi sono scappati*", in *Riv. dir. civ.*, 2018, fasc. 1.

VIDMAR N.-WOLFE M., "*Punitive Damages*", in *Annual Review of Law and Social Science*, 2009, vol. 5.

VIGORITI V., "Class Action *e azione collettiva risarcitoria. La legittimazione ad agire ed altro*", in *Contr. e impr.*, fasc. 3.

VIGORITI V., "*Impossibile la* «class action» *in Italia? Attualità del pensiero di Mauro Cappelletti*", in *Resp. civ. prev.*, 2006, fasc. 1.

VIGORITI V., *Interessi collettivi e processo: la legittimazione ad agire*, Milano, Giuffrè, 1979.

WELLS M.L., "*A Common Lawyer's Perspective on the European Perspective on Punitive Damages*", in *La L. Rev.*, 2010, fasc. 2.

WENINGER R.A., "*The VW Diesel Emissions Scandal and the Spanish Class Action*", in *Colum. J. Eur. L.*, 2016, fasc. 1.

WHEATON C.C., "*Representative Suits Involving Numerous Litigants*", in *Cornell L. Q.*, 1933, fasc. 3.

WHELAN K., *Ireland's Economic Crisis: The Good, the Bad and the Ugly*, in *J. Macroecon.*, 2014, Vol. 39.

WILLIAMS S., "*Mass Tort class action: going, going, gone?*", in *Judges Journal*, 1983, fasc. 2.

WINKLER M.M., "*Il caso* Amex *e i sentieri accidentati della* class arbitration *in America*", in *Int'l Lis*, 2014, fasc. 1.

WOOLF M.R., *Access to Justice: Final Report to the Lord Chancellor on the Civil Justice System in England and Wales*, London, HMSO, 1996.

WOPERA Z.-NAGY A., "*National Report of Hungary*", in *18th International Congress on Comparative Law – Class Actions/Les actions collectives*, Washington 2010.

YEAZELL S.C., *From Medieval Group Litigation to the Modern Class Action*, New Haven, Yale University Press, 1987.

YELNOSKY M.J., "*DIRECTV, Inc. v. Imburgia and the Continued Ascendance of Federal Common law: Class-Action Waivers and Mandatory Arbitration under the Federal Arbitration Act*", in *Roger Williams University Law Review*, 2017, fasc. 1.

ZUFFI B., "*La* bonne nouvelle de l'action de groupe. *La Francia si dota finalmente di una tutela collettiva risarcitoria-riparatoria a fronte di pregiudizi materiali di massa svincolata dal previo conferimento di formali mandati da parte dei consumatori lesi*", in *Int'l Lis*, 2014, fascc. 3-4.

ZWEIGERT K.-KÖTZ H., *Introduzione al diritto comparato*, Milano, Giuffrè, 1998.

Finito di stampare nel mese di marzo 2022
nella Stampatre s.r.l. di Torino – Via Bologna, 220